PESQUISAS E EXPERIÊNCIAS DA PROFISSÃO DOCENTE

Kilwangy kya Kapitango-a-Samba — Kelly Katia Damasceno — Soely Aparecida Dias Paes
(orgs.)

Conselho Editorial

Profa. Dra. Andrea Domingues
Prof. Dr. Antônio Carlos Giuliani
Prof. Dr. Antonio Cesar Galhardi
Profa. Dra. Benedita Cássia Sant'anna
Prof. Dr. Carlos Bauer
Profa. Dra. Cristianne Famer Rocha
Prof. Dr. Eraldo Leme Batista
Prof. Dr. Fábio Régio Bento
Prof. Dr. José Ricardo Caetano Costa

Prof. Dr. Luiz Fernando Gomes
Profa. Dra. Magali Rosa de Sant'Anna
Prof. Dr. Marco Morel
Profa. Dra. Milena Fernandes Oliveira
Prof. Dr. Ricardo André Ferreira Martins
Prof. Dr. Romualdo Dias
Prof. Dr. Sérgio Nunes de Jesus
Profa. Dra. Thelma Lessa
Prof. Dr. Victor Hugo Veppo Burgardt

©2016 Kilwangy kya Kapitango-a-Samba; Kelly Katia Damasceno;
Soely Aparecida Dias Paes
Direitos desta edição adquiridos pela Paco Editorial. Nenhuma parte desta obra pode ser apropriada e estocada em sistema de banco de dados ou processo similar, em qualquer forma ou meio, seja eletrônico, de fotocópia, gravação, etc., sem a permissão da editora e/ou autor.

P438
Pesquisas e experiências da profissão docente. Jundiaí, Paco Editorial: 2016.

320 p. Inclui bibliografia.

ISBN: 978-85-462-0556-1

1. Educação 2. Formação de Professores 3. Ensino-Aprendizagem 4. Teorias da Instrução I. Kapitango-a-Samba, Kilwangy kya. II. Damasceno, Kelly Katia. III. Paes, Soely Aparecida Dias.

CDD: 370

Índices para catálogo sistemático:

Teoria da Educação   370.1
Formação de professores   370.71

IMPRESSO NO BRASIL
PRINTED IN BRAZIL
Foi feito Depósito Legal

Av. Carlos Salles Block, 658
Ed. Altos do Anhangabaú, 2º Andar, Sala 21
Anhangabaú - Jundiaí-SP - 13208-100
11 4521-6315 | 2449-0740
contato@editorialpaco.com.br

SUMÁRIO

Apresentação 5
Kilwangy kya Kapitango-a-Samba; Soely Aparecida Dias Paes;
Kelly Katia Damasceno

Capítulo 1. Formação continuada de professores:
uma análise da secretaria estadual de Mato Grosso 7
Patrícia C. Albieri de Almeida; Claudia Leme Ferreira Davis;
Ana Paula Ferreira da Silva; Marina Muniz Rossa Nunes;
Juliana Cedro de Souza

Capítulo 2. Formação continuada dos professores
em exercício: do projeto da escola à política pública 35
Ivone de Oliveira Guimarães Favretto; Simone Albuquerque da Rocha

Capítulo 3. A política de formação continuada
em Mato Grosso em lentes bifocais: um ajuste
ao olhar dos professores e outro ao olhar dos gestores 61
Eder Carlos Cardoso Diniz; Mendes Solange Lemes da Silva;
Simone Albuquerque da Rocha

Capítulo 4. Organização e funcionamento dos centros
de formação e atualização dos profissionais da educação
básica de Mato Grosso: uma análise a partir da legislação 85
Kilwangy kya Kapitango-a-Samba; Josimar Miranda Ferreira;
Maria Teresinha Fin

Capítulo 5. Formação de professores – uma proposta
de formação a partir da reflexão sobre a prática docente 113
Aparecida Maria de Paula Barbosa Silva

Capítulo 6. O tornar-se professor no âmbito
da docência: modos de fazer, maneiras de ser   135
Edson Gomes Evangelista; Filomena Maria Monteiro de Arruda;
Soraide Isabel Ferreira

Capítulo 7. Avaliação da formação continuada:
as circunstâncias avaliativas e suas contribuições
para a construção de nova cultura de formação   155
Irene de Souza Costa

Capítulo 8. Educação física adaptada: necessidades
e possibilidades da formação inicial   191
Katia Garcia Gelamo; Evando Carlos Moreira

Capítulo 9. A formação continuada das
professoras alfabetizadoras nos municípios de
Cuiabá e Várzea Grande de 2000 a 2014   209
Kelly Katia Damasceno

Capítulo 10. O desenvolvimento profissional
de educadoras infantis: narrativas sobre a formação
inicial – Proinfantil   241
Soely Aparecida Dias Paes; Kelly Katia Damasceno; Elizete Maria de Jesus

Capítulo 11. Um experienciar das narrativas de si:
o desenvolvimento formativo de uma aprendiz
de professora formadora   267
Soely Aparecida Dias Paes

Capítulo 12. Experienciando encontros no Cefapro-MT   293
Marcia Regina Gobatto; Daniela Franco Carvalho

Sobre os organizadores   317

APRESENTAÇÃO

Quando se sonha sozinho é apenas um sonho.
Quando se sonha juntos é o começo da realidade.
(Miguel de Cervantes, em *Dom Quixote*)

O livro *Pesquisas e Experiências da Profissão Docente* é um sonho que se materializa a partir de um trabalho coletivo de recolha de reflexões e experiências situadas no nosso tempo, que em diferentes lugares professores profissionais se entretecem no fazer e no pensar ou pensar-fazer a docência e seus entornos. Os trabalhos aqui apresentados foram feitos com olhar cuidadoso sobre a formação inicial e continuada de professores, numa perspectiva de desenvolvimento profissional. Este é fator que reafirma a necessidade formativa docente em um contínuo e que nos potencializou a enveredar no diálogo com outros docentes pesquisadores, que se dedicam a elaborar contribuições sobre a complexa tarefa da docência.

Assim, ao longo dos anos em diferentes lugares reiterando a necessidade de aprofundamento da nossa profissionalidade construímos e reconstruímos os caminhos, as experiências, as reflexões e vencemos lutas e, às vezes, fomos vencidos, sem, contudo, desistir. Houve paradas temporárias, porém fundamentais e estratégicas que nos fizeram enxergar mais nitidamente, e no silêncio ganhamos forças e persistência.

Em uma das paradas eis que foi gestado este livro, do seu fomento até os últimos capítulos foram partilhados intensos diálogos e esperas. Os capítulos partilhados nesta obra visam a contribuir com o campo teórico do desenvolvimento profissional docente e, para tanto, versam sobre os aspectos de ser docente, da formação inicial e continuada, da avaliação, a partir dos desafios da docência na escola pública, no contexto sócio-histórico e cultural entre as últimas décadas do século XX e primeira década do século XXI.

Os trabalhos desta obra marcam o universo plural e ao mesmo tempo singular que permite desvelar olhares que sabem dialogar com os desafios do contexto educacional e manter fortes marcas das experiências educacionais.

Acreditamos no papel social do profissional docente, que requer uma perspectiva formativa dinâmica, isto é, em estado *continuum*, por isso dedicamos esta obra a cada um(a) dos leitores(as), individualmente, mas sem mitigar a implicância que o coletivo tem para o fortalecimento e efetivação de ações racionalmente fundamentadas em prol de uma escola pública eficiente e de qualidade social eficaz. Fazemos votos de que esta obra lançada a tantos outros olhares e mãos novamente se torne semente capaz de gerar tantos outros modos de reflexão e promovam tantos outros saberes capazes de potencializarem o desenvolvimento profissional docente e, por conseguinte, a profissão professor.

Neste sentido, cada capítulo que compõe esta obra pode ser lido separadamente dos demais, os seus entrelaçamentos estão estabelecidos pelo objeto geral da obra: docência. Assim, cada autora teve a liberdade de se expressar, cabendo-lhe a responsabilidade autoral das suas ideias, que não refletem necessariamente as dos organizadores.

Cuiabá-MT, dezembro de 2015.

Kilwangy kya Kapitango-a-Samba
Soely Aparecida Dias Paes
Kelly Katia Damasceno

Capítulo 1
FORMAÇÃO CONTINUADA DE PROFESSORES: UMA ANÁLISE DA SECRETARIA ESTADUAL DE MATO GROSSO

Patrícia C. Albieri de Almeida[1]; Claudia Leme Ferreira Davis[2]; Ana Paula Ferreira da Silva[3]; Marina Muniz Rossa Nunes[4]; Juliana Cedro de Souza[5]

Introdução

Nas últimas décadas, práticas e políticas de formação continuada têm suscitado, na comunidade acadêmica, intenso debate. Muitas são as produções na área e, ao que parece, há um discurso coerente e em muitos aspectos consensual sobre o que é preciso fazer no âmbito da formação em serviço. Nóvoa, em 2007, já chamava a atenção para esse "consenso discursivo" destacando que, infelizmente, "raramente temos conseguido fazer aquilo que dizemos que é preciso fazer" (p. 4). Entretanto, mesmo considerando que na prática os avanços não foram tão expressivos, é preciso reconhecer que as práticas e políticas de formação têm mudado em algumas Secretarias de Educação, e conhecê-las implica um exercício de análise que considere tanto suas restrições, limitações e equívocos, quanto suas possibilidades de ação e de avanço.

---

1. Pesquisadora da Fundação Carlos Chagas E-mail: palmeida@fcc.org.br.
2. Pesquisadora da Fundação Carlos Chagas e professora da Pontifícia Universidade Católica de São Paulo. E-mail: cdavis@fcc.org.br.
3. Assistente de Pesquisa Bolsista da Fundação Carlos Chagas e professora da Universidade Presbiteriana Mackenzie. E-mail: anafsil@yahoo.com.
4. Pesquisadora da Fundação Carlos Chagas e diretora do ensino médio do Colégio Santa Cruz. E-mail: mnunues@fcc.org.br.
5. Assistente de Pesquisa Bolsista da Fundação Carlos Chagas e professora da Universidade Nove de Julho. E-mail: julianacedro@yahoo.com.br.

Exemplos de avanços no âmbito das Secretarias de Educação podem ser observados na pesquisa que procurou identificar como diferentes estados e municípios brasileiros tratavam a formação continuada de seus professores (Davis; Almeida; Nunes, 2011). A coleta de dados envolveu 19 Secretarias de Educação (SE) municipais e estaduais, de modo que os resultados alcançados abordavam uma diversidade de aspectos relacionados às práticas formativas, englobando desde os fatores que geravam sua demanda, até seu processo de implementação e acompanhamento. O estudo oferecia também achados sobre os apoios oferecidos à prática pedagógica, sobre as modalidades de formação mais frequentemente empregadas e, ainda, indicações sobre como se davam os processos de monitoramento e avaliação.

Identificar as modalidades e práticas de formação continuada empregadas pelas SEs implicou visita *in loco*. Em todas as SEs, foram entrevistadas pelo menos três pessoas, dentre elas: o(a) secretário(a) de Educação (ou seu representante); o(a) coordenador(a) de Formação Continuada (ou o responsável por esse trabalho); um(a) responsável por um projeto, indicado pela SE, como sendo de relevância em sua política de Formação Continuada. Quando possível, entrevistou-se, também, um representante de uma das escolas da rede de ensino (diretor ou coordenador pedagógico).

No material obtido em cada SE (documentos por ela disponibilizados, registros de campo e transcrição das entrevistas), aspectos semelhantes, contrastantes e, inclusive, contraditórios foram buscados, para que fosse possível selecionar, sistematizar e analisar os principais achados, tentando indicar as abordagens e as modalidades de formação continuada em prática nas SEs estudadas. Com base na análise dos dados obtidos no estudo bibliográfico acerca da produção acumulada no campo da Formação Continuada de professores, bem como na daqueles oriundos do trabalho de campo, as autoras (Davis; Almeida; Nunes, 2011) que desenvolveram a pesquisa concluíram que, no momento atual, as Secretarias de Educação investigadas precisavam, ainda, recorrer, simultaneamente, a modalidades voltadas para o professor e para a escola, além de elaborar políticas educacionais mais articuladas internamente e mais harmônicas com as demais políticas voltadas para o magistério. As modalidades que tinham como foco o professor foram denominadas de *perspectivas individualizadas*, pois nelas buscavam valorizar o próprio docente, sanando suas dificuldades de formação relativas ao domínio de situações atuais da escola ou ligadas à prática pedagógica. Essas perspectivas eram adotadas, ainda, quando se fazia necessário divulgar mudanças pedagógicas ou implementar novos programas ou políticas das SEs. Predominavam nelas vários formatos: cursos de curta e longa duração, oficinas e ações mais pontuais (como a oferta de palestras, frequência a congressos, seminários, jornadas e encontros pedagógicos), sem mencionar ações formativas, que consideravam o ciclo de vida do professor e seu desenvolvimento profissional.

Já as modalidades voltadas para a escola viam esse espaço como um lócus de formação continuada permanente e, por esse motivo, foram denominadas de *perspectivas colaborativas*. Abordagens desse tipo centravam-se em atividades realizadas nas escolas, tais como: a) grupos de estudos, com acompanhamento sistemático e rigoroso; b) produção coletiva de materiais para determinadas séries e disciplinas, posteriormente divulgadas nos portais das SE; c) envolvimento dos professores nos processos de planejamento, implementação de ações e sua avaliação; d) elaboração de projetos pedagógicos relativos a questões curriculares ou a problemas identificados em sala de aula; e) formação de redes virtuais de colaboração e apoio profissional entre comunidades escolares e sistemas educacionais, entre outros.

Dentre as Secretarias investigadas[6], a Secretaria Estadual de Educação (SEE) do Mato Grosso foi a que mostrou, de acordo com a literatura consultada, uma das políticas mais inovadoras de formação profissional para o magistério. Nesse estado, as es-

---

6. Os estados e municípios cujas secretarias de educação foram estudadas na pesquisa original não foram nela divulgados, razão pela qual também não o serão nesse estudo.

colas não só eram vistas como o lócus por excelência da formação continuada, como a política de formação do estado tinha estruturado uma organização que favorecia o uso simultâneo de várias modalidades, todas elas voltadas para atender às necessidades não só dos professores como, também, de suas escolas. Como eram poucos os programas e as políticas que tinham conseguido promover, de fato, práticas colaborativas de formação, o presente artigo tem por objetivo problematizar as possibilidades de se contar com uma política de formação continuada que fortaleça a escola e os professores, valendo-se, para tanto, do exemplo da SEE do Mato Grosso.

O artigo está organizado em duas partes: a primeira é dedicada a uma revisão de literatura, cuja intenção é a de apresentar uma reflexão mais bem fundada acerca dos modelos formativos sugeridos para os professores da educação básica; a segunda apresenta a política de formação da SEE do Mato Grosso, com base no ponto de vista da própria secretaria e de suas escolas.

Abordagens de formação continuada

As escolas atuais requerem, cada vez mais, a formação continuada de seus professores, como condição *sine qua non* para conseguirem fazer frente aos desafios que a profissão lhes coloca. O panorama é tal que não se concebe mais uma oferta educacional pautada apenas pela formação inicial e/ou pela prática acumulada dos docentes. A mudança no sentido esperado exige e apoia-se na formação contínua e, portanto, na atualização dos recursos humanos disponíveis. Para melhor compreender a situação da formação continuada no Brasil, foi necessário levantar e classificar os principais modelos e concepções de formação continuada disponíveis na literatura especializada. Esse esforço de organização foi, inegavelmente, orientado a fim de oferecer um panorama amplo desse campo, sem desconsiderar que ele será de pouca valia, caso não se considere o fato de que nenhum modelo se encontra em estado puro, apresentando, usualmente, características de várias propostas ao mesmo tempo.

Uma ideia bastante arraigada nas concepções de formação continuada é a de que ela se faz necessária em razão de a formação inicial apresentar muitas limitações e problemas, chegando, em muitos casos, a ser de extrema precariedade. Nesse sentido, a formação continuada decorre da necessidade de suprir as inadequações deixadas pela formação inicial, que repercutem fortemente no trabalho docente. Segundo os defensores desse modelo, aqui denominado de "déficit", a situação agrava-se diante das demandas educacionais de sociedades complexas, levando à necessidade de estabelecer políticas amplas e bem pensadas de formação docente, tão centrais elas são para a melhoria da qualidade da educação.

Por outro lado, há também modelos que veem a importância da formação continuada como uma consequência da constatação de que o campo educacional é muito dinâmico, demandando que os educadores lidem constantemente com novos conhecimentos a respeito do processo de ensino-aprendizagem. Essa situação requer, portanto, que a base conceitual e as habilidades pedagógicas dos professores sejam constantemente expandidas e aprimoradas, de modo que consigam atender às novas demandas que a profissão lhes coloca.

Uma leitura mais atenta da bibliografia disponível mostra que os estudos encontrados podem ser reunidos em dois grandes grupos. O primeiro deles centra a atenção no sujeito professor e o segundo, diferentemente, não mira o desenvolvimento do professor individualmente considerado e, sim, aquele das equipes pedagógicas das escolas, devendo ocorrer, prioritariamente, no interior de cada uma delas, à luz dos problemas que enfrentam. Apresentam-se, a seguir, como se configuram esses distintos pontos de vista, reiterando que eles não são, de maneira nenhuma, mutuamente exclusivos.

Abordagens de formação continuada centradas na figura do professor

Há muitas hipóteses embasando as abordagens de formação continuada que se centram na figura do professor. Dentre elas destaca-se a *formação continuada como desenvolvimento de características éticas e políticas essenciais para o exercício profissional*. Considera-se, neste caso, que a formação continuada é essencial para o desenvolvimento subjetivo e profissional dos professores e que isso faz parte de um projeto pessoal, como uma escolha necessária para que se possa dar sentido e valor à atividade docente. Representa bem essa visão a proposta de Hargreaves (1995), para quem a formação individual e a continuada negligenciam o lugar que as metas e os objetivos do trabalho docente ocupam para os educadores. O autor aponta que, se o conhecimento daquilo que se ensina e de como se ensina é essencial para a boa docência, não se pode deixar de lado a importância de se conseguir dar sentido à atividade pedagógica, identificando os propósitos e as razões pelos quais a sociedade precisa de professores e os sentidos que estes últimos atribuem ao ato de ensinar. Hargreaves chama também a atenção para outras dimensões importantes do magistério, além da técnica: a ética, a política e a disposição emocional.

Uma segunda hipótese, cuja atenção se centra no sujeito professor é a que diz respeito à necessidade de suprir *os déficits da formação inicial*. Nesse caso, a formação continuada de professores é entendida como imprescindível para contornar as mazelas deixadas pela formação inicial. Essa abordagem focaliza-se, sobretudo, nas características que estão ausentes nos docentes e constitui, justamente por isso, o que se pode denominar de "abordagem do déficit". Quando se parte do princípio de que a formação inicial foi insuficiente, é porque se acredita que as competências, as habilidades e os conhecimentos imprescindíveis para o trabalho docente não foram trabalhadas – ou não foram adequadamente apropriadas –, situação que priva o professor dos recursos necessários para exercer sua profissão.

De fato, a proposta do déficit pressupõe que os professores nada têm a dizer em termos do que é necessário para aprimorar sua formação e, consequentemente, tudo o que diz respeito à formação continuada acaba sendo definido em outras instâncias e/ou em níveis hierárquicos superiores, dos próprios sistemas de ensino. Mas, tais propostas, sem considerar as especificidades dos professores e de seus locais de trabalho, tendem a ser uniformes, adquirindo um formato "tamanho único" e "unissex", uma vez que a meta é atingir o conjunto dos professores, independentemente de suas peculiaridades, características e interesses. Por outro lado, a abordagem centrada no déficit apoia-se em argumentos sólidos, razão pela qual não pode ser simplesmente descartada: enquanto os estudos apontarem que a formação docente inicial não apresenta a qualidade desejada, essa proposta continuará sendo adotada.

Uma terceira hipótese compreende a formação continuada como um empreendimento de cunho pessoal, ligado ao percurso profissional do docente, mais precisamente ao *ciclo de vida profissional*. A busca por formação inicial tem apontado, no entanto, que nem sempre a vida profissional é algo ascendente. Para Mevarech (1993; 1994; 1995), que empreendeu muitos estudos contrastando a atividade de professores novatos com a de experientes, a carreira docente implica, mais frequentemente, o aparecimento de fases de desorientação, marcadas por experiências regressivas e negativas, sentimentos de anomia e de rebaixamento da autoimagem, que precisam ser entendidos em sua fenomenologia e receber auxílio adequado para que possam ser devidamente canalizados, ensejando mudanças subjetivas e objetivas. Caso isso não ocorra, essas vivências acabam por converter-se apenas em experiências duras e sofridas, que podem paralisar – e quase sempre o fazem – o desenvolvimento pessoal e profissional dos docentes. Essa abordagem de formação continuada aposta na ideia de que conhecer os estágios que compõem a carreira docente permite identificar as necessidades e carências que os professores vivem. Ciente delas, a questão é, portanto, delinear formas personalizadas de apoio, capazes de auxiliar os educadores a enfrentarem melhor as etapas da vida profissional.

Em síntese, todas essas abordagens entendem a formação continuada como um processo que salienta a tarefa de oferecer aos professores oportunidades de desenvolvimento profissional atuando, em especial, no plano pessoal. Esse processo formativo ocorre independentemente de ter sido definido pelos próprios docentes ou por especialistas contratados pelos sistemas educacionais, podendo ora ter um caráter mais estruturado, ora mais informal.

Abordagens de formação continuada centradas no desenvolvimento das equipes escolares e das escolas

Em oposição às tendências de formação continuada individualizadas, que se centram na figura do professor, existem modelos nos quais a formação continuada é concebida sempre em termos coletivos, envolvendo uma série de atividades em grupo. Essa perspectiva é denominada, aqui, de colaborativa. Nela, os professores reúnem-se para estudar, para fazer análise curricular e propor modificações nos conteúdos trabalhados em cada ano e nível, para elaborar e realizar pesquisas e avaliações internas e assim por diante. Essa modalidade de formação continuada assume que há, por parte dos professores, um questionamento constante acerca de sua prática pedagógica, razão pela qual privilegia a interação nos próprios locais de trabalho. É aí que o corpo docente deve, em conjunto, definir o tipo de formação que almeja, especificando sua finalidade e sua forma de implementação. Desse modo, a formação continuada deve ocorrer primariamente nas instituições de ensino – as escolas – ou nas demais dependências do sistema educacional.

A expectativa dessa vertente é promover, via colaboração entre pares, uma discussão rica acerca dos vários aspectos da profissão docente, que, por aumentar a consciência acerca de seus pontos críticos, incentiva, também, a experimentação didática, o uso de novas estratégias de ensino e a adoção de uma organização mais eficiente na prática docente. Além disso, espera-se que a reflexão e a discussão entre pares estabeleçam um clima de confiança, que permita o entrosamento de docentes com diferentes níveis de experiência, lecionando, inclusive, matérias distintas em diferentes níveis de ensino. Pode-se dizer, portanto, que o foco está em fazer da escola uma "comunidade de aprendizagem" (Fullan; Germain, 2006), na qual se observe e se fale acerca do que se faz, de modo que o que foi observado se converta em *feedback* para aprimorar o processo de ensino-aprendizagem. Mesmo quando a formação profissional está ligada à busca de aprimoramento pessoal, como no primeiro modelo apresentado, essa segunda corrente reporta-se, mais de perto, às mudanças que se fazem necessárias – ou que já se encontram em andamento – no plano institucional. Alguns de seus resultados são utilizados como argumentos centrais para justificar a opção por essa visão: um maior comprometimento dos docentes em inovar e em experimentar mais; uma coordenação mais eficiente do trabalho realizado intra e interséries, uma sólida articulação dos diferentes níveis de ensino em uma mesma organização escolar; maior empenho em suprimir – ou em alterar drasticamente – procedimentos de ensino que não contribuem nem para motivar, nem para provocar, nos alunos, as aprendizagens pretendidas.

    O desenvolvimento profissional, dizem os que endossam essa visão, não pode ficar circunscrito ao domínio pessoal e utilitário. Só faz sentido propor programas de formação continuada se eles forem capazes de desencadear mudanças pertinentes e necessárias nas escolas, auxiliando-as a atender mais e melhor sua clientela. Essa não é, de maneira alguma, uma tarefa simples. Além de delinear, executar, acompanhar e avaliar as modificações que o coletivo profissional quer imprimir em sua atuação profissional, os professores precisam também aferir seu impacto na escola como um todo, aprendendo, sobretudo, a negociar conflitos e discordâncias, evitando acordos rápidos e simplistas que não constituem, de modo nenhum, uma solução. Quando tais problemas aparecem, é necessário que os conflitos sejam explicitados, mesmo que gerem incertezas e rupturas nos grupos envolvidos e promovam a sensação de ameaça e de desequilíbrio. Se os profissionais da escola souberem que esse é um passo necessário para se passar de um estado insatisfatório para outro, mais gratificante, no qual se pode compartilhar de uma visão mais ampla acerca do que se espera da escola e do que é preciso fazer para atingir esse fim, conflitos e incertezas serão devidamente apreciados.

Daí a necessidade de não se contentar com um desenvolvimento profissional de caráter meramente técnico ou instrumental. É preciso promover, também, a sensibilidade política e ética, condição para que se perceba que o mundo docente ultrapassa, em muito, as paredes da escola. Conhecer de perto o macro contexto em que se atua significa perceber que as iniquidades e as disfunções presentes na escola fazem parte da sociedade mais ampla e são dela apenas manifestações. Reconhecer as vicissitudes da escola – e empreender nela as mudanças necessárias – pode levar os professores a combater também os problemas da sociedade, sua injusta distribuição de riquezas e de poder.

Existe, dessa maneira, um imenso rol de tópicos a serem tratados em programas de formação profissional de docentes, que vão desde aqueles que se referem ao microuniverso da sala de aula, até os assuntos mais abrangentes, que envolvem teorias e sistemas educacionais e, ainda, sua articulação com as questões econômicas, políticas e sociais do mundo atual, globalizado. Tudo isso mostra que a formação de professores está longe de ser um campo bem delineado. Ao contrário, há nele uma pluralidade de vozes que, com base em distintas ideologias, defendem modelos que privilegiam aspectos muito diversos da profissão, descortinando cenários alternativos de formação profissional.

Um dos principais defensores da abordagem colaborativa é Fullan (1993), para quem a área de desenvolvimento profissional de professores tem apresentado resultados muito aquém dos esperados. Os fatores identificados como responsáveis por esse desempenho insatisfatório são a falta de base teórica e, consequentemente, de foco nas ações voltadas para o aprimoramento docente e, ainda, o fato de os programas de desenvolvimento profissional não irem além da frequência a cursos e seminários, cujos conteúdos não se articulam às necessidades postas pelo exercício da profissão. Para o autor, é preciso construir um novo conceito de desenvolvimento profissional, no qual o termo passe a significar aprendizagem contínua dos docentes, para que eles ofereçam a seus alunos um ensino sempre melhor. Assim conceituado, o desenvolvimento profissional busca aprimorar os conhecimentos e a atividade dos professores para ampliar os horizontes de alunos que vivem em circunstâncias muito complexas, as quais – pode-se dizer – chegam mesmo a ser caóticas. Fullan (1995) entende que é imperativo tornar a noção de "aprendizagem contínua" intrínseca à cultura das escolas, salientando que as habilidades de colaboração e de aprendizagem contínua são aspectos centrais a serem desenvolvidos pelos professores, mediante parcerias estabelecidas entre universidades, escolas e sistemas educacionais. Atuando em conjunto, torna-se possível, segundo o autor, desenvolver culturas escolares que ofereçam apoio a professores diferentes, em momentos distintos do ciclo profissional.

Cabe ressaltar, no entanto, que as principais diretrizes e linhas mestras dessa abordagem ainda não se encontram plenamente desenvolvidas, merecendo maior dotação de recursos nas políticas públicas e maior atenção por parte dos pesquisadores. Talvez, assim, seja possível gerar subsídios que possam respaldar a ação dos professores nas unidades escolares, bem como aquela de seus respectivos gestores, da administração pública e, notadamente, a das universidades.

A política de formação continuada da Secretaria Estadual de Educação do Mato Grosso

Por que a SEE do Mato Grosso é um bom exemplo de polícia de formação? Tendo em vista os resultados do estudo realizado por Davis, Nunes e Almeida (2011), as ações lá desenvolvidas contemplam, de forma articulada, práticas formativas que favorecem o desenvolvimento individual e coletivo, compreendendo o espaço escolar como *locus* privilegiado de formação.

Antes de abordar mais especificamente as modalidades formativas desenvolvidas pela SEE do Mato Grosso, cabe destacar que a política de formação adotada pela rede foi constituída ao longo de um processo histórico de continuidade nas ações políticas, situação que permitiu delinear uma visão clara sobre a proposta de formação continuada a ser oferecida aos professores. Infelizmente, ainda são muitas as SEs que não dispõem de uma política de formação e, portanto, o que oferecem aos professores são algumas modalidades de cursos promovidas ou apoiadas, na maioria das vezes, pelo MEC.

A política de formação da SEE do Mato Grosso conta, também, com a criação de dispositivos referentes à formação e à carreira do magistério público. Essas medidas favorecem a valorização dos profissionais da educação, assegurando-lhes, nos planos de carreira, o aperfeiçoamento profissional continuado, com os períodos reservados à formação estando incluídos na carga de trabalho. Essa é, sem dúvida, uma política que explicita a valorização e a manutenção de equipes bem formadas de formação continuada de professores, algo que se mostrou central porque a experiência adquirida gera uma crítica mais acurada para diagnosticar o que está ocorrendo nas escolas e entre os professores. Cria-se, desse modo, uma *expertise* da qual todas as ações formativas se beneficiam e, além disso, forma-se um círculo virtuoso: a continuidade das equipes de gestão facilita a identificação das necessidades da rede e leva, portanto, a um aprimoramento das práticas formativas.

Na SEE do Mato Grosso não foi apenas a continuidade de trabalhos e ações que favoreceu o aprimoramento das práticas formativas. Chama atenção a origem da atual política de formação do estado, cuja gênese pode ser localizada nas ações de um grupo de professores. Como iniciativa de um grupo de docentes e de formadores da universidade federal local, uma escola estadual de um município desse estado dispôs-se a discutir, no final da década de 1990, propostas de formação continuada para professores. As ações desses grupos constituíram o embrião dos atuais Centros de Formação e Atualização dos Professores – Cefapros. O processo de implantação e fortalecimento desses centros foi paulatinamente criado, exigindo, ao longo do tempo, alterações que refletem, hoje, o amadurecimento de concepções acerca da política de formação e definem mais claramente o papel desses centros na política de formação dos docentes ligados à rede estadual.

Os Cefapros foram pensados e instituídos para organizar e promover as ações no interior das escolas, por meio de projetos desenvolvidos em horários reservados às atividades pedagógicas e tendo como princípio fortalecer a identidade profissional e pessoal dos professores, com base no aprimoramento de competências para o ensino. E, de fato, a SEE concebe a escola como um dos espaços educativos preferenciais para a formação continuada dos professores, contando com o apoio dos Cefapros. Cada escola pode elaborar e executar seu próprio projeto de formação continuada, num processo de construção coletiva. Essa situação, que indica uma maior autonomia por parte das unidades escolares e a presença da participação direta dos professores, pode ser compreendida como um avanço em relação ao existente em outras SE do país.

A institucionalização dos Cefapros deu-se em 1997. Esses centros distribuem-se em polos propagadores das políticas, dos programas e das diretrizes propostas e discutidos pelos setores educacionais. Até 2010, eram quinze Centros de Formação de professores, todos estrategicamente localizados para bem atender às necessidades educativas de todo o estado. A superintendente de formação dos profissionais da educação básica explica que "os Cefapros são importantes articuladores e executores da formação inicial e continuada nas redes públicas de ensino, promovendo valiosos espaços públicos de encontro e intercâmbio de ideias e aprendizagens".

Na proposta de formação da SEE, a formação continuada não é entendida como correção da formação inicial que, não obstante, é, no mais das vezes, precária. Ao contrário, prevê-se que a formação seja percebida como um espaço de produção e socialização de conhecimento a respeito da profissão docente, de construção de uma gestão democrática, de organização da vida social tanto da comunidade escolar como daquela de seu entorno. As demandas formativas são definidas com base no diagnóstico da realidade de cada unidade escolar. Nesse caso, é feito um trabalho diferenciado, pois as escolas, com o acompanhamento de formadores do Centro de Formação, elaboram, anualmente, um plano de trabalho do qual constam o diagnóstico da escola, a definição das necessidades formativas e o planejamento das atividades de formação continuada a serem realizadas na própria escola. Uma formadora explica:

> [...] é feito todo um diagnóstico, na escola, no início do ano letivo, das necessidades sentidas durante o ano letivo anterior. Feito isso, a escola faz um levantamento de temas que venham a contribuir para o avanço, a melhoria do conhecimento desses alunos. É mais, assim, para fazer uma intervenção imediata, nas dificuldades encontradas pelos estudantes.

Para a superintendente de formação dos profissionais da educação básica, "a escola, em tese, começa o ano discutindo os problemas vivenciados no ano anterior e segue discutindo os que aparecem no percurso do ano letivo". Explicou que o Centro de Formação "acompanha os momentos formativos na escola e, portanto, as dificuldades, as fragilidades que se apresentam nas discussões são identificadas: estamos com problemas na alfabetização, no ensino de Ciências". A superintendente destacou, ainda, que não é o Centro de Formação que define o que será trabalhado nas diferentes escolas. Identificadas as necessidades de cada uma delas, o centro atua a fim de "ajudar cada escola a buscar soluções, buscar ajuda, leituras". Dependendo da precisão da escola, o próprio formador orienta e desenvolve práticas formativas para atender à demanda identificada pelos profissionais da unidade escolar. Além das atividades promovidas no contexto da própria escola, os professores são também convidados a participar de programas de formação continuada desenvolvidos pelos vários Cefapros.

A diretora de um dos Centros de Formação relatou ser muito comum as escolas requisitarem práticas formativas que possam contribuir para o aperfeiçoamento pedagógico, especialmente em relação às metodologias de ensino. Esse tipo de demanda repercute na formação dos formadores, como explicita o depoimento da superintendente de formação dos profissionais da educação básica:

> [...] esse é o conflito que temos agora: como fazer a formação dos nossos formadores, para que eles possam auxiliar as escolas nesse sentido, de aliar teoria e prática, para que haja teoria e prática, ensino e aprendizagem, para ensinar bem para que o aluno aprenda. Então, é um conflito.

Cabe destacar que muitas SEs relataram ter dificuldades para atender a todas as demandas de formação dos docentes, especialmente quando os diferentes níveis e modalidades de ensino e o ciclo de desenvolvimento profissional dos professores são considerados. No entanto, SEs mais estruturadas têm conseguido sucesso nessa tarefa, investindo, inclusive, na formação dos coordenadores pedagógicos, dos gestores e dos formadores. Tudo isso aponta que os Cefapros têm enfrentado o desafio de tomar a prática da escola e suas necessidades como referência para a formação continuada. Cabe-lhes organizar e promover ações nas próprias escolas, em horários reservados às atividades pedagógicas que compõem a jornada de trabalho. Esse projeto, como mostra o Quadro 1, tem viabilizado aos profissionais da escola trabalhar coletivamente, tecer redes de informações, trocar conhecimentos e alterar valores, sempre em permanente diálogo, com o intuito de que os educadores se tornem protagonistas do processo de mudança de sua prática pedagógica.

Quadro 1: Projeto de formação: Sala do educador

O projeto de formação "Sala do Educador" foi constituído com o objetivo de garantir aos professores a possibilidade de participar de um grupo de estudo permanente, em seu próprio ambiente de trabalho. Procura-se, desse modo, assegurar a continuidade das ações de formação e a oportunidade de planejá-las e/ou de repensá-las, sempre com base nas necessidades levantadas pelo coletivo da escola. Esse espaço formativo foi ganhando corpo ao longo dos anos, levando a SE a concebê-lo não mais como próprio do "professor", mas sim de todos que trabalham nas escolas. Por meio desse projeto, a formação continuada ocorre realmente na escola. Sua execução está sob a responsabilidade da equipe de gestão da escola e conta, ainda, com acompanhamento sistematizado dos grupos de professores formadores, lotados nos quinze Cefapros do estado. Essas equipes subsidiam as escolas para que elas possam oferecer uma proposta de formação continuada pautada pelas necessidades levantadas por seu coletivo, considerando as diversidades do currículo e as necessidades de aprendizagem de seus alunos. As escolas têm, portanto, autonomia para planejar o projeto "Sala do Educador". Anualmente, as escolas elaboram um plano de trabalho, o qual precisa ser avaliado e aprovado por um formador do Centro de Formação da SE, que passa a acompanhar sua implementação. A elaboração do plano de trabalho prevê a realização de um diagnóstico para identificar as necessidades da escola e definir as prioridades de ação. O projeto anual deve perfazer um total de 80 a 120 horas de estudo, com atividades semanais. Cada plano de trabalho deve especificar as características da escola, o perfil dos alunos e da comunidade, os objetivos gerais e específicos, o método de trabalho que será seguido, os temas e subprojetos a serem desenvolvidos, o cronograma dos trabalhos, os recursos financeiros necessários, a proposta de avaliação e os livros que subsidiarão os estudos. Cabe indicar, ainda, o que se espera dos formadores da SE, para que possam alcançar os objetivos propostos. Todas as atividades desenvolvidas são registradas. No entanto, nem todas as escolas incorporaram a "Sala do Educador" como espaço sistematizado de formação. Em algumas delas, os formadores ainda precisam convencer o coletivo da escola da importância de criar a cultura da reunião pedagógica. Em outras, faz-se necessário esclarecer qual é a finalidade desses espaços. Mas já se tornou evidente que a escola é o principal espaço de formação, a qual deve voltar-se para suas necessidades.

Essa prática, como pode ser visto, favorece o trabalho colaborativo, tentando superar o isolamento dos professores e as ações de cunho marcadamente individualista. A formação colaborativa permite, ainda, o envolvimento direto dos professores e da equipe gestora na discussão de seus respectivos problemas, bem como fortalece e legitima o espaço escolar como *locus* privilegiado, mas não exclusivo, de formação continuada permanente, constituindo comunidades de aprendizagem nas quais, nas escolas e entre escolas, uns auxiliam os outros (Fullan; Germain, 2006). No caso de Mato Grosso, as atividades tendem a ser realizadas nas escolas ou nos Cefapros, assumindo diferentes modalidades: a) grupos de estudos, com acompanhamento sistemático da SE; b) produção coletiva de materiais para determinadas séries e disciplinas, a serem posteriormente divulgadas nos portais das SEs; c) envolvimento dos professores nos processos de planejamento, implementação e avaliação de ações; d) elaboração de projetos pedagógicos relativos a questões curriculares ou a dificuldades identificadas em sala de aula; e e) formação de redes virtuais de colaboração e apoio profissional, envolvendo comunidades escolares e sistemas educacionais, entre outros.

Em função do caráter inovador da abordagem colaborativa, foram visitadas duas escolas e um Centro de Formação da rede estadual de Mato Grosso, justamente para apreender a visão daqueles que vivem essa experiência. Foram entrevistadas, nas escolas, suas respectivas diretoras e coordenadoras pedagógicas e, no Centro de Formação, sua diretora e três formadores, cujos relatos foram analisados e se encontram a seguir.

A perspectiva colaborativa do ponto de vista do Centro de Formação

O intuito da visita ao Centro de Formação foi o de conhecer melhor as condições que levam as escolas a se assumirem como espaços formativos e, ainda, o tipo de apoio que recebem dos Cefapros. Como já mencionado, esses centros foram criados com o objetivo de auxiliar o trabalho dos profissionais da escola com a intenção de garantir melhores condições para a realização do trabalho docente ou não. As equipes que neles atuam procuram oferecer condições para que a escola possa construir, de forma institucionalizada, espaços formativos para o coletivo de profissionais no próprio ambiente em que trabalham. Cabe-lhes, ainda, assegurar aos profissionais da educação a oportunidade de planejar e/ou repensar uma proposta de formação continuada pautada pelas necessidades levantadas pelo corpo docente da escola, considerando as diversidades de currículo e as necessidades de aprendizagem dos alunos.

A diretora do Centro de Formação explicou que cada formador é responsável por ir até as escolas. Segundo ela, especialmente no último ano, as equipes desses Centros de Formação estavam empenhadas "em melhorar o acompanhamento dos formadores nas escolas. Esse formador precisa conhecer bem a escola, tem que estar presente na escola, acompanhar os trabalhos da escola". A diretora explica que:

> [...] o formador mantém contato semanal com o coordenador da escola, tem uma relação direta com ele, resolvendo dúvidas, orientando materiais. E, se detecta alguma dificuldade como, por exemplo, nas Ciências Naturais, o formador da área vai até a escola, para trabalhar com seus professores.

Quando questionada sobre a repercussão desses trabalhos na escola, a mesma diretora informou que a expectativa primeira era a de:

> [...] estabelecer uma relação muito boa com a escola, no sentido de eles nos buscarem quando sentirem necessidade, sentirem que têm livre acesso à escola, sem parecer aquele intruso que chega lá e tem que mudar tudo, como se fosse um fiscal. A gente tem conseguido isso, nesses últimos dois anos.

Acrescenta, também, que os formadores têm a perspectiva de que os professores estabeleçam entre si e, sobretudo, com o professor formador que visita a escola semanalmente, certa cumplicidade "para que ele compreenda mesmo essa necessidade de ter formação continuada e faça do Centro de Formação um parceiro para as mudanças da prática, além de trazer um retorno pra gente". Já na avaliação de uma formadora, o projeto tem sido um sucesso, porque os docentes:

> [...] deixam de reclamar. Torna-se uma prática da escola pensar junto com o grupo. O professor não fala mais: – Ah! O meu aluno está com dificuldade, ele não aprende! Hoje, o olhar é diferenciado; discute-se o que fazer para o aluno avançar na aprendizagem.

Para outra formadora, o Centro de Formação tem atingido o duplo objetivo de promover a participação ativa dos professores nos assuntos escolares e de tornar a escola um espaço de formação. Comenta que, em muitas escolas, tem sido possível fazer com que:

> [...] os professores tragam os resultados do seu trabalho, uma vez que a participação do professor é ativa na formação. Ela (a formação) se tornou uma prática: os professores foram sentindo a necessidade de participar ativamente [...]. Temos observado mudanças nas formas de pensar e de agir de muitos professores. Isto é um ponto positivo aqui no estado: estamos conseguindo avançar.

Esse relato é ilustrativo de que contextos e processos colaborativos possibilitam, por meio das interações que propiciam aos professores, novas aprendizagens e, consequentemente, mudanças nos modos de agir, pensar e sentir dos docentes e alterações importantes nas práticas pedagógicas. A esse respeito, Simão et al. (2009, p. 70) explicam que os contextos e processos colaborativos proporcionam o desenvolvimento da competência técnico-profissional dos professores, ao mesmo tempo em que as representações sobre os contextos de trabalho, sobre si próprios e sobre os outros também sofrem mudanças.

Para esses mesmos autores, essas modificações parecem "traduzir-se numa maior valorização das oportunidades profissionais e numa maior confiança para enfrentar novas situações" (Simão et al., 2009, p. 70).

A diretora do Centro de Formação analisa, também, a importância do trabalho realizado pela gestão e pela coordenação para o Projeto "Sala do Educador" (ver Quadro 1). A execução desse projeto é de responsabilidade do coordenador pedagógico, representa um compromisso da escola com o acompanhamento sistematizado da equipe de professores formadores do Centro de Formação vinculada ao polo em que a escola está inserida. A diretora comenta que "os coordenadores devem comparecer quinzenalmente no Centro de Formação. Só não é possível essa formação semanal com os coordenadores de municípios distantes, em função dos custos". Para ela, o tipo de compreensão que esses profissionais têm da escola como espaço formativo pode facilitar (ou dificultar) não só a relação da escola com o Centro de Formação como, ainda, o próprio desenvolvimento do projeto. Em suas palavras:

> eu vejo, por exemplo, que é complicado o diretor ter uma visão muito administrativa e pouco pedagógica da escola. Há diretores que não valorizam o trabalho desenvolvido na sala do professor e não cooperam para a implementação desse projeto.

Os gestores e os coordenadores pedagógicos das escolas, nessa SE, são eleitos pela comunidade. Há uma expectativa de que esses profissionais tenham uma postura de envolvimento e comprometimento; no entanto, para a diretora do Centro de Formação, o coordenador:

[...] apesar de ser eleito, é, muitas vezes, o maior entrave, porque eles são a nossa relação direta com a escola. Ainda temos a cultura de eleger como coordenador o professor que devia ser afastado da escola. Assim, aquele que não quer a sala de aula, aquele que está doente, não é aquele que é o melhor professor, que sabe trabalhar, que quer colaborar. Infelizmente, na maioria dos casos, o coordenador não tem o perfil necessário e acaba sendo um obstáculo (para a melhoria da escola e da educação). E os professores que são comprometidos, sérios, ficam sobrecarregados, porque a escola não consegue arrebanhar aqueles que não estão interessados.

A diretora ponderou, assim, que, talvez, viesse a ser necessário delinear uma política que estabelecesse qual deveria ser o perfil desejado de coordenador para as escolas da rede, mesmo considerando que "esse tipo de prática não garante que os coordenadores adotem uma postura de envolvimento, afinada com a política do estado". Uma das formadoras destacou, também, a importância do papel do coordenador pedagógico nas práticas de formação que ocorriam na escola: "a sala do professor exige grande envolvimento e empenho do coordenador pedagógico. É ele que integra ou não o grupo de professores, é ele que consegue agregar". Para a formadora, o coordenador também deveria acompanhar e apoiar as práticas pedagógicas desenvolvidas pelos professores.

A perspectiva colaborativa do ponto de vista da escola

As diretoras e coordenadoras pedagógicas entrevistadas declararam-se bastante satisfeitas com a perspectiva colaborativa e destacaram, como ponto forte, a autonomia das escolas para definirem suas metas e ações com base em suas necessidades: "as decisões da escola são respeitadas pela SEE e nós temos o apoio do Centro de Formação" (Diretora da escola "A"). Confirmaram, também, que "as necessidades formativas são identificadas pelo próprio grupo de professores" (Diretora da escola "B"). Uma das diretoras comentou que "cada escola é uma realidade, tem uma demanda diferente e essa autonomia de decidir sobre a formação é muito importante" (Diretora da escola "A"). As entrevistadas acreditavam que suas escolas eram ricos espaços de formação. O grupo de professores, segundo a diretora da escola "A", vinha discutindo muito formas alternativas para melhorar os resultados da escola e preocupava-se em "definir o perfil de entrada e o perfil de saída dos alunos". Acrescentou que essas discussões e o estudo sistemático tanto das propostas curriculares como das práticas educativas foram essenciais para promover mudanças estruturais na escola e na organização do trabalho pedagógico. Essa modalidade formativa, segundo ela, é:

> [...] uma prática, um momento de estudar, um momento de troca de experiência entre os colegas e é nessa troca de experiência que os professores enriquecem o trabalho. É um momento que tiramos para estudar, compreender os processos de aprendizagem. (Coordenadora pedagógica da escola "A")

Uma estratégia muito utilizada nas escolas que adotam a perspectiva colaborativa parecia ser o estudo metódico e ordenado de questões que emergiam da prática dos professores, como comentou a coordenadora pedagógica da escola "A":

> Normalmente, busca-se, em algum texto, a fundamentação teórica. Os professores estudam, discutem como trabalhar, buscando atividades para desenvolver melhor a prática. A avaliação, por exemplo, eu estudo, eu desenvolvo e, na prática, de que forma estou avaliando o meu aluno? Então, você tem a fundamentação e a prática em sala de aula reunidas, juntas, e é esse processo que tem provocado a mudança.

Explicou que, quando os professores encontravam dificuldades, como a "necessidade de aprofundamento em algum tema ou de algum tipo de esclarecimento, sempre se recorre ao Centro de Formação. Os formadores vêm até a escola: a gente entende isso como um respaldo". No entanto, não foram todas as escolas que incorporaram a abordagem colaborativa, buscando constituir-se em espaços sistemáticos de formação. A diretora do Centro de Formação comentou que, em algumas unidades escolares, os formadores ainda precisavam argumentar, discutir e convencer os educadores e a equipe gestora:

> [...] a necessidade de institucionalizar mesmo a "sala do educador" para um momento específico. Não dá para ficar mais absorvendo tudo! Para isso, é necessário que a escola tenha a cultura da reunião pedagógica. Em algumas escolas, ainda se confunde a finalidade desse espaço. Ainda tem diretor que adora utilizar esse espaço para dar recados... Mas, a gente tem visto que, quando ela funciona nos moldes que a gente acredita, ela (a sala do educador) dá resultado. [...] Claro que ainda há professores que não se desgarraram de antigas práticas, de hora-atividade. Então, assim, não vou dizer que eles não fazem planejamento nessa hora, apesar de a gente dizer que não é um momento de planejamento individual.

Simão et al. (2009) ajudam a compreender as razões pelas quais algumas escolas têm dificuldade em legitimar o próprio espaço escolar como lugar de formação. Pautados em muitos estudos, os autores ressaltam que, se de um lado a mudança requer a cooperação ativa dos professores, de outro "existem vários constrangimentos que constituem obstáculos à mudança, nomeadamente o nível das culturas profissionais" (Simão et al., 2009, p. 68). As diretoras também apontaram ter problemas com os professores contratados. Para elas, isso decorria da injunção das instâncias superiores, que acabavam dificultando o trabalho colaborativo na escola. A diretora da escola "A" explicou que o professor interino não conta com hora-atividade, muito embora exista, atualmente, um grande contingente de professores nessa condição. Essa situação prejudica o trabalho nas escolas: os docentes contratados não têm obrigação de participar das ações formativas e só o fazem mediante iniciativa própria. Como muitos atuam em mais de uma escola, a maioria, mesmo que queira, não consegue participar das atividades oferecidas nas escolas:

> Neste ano, estamos com cinco professores nessa situação. Nós percebemos que, no começo, eles vão interagindo, vão conhecendo a escola, percebendo como é o processo de avaliação, como as regras funcionam. E é nesse momento que a gente vai conversando e se ajustando. As coisas, para funcionarem, precisam de uma mesma língua: um tem que saber o que o outro está fazendo! Não tem que fazer nada de porta fechada, não tem que esconder nada do outro. Tem que compartilhar e ajudar. Deu certo, tem que participar. A gente, aqui, decide tudo no coletivo. A gente percebe que os professores que participam da sala do educador têm mais argumentos para superar as dificuldades e o quanto os outros ficam por fora. Esses, os que ficam por fora, acabam procurando, de alguma forma, se inteirar: percebem sua situação e acabam procurando a coordenação e a direção para se inteirar do que está acontecendo. (Diretora da escola "A")

A diretora e a coordenadora relataram que as escolas apresentaram um bom resultado no IDEB e atribuíram o bom desempenho dos alunos às práticas colaborativas:

> A gente percebe o quanto isso dá resultado. Prova disso é a nossa nota 6,9 no IDEB. Nós não temos medo de manter (essa nota): nós vamos avançar! Se nós conseguimos atingir 7,0, nós temos potencial para avançar. É uma questão de não nos omitirmos diante da nossa prática, de continuar exercendo uma prática com essa ousadia de avançar, que nós não vamos só ficar aí: vamos avançar. (Diretora da escola "A")

A atuação do coordenador pedagógico na escola também vinha sendo objeto de atenção das diretoras entrevistadas. A diretora da escola "B", por exemplo, relatou que tinha "feito um grande esforço para que o coordenador estivesse mais perto do professor, para que o coordenador saísse do corredor, que parasse de fazer o papel de disciplinador". Explicou que, desde o início do ano, os coordenadores têm acompanhado a aprendizagem dos alunos, a prática pedagógica dos professores e, quando necessário, realizado intervenções: "os coordenadores ficam, agora, nas salas de aula, acompanhando as aulas dos professores, auxiliando e ajudando esse professor a trabalhar com os alunos com dificuldades". Acrescentou, ainda, que essa era uma prática necessária, mas difícil de ser mantida, em razão das inúmeras demandas de trabalho que sobrecarregam o cotidiano da equipe gestora da escola. Destacou, por fim, que era "difícil fazer o coordenador pedagógico compreender seu papel na escola e igualmente difícil fazer o professor compreender qual o papel do coordenador pedagógico na escola".

Considerações finais

A atual política de formação da rede estadual de ensino do estado de Mato Grosso conseguiu delinear e implementar uma modalidade formativa que busca favorecer: a) a criação de um clima de colaboração entre os professores na escola; b) a participação dos professores nos processos de planejamento, execução e avaliação dos resultados da escola; e c) a valorização dos saberes e da experiência dos professores. A SEE organiza-se para dar apoio à formação desenvolvida nas escolas, oferecendo-lhes condições institucionalizadas para criar espaços de formação capazes de aprimorar o coletivo de seus profissionais no próprio ambiente de trabalho. Assegura-lhes, ainda, a oportunidade de planejar e/ou repensar sua atuação com base nas demandas de suas respectivas escolas, considerando o currículo e as necessidades de aprendizagem de seus alunos.

Esse cuidado tem sido recorrentemente discutido na literatura disponível (Candau, 1997; Imbernón, 2010), que salienta a importância de a formação continuada dispor de uma organização minimamente estável para o desenvolvimento de projetos formativos que favoreçam o respeito, a liderança democrática e a participação de todos. Sem um clima de colaboração na escola, dificilmente os educadores vão reconhecer a formação como um benefício tanto individual como coletivo, a serviço da educação e dos alunos. Como apontado, essa SEE criou vários Centros de Formação de professores, com o propósito de auxiliar o trabalho dos profissionais da escola e garantir melhores condições para a realização da docência. Tratou, pois, de articular a formação inicial e a continuada, favorecendo o desenvolvimento da escola e dos profissionais que nela atuam. E isso é inegavelmente um mérito, em um país onde os professores já se habituaram a ver a docência como uma atividade profissional solitária.

Um dos desafios que essa SEE enfrenta diz respeito à formação dos formadores e à manutenção de equipes bem estruturadas de formadores tendo em vista que a experiência adquirida gera uma crítica mais acurada para diagnosticar o que está ocorrendo nas escolas e entre os professores, criando uma expertise da qual todas as ações formativas se beneficiam.

Referências

CANDAU, V. M. Formação continuada de professores: tendências atuais. In: _____ (org.). **Magistério**: construção cotidiana. Petrópolis: Vozes, 1997.

DAVIS, C.; NUNES, M.; ALMEIDA, P. **Formação continuada de professores**: uma análise das modalidades e das práticas em estados e municípios brasileiros. São Paulo: Fundação Carlos Chagas, 2011. (Relatório de pesquisa).

FULLAN, M. **Change forces with a vengeance**. London: Falmer, 1993.

_____. **Leadership and sustainnability**. Thousand Oaks: Corwin, 1995.

FULLAN, M.; St. GERMAIN, C. **Learning Places**. Thousand Oaks: Corwin Press, 2006.

HARGREAVES, A. Introduction. In: CLARK, C. M. (ed.). **Thoughtful tecahing**. Wellington: Cassel, 1995.

IMBERNÓN, F. **Formação continuada de professores**. Porto Alegre: Artmed, 2010.

MEVARECH, Z. R. Who benefits from computer assisted cooperative learning? **Journal of Educational Computing Research**, v. 9, p. 451-464, 1993.

_____. The effectiveness of individualized versus cooperative computer-base integrated learning systems. **The International Journal of Educational Research**, v. 21, p. 39-52, 1994.

_____. Teachers' paths on the way to and form the professional development forum. In: GUSKEY, T. R.; HUBERMAN, M. (eds.). **Professional development in education**: new paradigms and practices. New York: Teachers College, 1995.

SIMÃO, M. A. F. ; et al. Formação de professores em contextos colaborativos: um projeto de investigação em curso. **Sísifo**: Revista de Ciências da Educação, n. 8, p. 61-74, jan./abr. 2009.

Capítulo 2
FORMAÇÃO CONTINUADA DOS PROFESSORES EM EXERCÍCIO: DO PROJETO DA ESCOLA À POLÍTICA PÚBLICA

Ivone de Oliveira Guimarães Favretto[1]; Simone Albuquerque da Rocha[2]

As pesquisas e leituras em documentos da área educacional apresentam um conjunto de proposições oficiais direcionadas à reformulação do currículo de formação inicial de professores. Assim, a importância da formação do professor é abordada em diversos textos, em diversas épocas. Como já dizia Santo Tomás de Aquino (1227-1274),

> o professor deve ter grandes qualidades, morais, sobretudo. Deve ter inteligência cultivada, conhecimentos profissionais extensos; deve conhecer a alma humana e os processos pelos quais o espírito adquire as ciências. (apud Riboulet, 1951, p. 107)

Assim sendo, no século XIII Santo Tomás de Aquino já enunciava que a educação não era a simples comunicação ou transmissão de conhecimentos pelo professor, mas algo que mobilizava conhecimento e envolvia o espírito.

Dando um salto temporal na história, temos na pesquisa de Müller (1999) apontamentos sobre a importância da formação profissional em 1929, quando a autora registrou em seus dados que naquela época já havia recomendação para que os professores ampliassem seus conhecimentos em "Curso de Férias". Ressaltou ainda a autora que, no início do século XX, para a formação do professor "o diploma ou o 'saber ensinar' não seria mais suficiente para atestar a capacidade da professora". Ela precisaria

---
1. Univag – Centro Universitário de Várzea Grande – Mato Grosso.
2. UFMT – Universidade Federal de Mato Grosso.

demonstrar seu mérito, aperfeiçoando seus conhecimentos pedagógicos e assumindo posturas mais técnicas no exercício profissional (1999, p. 137).

Então, o grande movimento de formação de professores do Curso Normal consistia na ampliação de sua formação em "Cursos de Férias". A formação continuada, a partir do Estado, evidenciava-se, enquanto política de formação, naqueles cursos de férias com a participação de até mil professoras. Os cursos eram realizados, geralmente, no mês de janeiro nas Escolas Normais e destinavam-se à orientação "mais moderna" do ensino para a época e a estabelecer a correlação entre as disciplinas.

Ainda em 1950 no Brasil, havia grande preocupação dos órgãos governamentais quanto à melhoria da mão de obra, no início da industrialização com a chamada "caminhada para o desenvolvimento". Acontecia uma grave crise econômica que se estendeu à ordem político-social, afetando a vida diária. Para atender a essa realidade de formação profissional conforme a demanda social, fazia-se necessário a qualificação dos professores.

Para atender aos avanços tecnológicos, à globalização e à demanda do mercado de trabalho cada dia mais exigente e competitivo, constatou-se que havia premente necessidade de que o professor buscasse a formação continuada para o desenvolvimento das competências básicas ao exercício de sua função como profissional. O contexto educativo, portanto, demandava profissionais docentes preparados para atenderem às necessidades educacionais do aluno, num processo dinâmico de desenvolvimento para ambos. Tal exigência era também considerada essencial no Plano Nacional de Educação – PNE aprovado em 2000 e sancionado em 2001, quando cita em seu capítulo IV, seção 10.1:

> A formação continuada assume particular importância, em decorrência do avanço científico e tecnológico e de exigência de um nível de conhecimentos sempre mais amplos e profundos na sociedade moderna. Este Plano, portanto, deverá

dar especial atenção à formação permanente (em serviço) dos profissionais da educação. A formação continuada do magistério é parte essencial da estratégia de melhoria permanente da qualidade da educação e visará à abertura de novos horizontes na atuação profissional. (PNE, 2001, p. 63)

A legislação atribui a competência pela formação continuada dos professores aos estados e municípios, embora, em nível federal, alguns convênios internacionais sejam firmados, via Ministério de Educação e Fundo de Fortalecimento da Escola (Fundescola), com o Banco Mundial, e a partir deles também se desenvolvem programas de formação no interior dos estados e municípios brasileiros.

Tais acordos de formação continuada têm vindo para diferentes realidades com propostas engessadas e merecem estudos investigativos sobre suas reais contribuições à formação dos professores, especificamente em Mato Grosso, em que a diversidade e as distâncias, marcadas pelo limite das águas e pela falta de acesso às localidades, tornam-no um Estado com realidades diversas. Portanto, programas diferenciados devem ser implementados para atender ao Estado em suas especificidades, inclusive étnicas e, assim sendo, a recomendação era de que a educação não deveria violentar sua natureza, seus interesses e sua forma de ler e ver o mundo.

Para atender tamanha diversidade presente no estado de Mato Grosso, a formação de professores vem se desenvolvendo sob a forma de políticas educacionais destinadas às diversas modalidades, sendo este estudo voltado para as políticas de formação continuada dos professores em exercício na rede pública estadual.

A pesquisa de Favretto (2006) revelou o modelo de formação oferecido pelo estado de Mato Grosso aos professores da rede pública, investigando, junto aos sujeitos da pesquisa, dados que permitiram analisar se ele se efetiva conforme o desejo e as necessidades elencadas pelos professores e suas escolas e, assim sendo, o que manifestam os professores sobre os reflexos de tal proposta às suas práticas.

Para realizar o presente trabalho, focado na formação continuada de professores, os estudos foram situados nas políticas públicas de formação continuada: a desenvolvida nos Centros de Formação e Atualização dos Profissionais da Educação Básica (Cefapros), no Centro de Rondonópolis-MT; a política do Plano de Desenvolvimento da Escola (PDE) também em escolas estaduais em Rondonópolis-MT.

Para tanto, descrevemos sobre o período de 1993 a 2006, acerca das principais políticas e programas desenvolvidos para os professores em exercício, centrando as atenções para aqueles que se efetivam em espaços de discussão coletiva.

Para subsidiar a pesquisa buscamos dados sobre a formação continuada em Mato Grosso nos documentos oficiais da Secretaria de Estado de Educação, nos documentos realizados sobre os programas de formação continuada produzidos na década, nos estudos desenvolvidos por Rocha (1996), Habilitação Magistério em Mato Grosso: o caso Cefam de Rondonópolis, dissertação que trata sobre a formação continuada de professores a partir de um processo autônomo da escola, como também na pesquisa de doutorado da mesma autora (2001) sobre os professores Leigos e o Proformação: uma alternativa possível a partir do Projeto Piloto de Mato Grosso, na qual situa historicamente a criação e o desenvolvimento inicial dos Centros de Formação e Atualização dos Profissionais da Educação Básica (Cefapros) em Mato Grosso, os quais coordenaram as ações e o desenvolvimento do Programa de Formação de Professores em Exercício (Proformação) no estado, constituindo-se em importantes documentos para o presente trabalho.

A formação continuada com a qual trabalhamos ao longo do estudo é aquela que se desenvolve em processo *continuum* de atualização e discussão e que se efetiva em espaços coletivos na e a partir da escola (Favretto; Rocha, 2010). No desenvolvimento do estudo das autoras foi traçada a trajetória histórica de cada uma das propostas de formação continuada, as quais, coincidentemente, nascem em Rondonópolis-MT e se tornam hospedeiras de projetos importantes que se projetam para o cenário nacional, constituindo-se em modelo de formação para o Brasil e outros países, como o Plano de Desenvolvimento da Escola – PDE, uma proposta de gestão da escola do Fundescola.

A coleta de dados foi realizada em 2005, em três escolas públicas estaduais em Rondonópolis, Mato Grosso, que trazem em sua trajetória a formação continuada desenvolvida pelo Centro de Formação e Atualização dos Profissionais da Educação Básica – Cefapro e pelo PDE.

A investigação referiu-se a um recorte temporal, e envolveu seis professores e dois coordenadores em três escolas públicas distribuídas em locais diferentes na cidade, por meio de entrevistas semiestruturadas e gravadas. O objetivo deu-se no sentido de coletar, discutir e analisar dados sobre a formação continuada, nas instâncias onde se desenvolvem os programas – PDE e Cefapro registrando as percepções que os sujeitos apresentam sobre as repercussões de tais formações em suas práticas.

O critério de seleção dos sujeitos foi escolhido a partir da exigência de que todos tivessem participado dos dois programas de formação continuada em exercício que contemplassem as discussões coletivas dos professores nas escolas pesquisadas.

Os resultados das entrevistas colhidas foram publicados em Favretto (2006), guiando-se pelas categorias de análise subsidiadas em Szymanski, Almeida e Bransini (2004), que as compreendem como sendo a imersão do pesquisador nos dados e a sua forma particular de agrupá-los segundo a sua compreensão. Esse momento pode ser chamado de explicitação de significados.

> Diferentes pesquisadores podem construir diferentes categorias a partir do mesmo conjunto de dados, pois essa construção depende da experiência pessoal, das teorias do seu conhecimento e das suas crenças ou valores. (p. 75)

Seguem as categorias elencadas para a pesquisa:

§ Concepção de formação continuada que os professores pesquisados apresentavam considerando-se a larga experiência profissional dos mesmos, o tempo de serviço, sendo o menor de dezesseis anos e o maior de trinta e dois anos de atuação no magistério, ainda em atividade. A maioria possuía pós-graduação em nível de especialização e todos os professores participaram do Cefapro desde o surgimento na cidade de Rondonópolis e da formação promovida pela escola por meio do PDE;

§ Organização da escola para a formação continuada em serviço;

§ Formas – modelos de formação oferecidos aos/ou pelos professores/escola/sindicato/Estado;

§ Reflexos da Formação na prática pedagógica a partir das análises dos sujeitos.

A inserção das autoras na pesquisa

O tema de pesquisa foi escolhido a partir da inserção das autoras na formação, sendo que uma delas possuía experiência com o grupo de estudos formado por professores e pela equipe técnica do Magistério na Escola Sagrado Coração de Jesus de Rondonópolis, Mato Grosso, no ano de 1985, com o objetivo de discutir a formação continuada e a outra, como participante da elaboração e criação dos Cefapros e como uma pesquisadora que discute formação continuada em Mato Grosso.

Resgatando um pouco da história dos Cefapros, a experiência vivida, nos permitiu narrar que um grupo de professores estudiosos da Escola Estadual Sagrado Coração de Jesus contagiou os demais colegas, que, motivados politicamente com a participação do sindicato dos trabalhadores da educação pública de Mato Grosso (Sintep), desenvolveram um movimento de formação continuada de professores de proporção numerosa. Nesse movimento criou-se o Centro de Formação Permanente de

Professores – Cenfor, que mais tarde serviu de referência para a Criação do Cefapro pela Secretaria de Estado de Educação – Seduc (Rocha, 2010).

Naquela ocasião, Favretto participou como professora de Ciências Naturais nas reuniões de estudos e foi responsável pelas discussões sempre que havia interesse dos professores nessa área e Rocha, por outro lado, como uma das coordenadoras do Centro e da Formação. Em relação ao PDE, Favretto participou como coordenadora quando da implantação do plano na escola citada. Trata-se, portanto, de uma pesquisa em que as pesquisadoras participaram, registraram e vivenciaram as situações de formação, destacando-se Favretto que teve atuação nos dois projetos de formação – Cefapro e PDE.

A partir das observações, reflexões e envolvimento, surgiu o interesse pelos cursos de formação de professores e por suas contribuições para a ressignificação da prática pedagógica.

A metodologia adotada para dar suporte ao estudo foi a pesquisa qualitativa embasada em Bogdan e Biklen (1996).

Os resultados da pesquisa foram analisados e discutidos à luz de alguns teóricos, tais como Carvalho (2005), Freire (1996), Gatti (2000), Fusari (1988), Nóvoa (1992), Prada (1997), Rios (2004), Rocha (1996; 2001; 2010), Rodrigues (2004) e Tardif (2003) sobre a formação continuada.

Na investigação, buscamos situar a formação continuada e as concepções a ela atribuídas, para que se pudesse compreender com qual abordagem foram trabalhados os dados e analisados os sujeitos que fazem parte deles sobre a formação continuada de professores em exercício no Estado de Mato Grosso.

Entendemos que a formação continuada, quando tem na escola o seu espaço, desenvolve-se com mais legitimidade, para tanto, consiste em grande desafio das políticas do sistema público estadual em Mato Grosso, na propositura de uma formação que atenda às "diferenças professorais", para que os docentes sejam capazes de entender melhor e, assim, dar sentido à sua profissão.

O professor deve entender que o processo ensino-aprendizagem consiste em um exercício de aprendizagens mútuas, em que a mediação está muito presente entre professor e aluno. Gadotti (2003) afirma que o professor

> [...] é muito mais que um mediador do conhecimento, diante do aluno que é o sujeito de sua própria formação [...] ele deixará de ser um "lecionador" para ser um organizador do conhecimento e da aprendizagem. (p. 8, grifo do autor)

Nessa perspectiva, o professor toma as rédeas e propõe a própria formação entre seus pares no chão da escola, tornando-se agente ativo no processo de interpretação e reinterpretação das políticas educacionais e influenciando sobremaneira nos rumos e nos processos de implementação das políticas (Mainardes, 2006).

A formação então compreendida como aquela que tem na escola a incubadora em que são aquecidas e fomentadas as discussões, reflexões, ações, projetos e propostas de como melhorar a prática dos professores constitui-se como instrumento para a aprendizagem significativa e a construção de saberes voltadas para a melhoria da qualidade da formação dos professores. Nesse sentido, para Monteiro (2002), o desenvolvimento profissional constitui-se de processos formativos, possibilitando aos professores, através da reflexão, a compreensão dos saberes: no fazer pedagógico, nos aspectos estruturais do seu trabalho e na produção de conhecimentos. Para tanto, comenta que "[...] as condições de trabalho dos professores devem ser consideradas como um aspecto importante no desenvolvimento profissional" (Monteiro, 2002, p. 179).

De outro lado, a formação prescritiva, ou seja, aquela proposta pelo sistema público estadual tem sido alvo de severas críticas, devido à forma como se estrutura e à metodologia que desenvolve no âmbito escolar. Desconhecendo as diferentes realidades das escolas e a cultura dos professores, "os pacotes" de formação continuada, quando não descabidos, propõem mudanças de paradigmas sem que tenha havido condições para que se processem as leituras, as discussões e a devida reflexão sobre as possibilidades de alterar a prática e conceber a docência de forma diferenciada da que se tem praticado.

Diante do exposto acima e em pesquisa recente de Gobatto (2012) sobre o Cefapro, a autora afirma que:

> Considero que formação continuada de professores, ao longo das últimas décadas, não contemplou uma formação humanista e induziu os professores a aceitar as reformas educacionais como pacotes prontos. Destarte, a escola, durante muito tempo, foi vista como uma instituição prestadora do serviço e não como lócus da formação humana a serviço dos interesses sociais. (Gobatto, 2012, p. 35)

No estado de Mato Grosso, o movimento de formação continuada a partir da escola, isto é, a partir do desejo e da autonomia dos professores, registrou uma trajetória significativa e se tornou uma política pública de formação em forma de Centros de Formação e Atualização dos Profissionais da Educação Básica (Cefapros), desenvolvendo-se fora da escola, mas procurado pelos professores na busca da autonomia e atualização em discussões coletivas. Resta, no entanto, questionar sobre a duração e a legitimidade da proposta e até quando se constitui em desejo ou prescrição.

No entanto, há o Plano de Desenvolvimento da Escola (PDE) que também se desenvolve na escola e com seus recursos é planejada a formação continuada. Assim, temos um projeto que se efetiva a partir dos estudos na/da escola e a participação dos professores no Cefapro é outro que, sendo na/da escola, toma sua gestão como ponto nucleador da formação – o PDE. Então, podemos afirmar que o PDE e o Cefapro movimentam as discussões de formação continuada na/a partir da escola. As formas como as duas políticas se desenvolvem são diferenciadas, mas têm um ponto comum: partem da indicação dos professores os temas que desejam estudar, bem como parte deles o desejo para procurar seus pares para as discussões em reuniões e locais escolhidos.

Norteando sobre política de formação, nos apoiamos em Collares (1996) para a compreensão de que uma política é pública quando "[...] é de domínio público: quando é publicamente estabelecida, [...] as análises das diferentes necessidades, os instrumentos para sua percepção, os critérios para o estabelecimento de prioridades etc."; ainda assevera a autora que não basta apenas criar e fomentar as políticas, porque elas só se tornam legítimas quando "submetidas à interlocução com os setores diretamente envolvidos com seu campo de intervenção" (Collares, 1996, p. 67).

As políticas de formação de professores se originaram de inúmeras iniciativas, podendo ser advindas de ações governamentais e/ou de diferentes esferas do poder público. No caso do PDE, foram propostas subsidiadas e supervisionadas pelo Fundescola/MEC e Secretarias Estaduais de Educação, introduzidas inicialmente nos municípios.

Os professores e a autonomia nas decisões da formação na escola

A condição de desenvolvimento da autonomia sobre os destinos da própria formação podem ser observadas no PDE e Cefapro a seguir descritos.

O Plano de Desenvolvimento da Escola – PDE em Rondonópolis-MT surgiu no ano 1997, a 212 quilômetros ao Sudeste de Cuiabá, capital do estado de Mato Grosso, a partir do modelo de gestão empresarial, sendo desenvolvido inicialmente nas escolas municipais de Rondonópolis sob a égide da qualidade total.

> A política proposta em 1995 constitui-se a partir da proposta do Plano Decenal de Educação do MEC, o qual previa uma forte política de valorização do magistério, incluindo propostas de expansão para a formação de professores em nível superior. Mato Grosso, estrutura então, sua Política Educacional para 1995/2006, marcando o início de nova gestão na Secretaria de Estado de Educação. (Rocha, 2010, p. 61)

Iniciou como uma alternativa de modelo de gestão orçamentária e organizacional da escola que carecia de um planejamento que atendesse à sua dificuldade financeira e lhe desse uma direção, "um caminho" para a superação. O modelo foi idealizado pelo coordenador de Gestão Educacional do Fundescola, José Amaral Sobrinho, que afirma:

> [...] durante a vigência do Projeto Nordeste, a experiência de Rondonópolis-MT foi avaliada e teve início um processo de aperfeiçoamento da metodologia, a seguir foi utilizado por um conjunto de escolas de alguns estados e da região. (Sobrinho, 2000)

Após estudos de equipes internacionais, saiu a proposta do PDE que foi implementado em 1997 e a Seduc iniciou o processo em Mato Grosso de capacitação para diretores e coordenadores das escolas, para a utilização da metodologia de implantação do plano.

Conforme o site da Seduc (2006), a redatora responsável Rita Volpato afirmou a origem do PDE quando destacou: Mato Grosso serviu de base para a criação e o desenvolvimento do PDE. Assessores do MEC desenvolviam um projeto de Qualidade Total junto a uma escola municipal em Rondonópolis, quando surgiu a ideia de desenvolver um projeto para orientar as escolas em seu planejamento aos estados brasileiros.

Assim, a partir do modelo observado em Rondonópolis-MT, a proposta foi ampliada e implementada em experiência piloto no Nordeste, efetivando-se, no interior da escola com os recursos do Fundo de Fortalecimento da Escola – Fundescola e Banco Mundial.

A primeira experiência de operacionalização do Plano de Desenvolvimento da Escola – PDE, em escolas públicas no Brasil, ocorreu em 1997, na Região Nordeste, nas escolas que apresentavam história de fracasso escolar no Ensino Fundamental e, em decorrência, altos índices de distorção idade-série e de analfabetismo. Após experiência realizada com o PDE nas escolas da região, o Plano foi implantado em escolas públicas das regiões Norte e Centro-Oeste (Reisferro, 2005, p. 123).

O Plano de Desenvolvimento da Escola – PDE foi instituído pela Secretaria de Estado de Educação – Seduc/Sufp-MT, naquela ocasião como proposta para escolas estaduais e financiado pelo Fundescola (1997) por meio de sua coordenação executiva em Mato Grosso, visando fortalecer as escolas públicas e promover ações para melhorar a qualidade do Ensino Fundamental, reduzindo, assim, as desigualdades educacionais, por meio do programa do Fundo Nacional da Educação FNDE e do salário-educação. Em 1998, o PDE foi implantado em 40 escolas do estado de Mato Grosso como projeto piloto. Já no ano seguinte foi estendido às demais escolas da rede pública de ensino, recebendo nos dois primeiros anos recursos diretamente do Governo Federal. A partir do ano 2000, o Estado de Mato Grosso, por intermédio da Seduc, assumiu os repasses financeiros.

Os recursos disponibilizados são utilizados pelos estados e municípios em Programas de Formação Continuada de professores; com metodologias próprias para escolas rurais; aquisição da infraestrutura para as escolas (mobiliários, equipamentos, reformas etc.); e para a implantação e/ou consolidação do plano.

As escolas devem planejar suas ações nos moldes determinados pelo PDE para receberem os recursos e executarem as ações estabelecidas.

A organização da formação continuada no PDE se dá no início do ano letivo, quando os gestores reúnem-se para elencar os temas e a carga horária para o seu desenvolvimento. Assim sendo, há autonomia dos professores no PDE quanto às propostas de sua formação, temas, dificuldade a serem sanadas, entre outras, no entanto, tal autonomia (escolha e indicação dos temas sobre sua formação) vem amarrada à questão da liberação do orçamento para sua realização, bem como na seleção e escolha dos profissionais que podem contribuir para as reflexões sobre a formação.

Assim, os professores que têm no PDE da escola uma das propostas para a sua formação, submetem-na à prestação de contas da gestão para a liberação da verba para o fomento da formação. Diríamos, então, que há uma autonomia relativa dos professores nos destinos da formação com o PDE.

Assim, cerceado pela verba de subsídio à formação destinada pelo PDE, quantificado em horas para cada tema apontado, o processo de desenvolvimento da formação continuada na escola, no período pesquisado, a partir do PDE, se dava em forma de cursos com tempo e carga horária definidos, conforme a liberação da verba. O fato de as temáticas serem estipuladas pelos professores dá importância à formação, pois representa o interesse deles. No entanto, não se sabia se o palestrante muitas vezes externo e alheio às dificuldades da escola daria o encaminhamento necessário. A formação, nesse contexto, evidenciava-se truncada, fragmentada e não processual.

O PDE, segundo os dados coletados, desenvolvia-se na escola com a oferta de capacitações pontuais, descontínuas, desenvolvidas de forma muitas vezes desconectadas entre si. Os sujeitos envolvidos na pesquisa apontaram, inclusive, trocas de palestrantes, debatedores, devido ao valor que deveria ser pago pelo trabalho, sendo substituído por alguém de menor custo, com um tema também diferente do agendado. Neste caso a escola, ao demonstrar descompromisso com a formação financiada (a custos baixos) pelo PDE, muito pouco contribui para mobilizar seus professores, fazer a mudança necessária em seu interior e provocar o debate sobre o seu projeto político-pedagógico.

Há uma crescente necessidade de novas formas de se autoqualificar, e considerando as exigências do mundo contemporâneo no que se refere às questões tecnológicas, o pouco tempo disponível para frequentar cursos presenciais, o trânsito para deslocamento dos professores a modalidade a distância tem se apresentado como uma modalidade importante, sobretudo nas políticas de formação continuada. Nesse sentido, o MEC vem tomando algumas iniciativas frente a esse novo desafio.

O PDE Interativo (de natureza autoinstrucional) foi disponibilizado em 2001 pelo MEC para algumas escolas priorizadas. Em 2012, o sistema estava disponível para todas as escolas que desejassem utilizar a ferramenta, mesmo as que não receberam recursos financeiros do Ministério da Educação, que somavam mais de 145 mil escolas públicas. Ou seja, a oferta da formação era propiciada às escolas e secretarias de forma *on-line,* não havendo necessidade de realizar formações presenciais para conhecer a metodologia e utilizar o sistema. As mudanças tiveram como principal objetivo facilitar o acesso e a navegação da equipe escolar e de todas as pessoas interessadas em conhecer a ferramenta (MEC, 2012).

Em Mato Grosso, durante o Encontro de Diretores – biênio 2012/2013, a secretária de Estado de Apoio às Políticas Educacionais, Flávia Nogueira, que fez a apresentação das propostas de formação, informou que o Programa de Desenvolvimento da Escola (PDE) seria utilizado como reforço das ações de formação continuada.

Conforme Albano (2012), a partir do PDE Interativo as escolas deveriam apresentar ao Fórum Estadual e às instituições formadoras as suas demandas de cursos formativos. O Plano deveria servir como instrumento de planejamento plurianual (de quatro anos) para as unidades de ensino e elas deveriam utilizá-lo em parceria com o Plano de Ações Articuladas (PAR).

Como a metodologia ainda era recente, naquele momento, não foi possível fazer uma reflexão sobre a validade ou não dessa nova ferramenta para a formação continuada, cabendo aqui a sugestão para novas pesquisas. Assim sendo, o PDE apresenta mais uma forma de favorecer a informação à escola por meio da EaD.

No que se refere à formação continuada oferecida pelo Cefapro de Rondonópolis-MT, é importante ressaltar que se constituiu em referência estadual de formação ao incluir em suas discussões a luta sindical, a política na formação profissional, a discussão coletiva e um movimento a favor da mobilização dos professores por uma educação voltada para as especificidades da escola, com o apoio da Universidade Federal, campus de Rondonópolis. Tal Centro de formação, ao desenvolver projetos de formação continuada, fazia enquanto um processo de discussões que envolvia um constante olhar do professor para a sua profissão e para o projeto de sua escola. Assim, pode-se compreender que o Cefapro, nos primeiros seis anos de seu funcionamento, atendia às necessidades dos professores, os quais tinham nos Centros um espaço onde se podia buscar apoio, dirimir dúvidas e estabelecer discussões.

No entanto, diante de um novo modelo de formação para os Cefapros, encarregados da disseminação das políticas educacionais do Estado, o desejo e a iniciativa dos professores pela condução dos rumos de sua formação a partir da realidade da escola deixou de existir (Favretto; Rocha, 2010).

Assim, a gestão educacional do Estado, por meio de um projeto intencional e gradativo de desconstrução da autonomia dos Cefapros (num total de doze centros criados em Mato Grosso no período pesquisado), tornou-os inábeis para desenvolver a formação que até então fora legítima. No caso do Cefapro de Rondonópolis-MT, muitos professores formadores, no esgotamento de toda e qualquer esperança de continuar a desenvolver a formação, pediram demissão do centro e voltaram às escolas, assumindo salas de aula. Com esta realidade, a original função e objetivos dos Cefapros não encontraram eco nos novos formadores, então desconhecedores da proposta original.

Nesse sentido, na ausência de uma política de formação continuada para o magistério estadual de Mato Grosso, delegou-se aos Centros a incumbência de discutir em projetos pontuais as relações ensino-aprendizagem em projetos temporários, não se preocupando com a origem, natureza e especificidade da formação oferecida.

Na prática, a formação promovida pelos Cefapros, após inúmeras mudanças e tentativas, ainda era um problema a ser resolvido, conforme pesquisa realizada por Gobatto (2012).

[...] os atores do Cefapro/MT ainda não têm clareza do real papel do referido centro. No que se refere à formação continuada, ainda não conseguem concretizar suas concepções nas práticas formativas que realizam, o que pode ser evidência da fragilidade formativa do professor-formador, que tem se resumido à auto-formação. Em suas práticas cotidianas os professores-formadores suportam inúmeros imprevistos, enfrentam conflitos e oposições, o que torna o contexto vivenciado um espaço dinâmico com relações sociais diversificadas, no qual as referências não estão claras e as formas de trabalho se alteram constantemente. Considero que há a necessidade de uma construção coletiva de um planejamento formativo, sistemático e coerente, que atinja os desejos e necessidades dos professores-formadores da área das ciências da natureza, para que esses possam também construir práticas formativas e coerentes na sua cotidianidade. (Gobatto, 2012)

Poderia haver o questionamento: mas antes não era sistema? Que compreensão temos de sistema? O Cefapro não é da Secretaria de Estado de Educação?

Atualmente o Cefapro/MT é o órgão responsável pela política de formação, sistematização e execução de projetos e programas da Seduc/MT, bem como, pelo desenvolvimento de parcerias com o Ministério de Educação (MEC), Secretarias Municipais de Educação (SME) e Instituições de Ensino Superior (IES). É responsável também pela efetivação da Política Educacional do Estado no que se refere à formação continuada e inclusão digital dos profissionais da educação que atuam na rede pública do Estado de Mato Grosso. (Gobatto, 2012, p. 48)

O Cefapro é sistema, é Seduc, mas contemplava, em Rondonópolis, pensadores/formadores que davam conta de associar projetos do Estado com a autonomia do Centro, e isto foi possível pela sua história, pela sua criação a partir do projeto de

Rondonópolis, com a participação ativa do Sintep/subsede de Rondonópolis, UFMT e Escola Estadual Sagrado Coração de Jesus. Naquele período da trajetória da formação continuada no Cefapro entre 1999 e 2002, alguns sujeitos da pesquisa participaram e foram capazes de relatar a importância das discussões para entenderem o Ciclo Básico, os Parâmetros em Ação, a Escola Ciclada, o Proformação que foram políticas e projetos de formação oriundos do Estado, conveniados e discutidos nos Cefapros. Pode-se concluir que naquele período a formação continuada contribuiu para fortalecer o entendimento dos professores sobre as políticas de formação e para ressignificar suas práticas.

A seguir, expomos a fala do professor A, sujeito da pesquisa com 27 anos de docência e que exerceu o cargo de diretor de escola sobre a formação continuada oferecida pelo Cefapro.

> [...] eu lembro de toda discussão da Escola Ciclada, eu participei, toda praticamente, foi bem intensa, bem longa, toda aquela questão da implantação. O Ciclo Básico de Aprendizagem, que antecedeu a Escola Ciclada, eu participei de vários encontros também, foi uma angústia bem grande do pessoal, na implantação do CBA, mas a gente conseguiu superar aquilo ali, depois veio a implantação da Escola Ciclada, participamos também de toda essa discussão no Cefapro, participamos também na escola e além também de outros cursos relacionados à metodologia, relacionados à avaliação escolar também tivemos um. (Professor A, entrevista, 2006)

Diante do exposto acima, o professor participou de uma grande discussão da Escola Ciclada (1999) e implantação do Ciclo Básico de Aprendizagem e se refere à "angústia" pela qual o "pessoal" passou. Essa foi um momento de incerteza e dificuldade que os professores vivenciaram durante o momento da mudança da escola organizada por séries (1ª à 8ª série) no ensino fundamental para ciclos de formação.

É importante comentar sobre estas políticas curriculares em Mato Grosso, pois os Cefapros foram os implementadores de

51

tais ações e socializadores em todo o interior do Estado. Naquele momento, alguns professores viam em seus pares, professores do Cefapro, os legítimos intelectuais capazes de discutir e tirar suas dúvidas quanto às políticas do sistema estadual de ensino.

Na condição de pesquisadoras, nos associamos aos professores, no sentimento de perda coletiva do espaço de discussão, de socialização de experiências, de debate da prática, entre outros temas dos quais participamos como formadora e como professora, e ansiamos que outros pesquisadores registrem o desencadear desse outro Cefapro que renasce com outro perfil para a formação de professores em Mato Grosso.

Diante do quadro que se apresenta, da falsa autonomia delegada às escolas na seleção e encaminhamento de sua formação, quais conclusões a pesquisa aponta quanto ao modelo de formação continuada oferecido aos professores pelo Estado?

Sem sombra de dúvida consiste em um modelo de racionalidade técnica que centraliza decisões e castra todos os indícios de autonomia – referenciada aqui como o desejo de os professores elegerem os temas das discussões e de buscarem a sua formação em decisões coletivas.

Assim evidenciada, a proposta de formação continuada existente no Estado está posta para "[...] transformar a experiência educativa em puro treinamento técnico, o que consiste em amesquinhar o que há de fundamentalmente humano no exercício educativo: o seu caráter formador" (Freire, 1996, p. 37).

A formação continuada dos professores em exercício, especificamente em Rondonópolis, município que gestou o Cefapro e o PDE, anteriormente com evidências de autonomia, está e continua fadada à prescrição.

Assim sendo, o Cefapro, antes legítimo debatedor das causas da escola, agora é repassador e capacitador, para que ela possa desenvolver as políticas que emanam do Estado, cabendo-lhe ir à escola acompanhar seu planejamento, orientar e também avaliar.

Na rede pública estadual de Mato Grosso foi implementado o projeto Sala de Professor no ano de 2003 fazendo parte de uma das ações do projeto Aprimorar da Seduc (Favretto, 2006), visando fortalecer a formação continuada na escola.

De acordo com o Parecer Orientativo da Seduc-MT (2011), o Projeto Sala de Professor vigente na escola passa a ser chamado Sala de Educador, por entender que a ampliação de sua ação para todos os profissionais da educação acarreta maior autonomia da escola. A partir dessa concepção, a escola passa a ser espaço educativo com múltiplas tarefas, várias delas confiadas não somente aos professores, mas a toda equipe escolar.

Segundo o parecer acima, a escola deve elaborar o Projeto Sala de Educador a partir de um diagnóstico realizado e indicar suas necessidades de formação utilizando como parâmetros os dados do processo avaliativo do desempenho dos professores e alunos. A seguir, elaborar o planejamento do Projeto Sala de Educador para o ano letivo seguinte, definindo estratégias de desenvolvimento dos estudos com os professores e possíveis ações de intervenção na prática pedagógica. Estas devem ser reorganizadas no decorrer do processo, de acordo com os novos desafios que se apresentam.

A elaboração do Projeto Sala de Educador deve estar articulada ao Projeto Político Pedagógico da Escola (PPP) e ao PDE.

Cabe ao coordenador pedagógico da unidade escolar a responsabilidade de coordenar e acompanhar o Projeto Sala de Educador. Pode contar, ainda, com o Professor Formador do Cefapro que deve acompanhar, avaliar o projeto na escola, contribuindo para o desenvolvimento da profissionalidade docente.

No que se refere ao papel do professor Formador do Cefapro devido às demandas burocráticas, acúmulo de atividades, pouco tempo para sua autoformação ou estudo com seus pares, entre outros, o mesmo não tem atendido as reais necessidades das escolas como consta na pesquisa de Gobatto (2012), sendo necessário, portanto, uma formação sistematizada também para o professor Formador.

Cada escola deve organizar as estratégias para as reuniões de estudos coletivos, porém, se o professor optar pela formação nos programas em parceria com o MEC, a carga horária destinada para estudos à distância poderá ser realizada por meio do Projeto Sala de Educador. O educador deve participar dos momentos pedagógicos da escola e não se limitar apenas ao projeto Sala de Educador.

Nesse sentido, a formação continuada ainda não atingiu aos moldes desejados quando do projeto original do Cefapro, tendo em vista que a fala das entrevistadas de Gobatto (2012), "o Projeto Sala de Educador funciona muito mais como Reunião Pedagógica do que como formação propriamente dita". Embora haja também falas relacionadas à formação como: "nós lemos textos, discutimos textos, ou, fazemos outra atividade relacionada ao assunto da educação," ou ainda "a gente vai debatendo assuntos que são importantes pra nossa formação", também há falas referentes à formação de caráter metodológico, enfatizado em falas como: "a gente expõe uma maneira diferenciada de trabalhar dentro de sala" ou "nas formações que a gente vai aprender o jeito que você encaminha o seu aluno".

Conforme o exposto, a formação continuada não pode ser confundida com a reunião pedagógica quando se discute o "Diário de Classe", com as demandas imediatas como a organização de festas escolares, com a atualização ou com treinamentos para compensar as deficiências da formação inicial.

Embora os professores, sujeitos da pesquisa, tenham dito que há autonomia para decidirem os rumos de sua formação, pois na semana pedagógica, no início do ano letivo, discutem os temas que querem na formação que se efetivará quando a verba do PDE chega à escola, os próprios sujeitos apresentaram dados que levam a outra interpretação, ou seja, à da falsa condição de decisão dos professores, o que torna a formação continuada da escola "questionável", devido ao fato de esta não ser contínua, não determinar o perfil do formador que fala aos professores e não ter um fio condutor que norteia e dá sentido e continuidade à formação.

Os professores, por sua vez, deveriam buscar a sua formação e socializar suas experiências em um processo contínuo, pesquisando e refletindo sobre suas práticas.

Diante da evidência de um novo modelo de formação para os Cefapros, tornando-os encarregados da disseminação das políticas educacionais do Estado, o desejo e a iniciativa dos professores pela condução dos rumos de sua formação a partir da realidade da escola deixam de existir.

Quanto ao PDE, podemos concluir que é o próprio olhar do Estado conjugado ao do organismo internacional (Fundescola) – dentro da escola – o que garante uma formação que, sob uma bandeira de financiamento e valorização da escola, inclui a formação dos professores, a qual ainda muito pouco contribui para o seu desenvolvimento profissional e para a autonomia da escola, merecendo, portanto, uma necessária avaliação para a propositura de novas concepções e ações de formação continuada.

Referências

ALBANO, Volney. Disponível em: <http://www.sad.mt.gov.br/index.php?pg=ver&id=480&c=>. Acesso em: 2 jul. 2012.

BOGDAN R.; BIKLEN, S. **Investigação qualitativa em educação**: Uma introdução à teoria e aos Métodos. Porto: Porto Editora, 1996.

BRASIL. Ministério de Educação e Cultura. **PDE Escola**. Disponível em: <http://pdeescola.mec.gov.br>. Acesso em: 3 jul. 2012.

_____. Congresso Nacional. **Plano Nacional de Educação**. Brasília, 2001. Disponível em: <http://www.senado.gov.br/legbras>. Acesso em: 18 abr. 2006.

CARVALHO, Ademar de Lima. **Os Caminhos Perversos da Educação**: A luta pela apropriação do conhecimento no cotidiano da sala de aula. Cuiabá: EdUFMT, 2005.

COLLARES, Cecília Azevedo Lima; MOYSÉS, Maria aparecida Afonso; GERALDI, João Wanderley. Educação Continuada: A política da Descontinuidade. **Educação e Sociedade**, ano XX, n. 68, dez. 1999.

FAVRETTO, Ivone de Oliveira Guimarães. **A Formação continuadade professores nas escolas públicas de Rondonópolis-MT**: uma investigação sobre as instâncias formadoras. 2006. 141 p. Dissertação (Mestrado em Educação) – Instituto de Educação, Universidade Federal de Mato Grosso, Cuiabá.

FAVRETTO, Ivone de Oliveira Guimarães; ROCHA, Simone Albuquerque da. Políticas de formação continuadaa partir da escola. In: ROCHA, Simone Albuquerque da (org.). **Formação de Professores**: licenciaturas em discussão. Cuiabá: EdUFMT, 2010.

FREIRE, Paulo. **Pedagogia da autonomia**: saberes necessários à prática pedagógica. 23. ed. São Paulo: Paz e Terra, 1996.

FUSARI, José Cerchi. **A educação do educador em serviço**: treinamento de professores em questão. 1988. Tese (Mestrado) – PUC, São Paulo.

FUSARI, José Cerchi; RIOS, Terezinha Azerêdo. Formação continuada dos profissionais do ensino. In: COLLARES, Cecília; MOYSÉS, Maria Aparecida. **Cadernos CEDES**: Formação continuada. 36. Campinas: Papirus, 1995.

GADOTTI, Moacir. **Boniteza de um sonho**: ensinar e aprender com sentido. São Paulo: Rubhas, 2003. Disponível em: <http://www.posgrado.com.br>. Acesso em: 20 jun. 2006.

GATTI, Bernardete. **Formação de professores e Carreira**: problemas e movimentos de renovação. 2. ed. Campinas: Autores Associados, 2000.

GOBATTO, Márcia Regina. **Centro de Formação e Atualização dos Profissionais da Educação Básica de Mato Grosso**: um olhar sobre a área das ciências da natureza. 2012. Dissertação (Mestrado em Educação) – Instituto de Educação, UFMT, Cuiabá.

MAINARDES, Jefferson. Abordagem do ciclo de políticas: uma contribuição para a análise de políticas educacionais. **Educação e Sociedade**, Campinas, v. 27, n. 94, p. 47-69, jan./abr. 2006. Disponível em: <http://www.cedes.unicamp.br>. Acesso em: 19 ago. 2010.

MATO GROSSO. Secretaria Adjunta de Políticas Educacionais. Centro de Formação e Atualização dos Profissionais da Educação Básica. **Parecer Orientativo nº 01/2010 referente ao Desenvolvimento do Projeto Sala de Professor para o ano de 2010.** Disponível em: <http://www.cefaprocaceres.com.br>. Acesso em: 6 jun. 2012.

_____. **Projeto Sala de Educador 2011**. Disponível em: <https://docs.google.com/file/d/0Bwt8JtoAQHFkZGFmNj F4ZjAtODliOC00N2YxLWIwMDYtOTViMjhlNjE3YTI5/edit?pli=1>. Acesso em: 10 jun. 2012.

MONTEIRO, Filomena. Professoras das séries iniciais do Ensino Fundamental: Percursos e Processos de Formação. In: MIZUKAMIM, Graça; REALI, Aline. **Formação de Professor, Práticas Pedagógicas e Escola**. São Carlos: EDUFSCAR, 2002.

MÜLLER, Lúcia. **As construtoras da nação**: professoras primárias na Primeira República. Niterói: Intertexto, 1999.

NÓVOA, Antônio. O passado e o presente dos professores. In: _____ (org.). **Os professores e sua formação**. Lisboa: Publicações Dom Quixote, 1992.

PERRENOUD, Philippe. **Construir as Competências para Ensinar**. Porto Alegre: Artmed, 1999.

PRADA, Luis Eduardo Alvarada. **Formação participativa de docentes em serviço**. Taubaté: Cabral Editora Universitária,

1997. Disponível em: <http://www.cefetrn.br/dpeq/holos/artigos/pp63-75.htm>. Acesso em: 14 nov. 2005.

REISFERRO, Olga Maria dos. A participação de professores na gestão da escola sob a ótica do mercado. In: SOUZA, Ana Aparecida Arguelho de; FRIAS, Regina Barreto (orgs.). **O processo educativo na atualidade**: fundamentos teóricos. Campo Grande: UNIDERP, 2005.

RIBOULET, Louis. **História da Pedagogia**. Tradução de Justino Mendes. São Paulo: Editora Coleção F.T.D., 1951. v. 1 e v. 3.

RIOS, Terezinha Azeredo. **Ética e Competência**. 15. ed. São Paulo: Cortez, 2005. (Coleção questões de nossa época, v. 16).

_____. Ofício de professor: títulos e rótulos ou a desafiadora construção da identidade. In: ALMEIDA, Ana Maria Bezerra; LIMA, Maria Socorro Lucena; SILVA, Pimentel Silvina (orgs.). **Dialogando com a Escola**. 2. ed. rev. Fortaleza: Edições Demócrito Rocha, 2004.

ROCHA, Simone Albuquerque da. **Formação de Professores em Mato Grosso**: trajetória de três décadas (1977-2007). Cuiabá: EdUFMT, 2010.

_____. **Habilitação Magistério em Mato Grosso**: o caso CEFAN de Rondonópolis. 1996. Dissertação (Mestrado em Educação) – Universidade Estadual Paulista, Faculdade de Filosofia e Ciências, Marília.

_____. **Os professores leigos e o PROFORMAÇÃO**: uma alternativa possível a partir do projeto piloto de Mato Grosso. 2001. Tese (Doutorado em Educação) – Universidade Estadual Paulista, Marília.

RODRIGUES, Silvia de Fátima Pilegi. **Práticas de Formação Contínua em Mato Grosso** – da Autonomia Professoral à Prescrição da Política Estatal. 2004. Tese (Doutorado em Educação) – Pontifícia Universidade Católica, São Paulo.

SOBRINHO, José Amaral. **Revista Recado**. Cuiabá: Secretaria de Estado de Educação, ano III, n. 12, p. 3, out. 2000.

SZYMANSKI, Heloisa (org.); ALMEIDA, Laurinda Ramalho; BRANDINI. Regina Célia Almeida Rego. **A Entrevista na Pesquisa em Educação**: a prática reflexiva. Brasília: Líber Livro Editora, 2004.

TARDIF, Maurice. **Saberes docentes e formação profissional**. 3. ed. Petrópolis: Vozes, 2003.

VOLPATO, Rita. **PDE**. Disponível em: <http://www.seduc.mt.gov.br.> Acesso em: 20 abr. 2006.

Capítulo 3
A POLÍTICA DE FORMAÇÃO CONTINUADA EM MATO GROSSO EM LENTES BIFOCAIS: UM AJUSTE AO OLHAR DOS PROFESSORES E OUTRO AO OLHAR DOS GESTORES

Eder Carlos Cardoso Diniz[1]
Mendes Solange Lemes da Silva[2]
Simone Albuquerque da Rocha[3]

Introdução

As mudanças e as transformações no mercado de trabalho requerem do professor, cada vez mais, novas habilidades. Segundo Celestino (2006, p. 74), "a formação dogmática deu lugar, a uma formação analítica e crítica". Devido às mudanças ocorridas de maneira rápida, argumenta o autor que "há uma crise de identidade nos profissionais de educação". As políticas públicas de qualificação têm exigido cada vez mais a participação e atualização de professores. Conforme aponta Collares et al. (1999):

> [...] ora porque uma nova lei havia sido promulgada, ora porque um novo governo assumia para tudo mudar mantendo a mesmice da escola e das mazelas, ora porque a formação inicial que tivemos era submetida a uma avaliação negativa, o que impunha que fôssemos mais bem preparados, ora porque modelos metodológicos cientificamente embasados, tornados modismos, perdiam sua hegemonia. (1999, p. 203)

Ao observar do ponto de vista jurídico, a Lei 9.394/96 especifica os vários domínios os quais deve ter o docente, ou seja, como observa Veiga (2008, p. 13), "na realidade estes desempenham uma série de funções que ultrapassam a simples tarefa de minis-

---
1. PPGEdu/UFMT – bolsista Reuni.
2. PPGEdu/UFMT/Cefapro – bolsista Observatório da Educação.
3. PPGEdu/UFMT – Observatório da Educação.

trar aulas". Nesse sentido, políticas públicas estaduais, atreladas às políticas nacionais ou internacionais, são criadas, acompanhadas e impostas aos educadores muitas vezes descontextualizadas, verticalizadas e fragmentadas. Tal fato os conduz a um fazer sem sentido, afinal, não sabe o porquê, como e para onde levam essas políticas de formação, afinal, os educadores não são convidados a pensá-las, a organizá-las e discuti-las, a ponto de verificarem se é possível aplicá-las no cotidiano da sala de aula.

O campo de atuação do docente é ampliado, dinâmico, ultrapassa a fronteira da sala de aula, reconfigura saberes que vão além das dicotomias entre conhecimento científico – senso comum, ciência – cultura, educação – trabalho, teoria – prática e explora novas alternativas – teórico-metodológicas. Veiga afirma (2008, p. 14) que

> esse processo contínuo e dialético, deve-se atentar para a formação, que o capacite para enfrentar questões fundamentais da escola como instituição social, uma prática social que implica as ideias de formação, reflexão e crítica.

Assim sendo, pode-se perceber que o processo de formação é um processo caleidoscópico, multifacetado, plural e inconclusivo e que se vai fazendo no percurso, pois, segundo Freire (2008, p. 23), "quem forma se forma e reforma ao formar e quem é formado forma-se e forma ao ser formando". O professor ao mesmo tempo em que molda, acaba se moldando e na transformação que realiza, acaba por se transformar. Nesse processo dialógico, a troca de informações, o processo formativo que se dá na formação continuada é importante à medida que serve de maturação para novas ideias e propostas educativas, moldadas na realidade do cotidiano docente.

Nesse aspecto, Veiga (2008) lista algumas características que devem estar contidas nas propostas e concepções acerca da formação de professores:

> a) trata-se de uma ação contínua e progressiva que envolve várias instâncias e atribui uma valorização significativa para

a prática pedagógica, para a experiência, como componente constitutivo da formação. [...].

b) é contextualizada histórica e socialmente e, sem dúvida constitui um ato político. [...].

c) implica preparar professores para o incerto, para a mutação. [...].

d) é inspirada por objetivos que sinalizam a opção política e epistemológica adotada.

e) significa – como processo – uma articulação entre formação pessoal e profissional. [...].

f) trata-se de um processo coletivo de construção docente. [...].

g) a formação de professores deve "[...] reservar tempo e ocasiões para o desenvolvimento de atitudes de cooperação e solidariedade [...]". (Veiga, 2008, p. 16-17)

Observa-se que a coletividade é importante para a formação dos educadores, pois por meio dela mudam as suas práticas e mudam também as instituições na quais estão inseridos com práticas mais dinâmicas, reflexivas e críticas. A troca de experiências entre o professor e seus pares, juntamente com os gestores, serve de amadurecimento e mudanças pessoais, no meio em que está inserido, inclusive na instituição da qual faz parte, criando e reforçando o que Nóvoa (2009) chama de comunidades de prática:

> [...] um espaço conceptual construído por grupos de educadores comprometidos com a pesquisa e a inovação, no qual se discutem ideias sobre o ensino e aprendizagem e se elaboram perspectivas comuns sobre os desafios da formação pessoal, profissional e cívica dos alunos. (Nóvoa, 2009, p. 21)

A formação continuada em espaços coletivos na escola tem sido um referencial para a discussão de temas que angustiam os professores no cotidiano escolar. Segundo Favretto e Rocha (2010), é necessária a:

[...] definição de uma política estadual de formação continuada dos profissionais da educação em exercício, que seja duradoura e articulada ao plano de carreira, fortalecendo a autonomia da escola e discutindo problemas, na perspectiva de sua emancipação. (Rocha, 2010, p. 117)

Diante da posição das autoras, formar-se no ambiente de trabalho traz consequências positivas, uma vez que não é um agente externo ao cotidiano da comunidade escolar que vem lhe falar "sobre" sua formação, mas quem está "com" os professores em sua formação.

Desenvolvendo o projeto Sala de Educador, a gestão da educação em Mato Grosso apoia-se nos Centros de Formação e Atualização dos Profissionais da Educação Básica (Cefapros) para disseminá-lo e executá-lo, constituindo-se no carro chefe da política de formação e que tem sido desenvolvido desde 2003. Assim, instigou-nos investigar tal projeto no que se refere à forma como se dá a formação a partir de uma leitura em lentes bifocais: um foco na gestão que formula e implanta a política e outro foco no educador, aquele que recebe, executa e vivencia tal política. Para tanto, a presente pesquisa envolve sujeitos pertencentes aos dois focos pretendidos, assim sendo, entrevistamos duas gestoras, uma que possui suas atividades de atuação na Seduc/SUFP-MT e outra que atua em um dos quinze Cefapros existentes no estado de Mato Grosso, as quais são denominadas aqui de Gestora A e Gestora B (GA e GB) e três professores atuantes em escolas públicas da rede estadual de ensino, denominados também de professor A (PA), professora B (PB) e professora C (PC) da rede pública de diferentes municípios da região sul de Mato Grosso. O estudo buscou nas entrevistas presenciais e online as manifestações dos sujeitos e, como metodologia, a abordagem qualitativa.

As questões que incitaram a pesquisa foram: que imagens da formação são visualizadas nas lentes dos gestores e dos educadores-professores sobre a política do Projeto Sala de Educador? Será que o discurso dos gestores vai ao encontro da realidade vivida nas escolas? Discurso e realidade na formação caminham juntos na lente dos professores? Qual a opinião dos professores sobre o projeto Sala de Educador? Que dificuldades são apontadas tanto no foco dos gestores quanto no dos professores a respeito do Projeto Sala de Educador? Que práticas realizadas no projeto Sala de Educador os professores tomam como referências no cotidiano da escola? O Projeto Sala de Educador tem contribuido para ressignificar as práticas docentes? Que sugestões ou caminhos são apontados pelos educadores à melhoria do projeto? Optamos pela pesquisa qualitativa, do tipo estudo de caso. Bogdan e Biklen (1994) definem a pesquisa qualitativa com algumas características fundamentais, dentre elas destaca-se que os dados coletados são predominantemente descritivos, há uma maior preocupação com o processo e o simbólico, ou significado que as pessoas dão às coisas e à vida são alvos de interesse do pesquisador. É dar um interesse à totalidade e buscar nas nuances, nos fragmentos, uma nova perspectiva, uma nova visão, enfatizando o que pensam educadores e gestores sobre o projeto "Sala de Educador". Para tanto, deixamos evidente que a fala de gestores e educadores possui uma importância substancial na pesquisa.

Para apontar a posição dos gestores é necessário evidenciar o óbvio, isto é, que ela se manifesta pelo pleito à legislação e se valida nela. Para tanto, em Mato Grosso, o Parecer Orientativo de 2013 do Projeto Sala de Educador/Seduc/Sufp-MT prioriza o comprometimento do coletivo da escola em busca da melhoria da qualidade social da educação, daí a proposta de buscar também o olhar pelas lentes dos educadores e analisar se o parecer orientativo vai ao encontro da prática e dos interesses dos mesmos. O Projeto Sala de Educador desenvolve-se em polos regionais em Centros de Formação, dado este que passaremos a detalhar a seguir.

O Centro de Formação e Atualização dos Profissionais da Educação Básica (Cefapro) como referência da Política de Formação Continuada do sistema público estadual de Mato Grosso

Cada vez mais surgem iniciativas com o objetivo de apresentar, apontar e desenvolver alternativas sobre como trabalhar a formação continuada com os educadores. A maior parte dessas iniciativas vem do poder público através de suas secretarias de educação. Muitos estados brasileiros têm envidado esforços para oferecer aos seus professores uma formação que associe discussões, experiências, leituras e formação no coletivo. Não diferente dos demais, Mato Grosso também ofereceu esta possibilidade, por meio da Secretaria do Estado de Educação, desde 1997 criou os Centros de Formação e Atualização do Professor, ampliando-se em 2003 para formação dos profissionais da Educação, os quais desenvolveram a formação continuada nas escolas por meio do Projeto Sala de Professor.

O Cefapro surgiu a partir do Cenfor (Centro de Formação Permanente de Professores), com origem na Escola Sagrado Coração de Jesus de Rondonópolis-MT, através do Decreto nº 2007/97. Foi implantado inicialmente em três municípios mato-grossenses: Rondonópolis, Cuiabá e Diamantino (Favretto; Rocha, 2010). Dentre as diretrizes do Cefapro, podemos evidenciar que a especificidade do mesmo é a formação contínua dos professores em serviço, apoiando-se em estudos, cursos, projetos de pesquisas referentes à prática docente, aplicação de pesquisas, seminários, oficinas metodológicas, grupos de trabalho, jornadas, projetos de inovação, experimentação, reflexão sistemática e sistematizada sobre a prática, entre outros (Aporta, 2010).

O Cefapro e o Projeto Sala de Educador

A partir de 2010, a Seduc/Sufp-MT alterou a denominação do projeto "Sala de Professor" para "Sala de Educador". A mudança da denominação do projeto significa assumir uma nova concepção. Segundo Moraes (2009):

> A escola de espaço de ensino-aprendizagem, concentrado na sala de aula, passou a ser espaço educativo, com múltiplas tarefas, várias delas confiadas não somente aos professores, mas a outros funcionários. (Moraes, 2009, p. 400)

A proposta da Seduc/Sufp-MT contempla, além dos professores, todo o segmento escolar. A esse respeito, Bezerra e Cespedes (2011) ressaltam que todos os profissionais envolvidos na educação são contemplados, chamados a refletir, debater, agir em prol de uma educação e de sua prática cotidiana, aprofundando os conhecimentos teórico-metodológicos de modo a contribuir nas intervenções necessárias ao fazer pedagógico existente na escola.

Em 1997, o estado do Mato Grosso apontava para altos índices de repetência e evasão escolar (Filgueiras, 2010). Índices esses que indicavam a necessidade de mudanças e transformações no quadro educacional mato-grossense. Precisava-se romper com os paradigmas de então e repensar novos modelos, nesse sentido surgiram experiências que levaram à formação do que hoje é o Cefapro.

As diretrizes que regem o Cefapro citam que a formação deverá ocorrer tanto na sede dos Centros quanto nas unidades escolares. Para que a formação possa chegar à sala de aula, deve haver uma parceria da coordenação pedagógica, juntamente com os coordenadores e gestores dos ciclos de formação humana do Cefapro, sendo da responsabilidade da coordenação pedagógica assegurar a realização do Projeto Sala de Educador.

Segundo Aporta (2010), o Projeto Sala de Educador foi apresentado em 2003 e visa à formação continuada do professor na própria escola, organizando e sistematizando grupos de estudos e trabalho em equipe, concomitantemente ao Projeto Político Pedagógico das unidades escolares (Diretrizes e Orientações da Sufp/Seduc-Superintendência de Formação do Professor da Educação Básica/Secretaria de Educação).

Delineando a pesquisa

Para procedermos à pesquisa do tipo "estudo de caso", que teve como objetivo compreender a percepção dos gestores e professores sobre o projeto de formação continuada "Sala de Educador" e até que ponto o discurso oficial coaduna com a prática, primeiramente buscamos subsídios teóricos que nos possibilitassem escrever sobre o tema e procedemos à análise do conteúdo. Posteriormente, iniciamos as entrevistas. O estudo de caso, conforme Ponte (apud Ulhoa, 2007), caracteriza-se como o estudo de uma entidade bem definida como um programa, uma instituição, um sistema educativo, uma pessoa ou uma unidade social.

Assim sendo, o estudo de caso permitirá uma melhor compreensão de fenômenos subjacentes e suas manifestações nas instituições ou pessoas. As entrevistas foram realizadas com os sujeitos: Gestora A (GA) (Cefapro) e Gestora B (GB) (Seduc/Sufp-MT) e professores: Professor A (PA), Professora B (PB) e Professora C (PC). Foram importantes fontes de dados porque serviram para desenvolver a investigação e nos esclarecer as dúvidas que tínhamos sobre a problemática da pesquisa. Assim sendo, as questões que instigaram a busca dos dados ficaram mais claras através das falas e escritas dos sujeitos pesquisados que expressam de diversas maneiras o seu ponto de vista sobre as políticas que norteam o projeto "Sala de Educador". Para organizarmos as análises, adotamos dois eixos: o olhar das gestoras sobre as Políticas Educacionais de Mato Grosso, o que pensam a respeito das Políticas Públicas Educacionais do Estado de Grosso e o eixo dos professores, como os mesmos pensam a respeito das políticas públicas do Estado de Mato Grosso, bem como críticas e falhas os mesmos percebem na política de formação do Estado.

Quanto aos professores contatados, três deles pertencem a de cidades diferentes da região sul do Estado de Mato Grosso. O objetivo era ver se conseguíamos identificar diferenças e semelhanças sobre o discurso dos mesmos quanto às políticas de formação do Estado. E, se o projeto possui as mesmas características em diferentes realidades, quais as percepções dos professores sobre o projeto de formação continuada, as críticas e sugestões que os mesmos tecem sobre o projeto.

Após apresentar o projeto a alguns professores, alguns sugeridos pelo Sindicato dos Trabalhadores e Trabalhadoras em Educação do Estado de Mato Grosso (Sintep), subsede de Rondonópolis, enviamos as entrevistas para que os mesmos pudessem respondê--las. Após uma média de cinco dias, recebemos o retorno de três professores que serviram de porta-voz para o nosso trabalho.

Quanto aos gestores, foram entrevistados o primeiro em um dos Cefapros do estado de Mato Grosso e o segundo na Seduc/Sufp-MT, em Cuiabá-MT.

As imagens projetadas nas lentes bifocais: analisando os dados – a formação continuada do Projeto Sala de Educador na lente da gestão

Conforme afirmamos anteriormente, a gestão lê o Projeto Sala de Educador conforme os dispositivos legais. Assim sendo, diante do ponto de vista da lente da gestão, o projeto Sala de Educador, atualmente vigente no Mato Grosso, atende aos pressupostos legais e se operacionaliza nas escolas com alguns problemas, mas em sua maioria o projeto é bem avaliado, conforme relatório de pesquisa da FCC sobre os programas de Formação Continuada em alguns estados brasileiros (2011) destacando-se como uma das melhores experiências o Projeto Sala de Educador em Mato Grosso, conforme manifestaram as gestoras entrevistadas e os documentos então examinados, aqui apontados.

De acordo com o Documento Política de Formação dos Profissionais da Educação Básica de Mato Grosso (2010):

> O Projeto Sala de Educador tem como finalidade criar espaços de formação, de reflexão, de inovação, de pesquisa, de colaboração, de afetividade, etc., para que os profissionais docentes e funcionários possam, de modo coletivo tecer redes de informações, conhecimentos, valores e saberes apoiados por um diálogo permanente, tornando-se protagonistas do processo de mudança de sua prática educativa. (2010, p. 23)

As escolas possuem autonomia para organizar seus momentos de estudos a partir de reflexões com base nas temáticas levantadas através de diagnósticos realizados pelos coletivos das escolas, e no aprofundamento teórico, buscando a superação das fragilidades por meio de embasamentos e teorias que sustentam suas práticas educativas. A Formação Continuada se torna, de fato efetiva, quando envolve todos os profissionais da escola, possibilitando-lhes momentos para discussão, reflexão e condições de se envolverem por completo nas ações propostas pelo grupo.

Neste sentido, Favretto (2006) reafirma que:

> [...] é preciso que também a escola se constitua em um espaço de formação para que possa buscar, através da trajetória formativa, referências para analisar seus problemas e colocar-se como instrumento para a aprendizagem significativa e a construção de saberes voltado para a melhoria da qualidade de vida, respeito aos deveres e direitos do cidadão. (Favretto, 2006, p. 21)

Para o fortalecimento do Projeto nas escolas, a Seduc/Sufp-MT conta com os formadores do Cefapro, os quais têm como papel principal implementar, orientar, aprovar, intervir, acompanhar e avaliar os projetos elaborados pelas Unidades Escolares, contribuindo para a melhoria do ensino e da aprendizagem em toda a educação básica, conforme consta no Parecer Orientativo para o Sala de Educador – 2013.

A atividade de Formação Continuada do formador junto às escolas não pode se constituir como decorrente da necessidade de suprir as lacunas deixadas pela formação inicial dos seus professores, tampouco a de promover a atualização científica e/ou didática. O formador trabalha com a escola na proposta de formação apontada por Imbernón (2009), ou seja, no sentido de junto aos professores.

> [...] descobrir, organizar, fundamentar, revisar e construir a teoria. Se necessário, deve-se ajudar a remover o sentido pedagógico comum, recompor o equilíbrio entre os esquemas

práticos predominantes e os esquemas que os sustentam. Esse conceito parte da base de que o profissional de educação é construtor de conhecimento pedagógico de forma individual e coletiva. (Imbernón, 2009, p. 49)

Para uma melhor compreensão da efetivação das Políticas Públicas do Estado de Mato Grosso, procuramos por meio de entrevistas ouvir duas gestoras as quais se constituem como sujeitos da mesma. Para analisarmos os dados da pesquisa que se situa na abordagem qualitativa, elegemos dois eixos que visam agrupar a formação das gestoras e suas concepções acerca das políticas públicas educacionais.

Quadro 1: Tempo de docência e formação das gestoras

Gestoras	Tempo de docência	Formação	Instituições	
			Cefapro	Seduc/Sufp-MT
Gestora A	5 anos	Licenciada em pedagogia Mestre em Educação: psicologia da Educação	Diretora do Cefapro de Rondonópolis-MT	
Gestora B	12 anos	Licenciatura em ciências Biológicas Mestre em Educação Doutorado em Ciências		Superintendente das Diversidades Educacionais

Fonte: Dados colhidos pelos autores para a presente pesquisa.

Quando indagadas sobre o olhar que ambas tinham sobre as Políticas Públicas Educacionais de Mato Grosso, percebemos na concepção manifestada pelas gestoras a grandiosidade e importância destas Políticas propostas no Quadro 2:

Quadro 2: A concepção das gestoras acerca das Políticas Educacionais

Gestoras	Respostas
Gestora A	Eu compreendo que em relação ao restante do país a gente realmente tem uma proposta já consolidada que é muito importante, porque é uma Política Pública de Estado, tanto a instituição da Escola Organizada em Ciclos de formação Humana quanto o projeto Sala de Educador que acontece nas escolas já é uma proposta política do Estado, isso é uma política voltada à formação continuada. A questão de ir à ferida, ver a escola enquanto lócus de formação, nesse sentido de ir ao âmago do problema que o professor enfrenta na sala de aula. É um problema de ensino mesmo, né. Então eu acho que a proposta é chegar nisso, o que é uma qualidade nessa proposta. O problema que a gente tem tido é o entendimento de fato dessa proposta por parte das escolas e acho que também por parte de como a gente explica, porque como é uma proposta arrojada e como ela não tem um caminho já feito, ela é um caminho em construção, uma proposta que está caminhando, precisa de ações, de pessoas arriscarem, ousarem. Então, a gente tem muitas ações que dão certo porque as pessoas ousam, se arriscam, mas assim é difícil fazer essa mobilização na escola, das pessoas quererem agir nesse sentido, dialogarem e fazer o projeto Sala de Educador, como ele poderia ser, como a gente gostaria que fosse.
Gestora B	As Políticas Educacionais do estado de Mato Grosso ganhou um contorno muito interessante com o Projeto Sala de Educador, pois consiste num momento de discussão coletiva dos pares na escola, desde os professores aos que atuam nas funções administrativas. Penso que é uma construção do coletivo do sistema público de ensino, para além de uma decisão governamental teremos que ter uma formação de consciência para encararmos com seriedade alguns assuntos pertinentes à existência humana. [...] São considerados como avanços a afirmação das diversidades e a importância da discussão das mesmas no currículo. Outro fato importante foi a construção das Orientações Curriculares que dão identidade própria à Educação Pública do MT. O fortalecimento dos Cefapros e a construção e avaliação do Plano Estadual de Educação que representa uma Política de Estado.

Fonte: Dados colhidos pelos autores para a presente pesquisa.

Em se tratando da compreensão das Gestoras em relação a estas Políticas de Formação, a Gestora A destaca em sua fala que "a Política de Formação Continuada em Mato Grosso já é uma proposta consolidada e que já temos um caminho a ser seguido traçado pela Escola organizada por Ciclos de Formação Humana". A Gestora B "acredita que a força destas Políticas está nas decisões das comunidades e na gestão democrática".

Diante da exposição dos sujeitos, percebe-se que eles veem na política o que se apresenta no documento da Seduc/Sufp-MT (2000), o qual aponta uma concepção de formação continuada que possibilite a articulação do desenvolvimento pessoal com o profissional, compreendido como processos contínuos e ininterruptos, orientados pela concepção metodológica e dialética que permite responder ao dinamismo da prática educativa, às contradições de seu contexto e orientar para a sua transformação.

A formação continuada do Projeto Sala de Educador ajustada à lente dos professores

O propósito do Projeto Sala de Educador é o de fortalecer a escola como *locus* de formação continuada, por meio da organização de grupos de estudos. Para a pesquisa trouxemos, além das falas das duas gestoras, a de três educadores de escolas públicas. Ao entrevistarmos percebemos que as escolas têm sido um palco de estudos dos temas da formação, com encontros que nem sempre atendem às expectativas. Ficou também claro que não há uma homogeinização nos conhecimentos, práticas e discursos, pois o pouco tempo, aliado à falta de experiência de sala de alguns professores, demonstra que as práticas ainda estão incipientes, tornando-se mais consistentes a partir do dia a dia, do cotidiano educacional. Sobre isso, Sacristan aponta que:

> A parte prática da formação inicial de professores é limitada, o que dificulta o aparecimento de novos esquemas, ain-

da que o currículo oculto desempenhe um papel relevante a este nível. O procedimento de autoanálise, de observação crítica da prática e a investigação na acção procuram favorecer uma compreensão crítica da actividade docente, e não uma mera reprodução de esquemas preestabelecidos. (Sacristan, 1995, p. 80)

Norteando os dados sobre os sujeitos, há o quadro a seguir.

Quadro 3: Tempo de magistério e formação dos professores

Professores	Tempo de docência	Formação	Instituições Seduc
Professor A	12 anos	Licenciado em História Especialização em Planejamento Educacional	
Professora B	16 anos	Licenciada em História Especialização em História de Mato Grosso	
Professora C	12 anos	Licenciada em História Especialização em Educação	

Fonte: Dados colhidos pelos autores para a presente pesquisa.

Os professores e suas narrativas sobre o projeto Sala de Educador

Quando indagamos aos professores se o projeto tem atendido às necessidades de sua formação, verificamos que os entrevistados são unânimes ao afirmarem que:

> Não totalmente. A cada ano busca-se uma forma para realizar os estudos. Porém, ainda não encontramos uma forma de atender às expectativas de todas. (Entrevista, profa. B, Escola Pública-MT, 2012)

Na fala dos sujeitos, observamos que não há uma política de continuidade na formação dos educadores, uma vez que a mesma vai se alterando a cada ano, o que deixa a entender a falta de continuidade da formação dos educadores, falta de acompanhamento ou organização pormenorizada, ou seja, é frágil a política de formação adotada pela Seduc-MT. O estudo de Favretto e Rocha (2010, p. 120-121) já apontava para a fragilidade das Políticas Públicas no estado, levada a cabo pelo Cefapro, consistindo "num modelo de racinalidade técnica que centraliza decisões e castra os indícios de autonomia, além de proporcionar uma formação aquém da esperada".

Acerca disso, a professora C reforça a fala da profa. B, quando relata:

> No que tange a formação as temáticas são voltadas para a necessidade dos alunos, porém ainda deixa a desejar em conhecimento, pois há uma dificuldade por parte de vários colegas, ao repassar a teoria e em articular com a prática. (Entrevista, profa. C, Escola Pública-MT, 2012)

Verifica-se, pela fala dos educadores, que alguns envolvidos no processo de formação estão despreparados ou falta amadurecimento para colocarem em prática o que é debatido ou proposto na formação, deixando, portanto, lacunas na proposta de formação. Nesse aspecto seria interessante analisar a fala de Nóvoa (2009) que sugere:

> (i) estudo aprofundado de cada caso, sobretudo dos casos de insucesso escolar;
>
> (ii) análise colectiva das práticas pedagógicas;
>
> (iii) obstinação e persistência profissional para responder às necessidades e anseios dos alunos;
>
> (iv) compromisso social e vontade de mudança. (Nóvoa, 2009, p. 19)

Quando perguntamos aos professores como os gestores expressam sua apreciação acerca do projeto Sala de Educador, eles foram enfáticos ao afirmarem que

> Muitos gestores fazem críticas, mas a grande maioria não deixa de ler a receita, seguir a risca e aplicá tal qual, sendo essa uma das razões para insatisfação dos profissionais. (Entrevista, profa. B, Escola Pública-MT, 2012)

A professora C deixa claro que

> Na realidade todos os encontros os gestores enfoca [sic] que, os educadores devem levar para a sala de aula os conhecimentos construídos, através da sala do educador. Isso tem demonstrado através dos olhares atentos e até mesmo da fala que não há um índice satisfatório em relação ao retorno na sala de aula. (Entrevista, profa. C, Escola Pública-MT, 2012)

Em certas situações cabem aos gestores apenas exigir e cobrar que seja cumprido o estipulado, sem questionar o que é repassado. Muitas vezes isto ocorre por faltar-lhes maior esclarecimento sobre as próprias Políticas Públicas e sobre a função que os mesmos devem ocupar, conforme alertavam Favretto e Rocha (2010), ao apontarem os dados acerca da coordenação das escolas que indicavam a falta de oportunidades oferecidas aos coordenadores para a formação continuada. Até hoje este problema perdura nas escolas e o Projeto Sala de Educador não deu conta de saná-lo e/ou minimizá-lo.

Ao solicitar aos sujeitos que expressassem suas críticas e reclamações quanto ao Projeto Sala de Educador verificamos que estas são múltiplas. O professor A alertou que:

> Uma das maiores críticas é quanto ao fato do órgão mantenedor (Seduc) ter esse projeto, praticamente, como única forma de capacitação do quadro de educação, sem proporcionar o contato e/ou a troca de experiências com outros

profissionais/estudiosos de Universidades, por exemplo. Ou seja, condena-se o professor a uma formação que se limita ao próprio ambiente da escola, com todas as mazelas e limitações, bem como ao acompanhamento também limitado do Cefapro. (Entrevista, prof. A, Escola Pública-MT, 2012)

A professora reclamou que muitas vezes já aconteceu de não dar certo algumas propostas do Cefapro e os professores reclamarem de tal situação, gerando um descontentamento geral por parte dos mesmos em relação à forma como estava sendo organizada a formação continuada. Surge um questionamento da nossa parte: como propor uma formação continuada se a mesma não tem um perfil e a cada encontro se operacionaliza de uma forma? Como oferecer uma formação de qualidade, propor acompanhamento à escola, quando não há professor formador capaz de dar seguimento à proposta devido à precariedade de sua formação?

Acerca disso, o professor A já alertava que os professores não tinham acesso à experiência de outros profissionais ou estudiosos da academia, limitando-se a qualificar-se no próprio ambiente da escola com suas mazelas e limitações e assim se manifestou:

> Se o profissional precisa de capacitação muitas vezes para superar uma deficiência de formação inicial, que formação continuada se pode esperar dele? (Entrevista, prof. A, Escola Pública-MT, 2012)

Na verdade, as Políticas Públicas e de formação continuada são sedutoras no papel e no discurso, porém a realidade e a prática nem sempre têm mostrado ou confirmado o sucesso desse tipo de proposta, pois os professores possuem um excesso na carga horária, como interinos, sem direcionamento e/ou sem planejamento. Percebemos tal realidade na fala da professora B:

> [...]. Outro fator é o grande número de contratados temporariamente, que não têm hora atividade e não recebem por

este tempo em que participam dos estudos, recebem apenas um certificado para contagem de pontos. (Entrevista, profa. B, Escola Pública-MT, 2012)

Os professores comentaram que, mesmo sem o projeto, poderiam avançar com experiências pessoais de qualificação ou formação continuada, ou mesmo que já traziam conhecimentos de experiências anteriores e que até agora o Projeto Sala de Educador não conseguiu acrescentar muito à sua formação.

Quanto aos avanços na prática pedagógica, na escola ou na prática dos educadores verificamos que a professora B assim se expressa:

> [...] O projeto Sala de Educador por si só não resolverá todos os nossos problemas, é preciso que formação inicial dos atuais profissionais que estão chegando à rede dê conta das atuais demandas. As instituições formadoras precisam também fazer sua autocrítica com relação aos profissionais que estão colocando na rede e não só nos criticar. Porque eu não vejo nada inovador dos que estão se formando agora, com um agravante lhes falta experiência para lidar com toda essa realidade. Não sei te dizer se houve avanços por causa da sala do educador, não posso mensurar algo tão complexo superficialmente, o que eu posso te afirmar, é aqui boa parte dos profissionais são comprometidos e se doam para que apesar de todas as dificuldades seus educandos, tenham a melhor aprendizagem possível [...]. (Entrevista, profa. B, Escola Pública-MT, 2012)

No discurso da professora B, observamos que há uma preocupação e um alerta, pois a mesma lembra que as instituições formadoras (universidades) nem sempre têm formado adequadamente os novos profissionais da educação. Muitas vezes cria-se o que Carlos Marcelo (2009, p. 116) chama de aprendizagem informal, pois:

mediante a observação em futuros professores que vão recebendo modelos docentes com os quais se vão identificando pouco a pouco, e em cuja identificação influi mais ou menos aspectos emocionais que os racionais.

A professora C e o professor A convergem ao afirmarem: "com sinceridade ainda não, porque os meus avanços [...] são conhecimentos já acumulados de outros anos" (Entrevista, profa. C, Escola Pública/MT, 2012).

E o professor A reforça: "poucos, mesmo assim, por esforço pessoal dos profissionais, fato que ocorreria mesmo sem a participação nesse projeto" (Entrevista, prof. A, Escola Pública/MT, 2012).

Os professores envolvidos no projeto demonstram certa descrença, desencatamento e frustração com a formação. Tal dado foi evidenciado por Favretto (2006, p. 36),

> visto que a partir de 1998 a formação continuada tem sido desenvolvida sob a forma de programas, muitas vezes descontínuos, devido à falta de consistência das políticas públicas ou à sua esterilidade.

A proposta que deveria ser de grupos de estudo nem sempre se efetiva ou não se efetiva em sua totalidade, acabando por dispersar os educadores, ou fazendo com que busquem uma qualificação, mas de maneira individualizada e fora do espaço escolar, como frisou a professora C, ao buscar a formação em outros ambientes que não os do âmbito escolar. Os educadores acabam sendo, como afirma Carlos Marcelo (2009), consumidores do *fast-food* das salas de aula, e sendo os artesãos de seu próprio conhecimento e habilidades e de maneira isolada, indo portanto contra aquilo que propõe as políticas de formação continuada do estado.

As críticas feitas ao projeto são inúmeras e as sugestões caminham no mesmo sentido:

A falta de respeito à autonomia das escolas, ninguém melhor do que os profissionais de cada unidade escolar para saber quais são suas reais necessidades. Somos nós que conhecemos a nossa comunidade, os nossos/as alunos/as. E muitas vezes a burocracia e a padronização das necessidades das unidades escolares acabam engessando e gerando descontentamento. Concordo com grande parte com elas, principalmente quando atribui à escola decidir o que é melhor para sua comunidade e seus profissionais. (Entrevista, profa. B, Escola Pública-MT, 2012)

Assim, nas falas dos professores são apontadas falhas e sugestões que podem ser incorporadas ao projeto, pois não basta fazer um projeto e lançá-lo aos educadores, antes é preciso debater, amadurecer e planejar para que o mesmo não fuja à proposta inicial.

Considerações finais

A pesquisa objetivou conhecer a percepção contida nos discursos dos professores e gestores sobre o projeto de formação continuada "Sala de Educador" no intuito de compreender até que ponto o discurso oficial coaduna com a prática vivida pelos mesmos. É interessante observar o que o foco das duas lentes é capaz de perceber, ou, ainda, que ambas denunciam as lacunas existentes no projeto.

Entendemos que muitas foram as mudanças ocorridas desde a implantação e implementação destas Políticas Públicas Educacionais, como podemos perceber pela pesquisa documental e nas vozes das gestoras, a criação dos Cefapros, a instituição da Escola Organizada em Ciclos de Formação Humana, o Projeto Sala de Educador e as Orientações Curriculares consolidaram de fato a formação continuada em uma Política Pública do Estado do Mato Grosso. Muito ainda há de se fazer junto ao coletivo das escolas, já temos um caminho que é o projeto Sala de Educador que possibilita uma formação mais efetiva do ponto de vista teórico-prático. Falta, porém, o tempo necessário para que a política seja implementada, acompanhada e avaliada e a repercussão nas práticas dos professores, o que demanda, ainda, certo tempo em se tratando de política.

O que se observou como ponto positivo na pesquisa é a clareza dos gestores de que muito ainda há que se fazer pelo bom desenvolvimento da política de formação continuada de professores em Mato Grosso e que isso só será possível graças a pesquisas e avaliações sistemáticas que deverão conter dados, mobilizações e reivindiações sérias e responsáveis dos professores por ela abarcados. Sobre as manifestações dos professores, os dados que a presente pesquisa aponta em muito contribuirão para que a gestão da educação em Mato Grosso possa deles apropriar-se para repensar os ajustes necessários ao bom desempenho do Projeto Sala de Educador em Mato Grosso.

Referências

APORTA, Luciane Ribeiro. **Sala de professor**: formação continuada em serviço, processo de atendimento do Cefapro-Rondonópolis-MT. 11 fev. 2010. Disponível em: <http://www.webartigos.com/artigos/sala-de-professor-formação-continuada--em-servico-processo-de-atendimento-do-CEFAPRO-rondono-polis-mt/51793/>. Acesso em: 23 mar. 2012.

BEZERRA, Sílvia; CESPEDES, Cristiane. **Políticas públicas em MT**: CEFAPROS. In: Anais do II Congresso Internacional de História da UFG/Jataí, 26-30 set. 2011. Disponível em: <http://congressohistoriajatai.org/2011/anais2011/link%209. pdf>. Acesso em: 22 março 2012.

BOGDAN, Robert C.; BIKLEN, Sari Knopp. **Investigações qualitativas em educação**: uma introdução à teoria e aos métodos. Porto: Porto Editora, 1994.

BRASIL. **Lei de Diretrizes e Bases da Educação Nacional**. Lei 9.494/96, de 20 de dezembro de 1996. Disponível em: <http://portal.mec.gov.br/arquivos/pdf/ldb.pdf>. Brasília, 2006. Acesso em: 27 mar. 2012.

CELESTINO, Marcos Roberto. A formação de professores e a sociedade moderna. **Dialogia**, São Paulo, v. 5, p. 73-80, 2006.

COLLARES, Cecília Azevedo Lima; MOYSÉS, Maria Aparecida Afonso; GERALDI, João Wanderley. Educação Continuada: A política da descontinuidade. **Educação e Sociedade**, ano XX, n. 68, dez. 1999.

FAVRETTO, Ivone de Oliveira Guimarães. **A formação continuada dos professores em exercício nas escolas públicas de Rondonópolis-MT**: Uma investigação sobre as instâncias formadoras. 2006. Dissertação (Mestrado em Educação) – Universidade Federal de Mato Grosso, Cuiabá.

FAVRETTO, Ivone de Oliveira Guimarães; ROCHA, Simone Albuquerque da. Políticas de formação continuada a partir da escola. In: ROCHA, Simone Albuquerque da (org.). **Formação de professores**: licenciaturas em discussão. Cuiabá: EdUFMT, 2010.

FILGUEIRAS, Valéria Lucas. A formação continuada dos professores de História no contexto das políticas públicas para a Educação Básica em Mato Grosso. **Polyphonia**, v. 21, jan./jun. 2010.

FREIRE, Paulo. **Pedagogia da autonomia**: saberes necessários à prática educativa. 37. ed. São Paulo: Paz e Terra, 2008.

FUNDAÇÃO CARLOS CHAGAS. **Relatório final** – Formação continuada de professores: uma análise das modalidades e das práticas em estados e municípios brasileiros. São Paulo, 2011.

GARCÍA, Marcelo C. **Formação de professores**: para uma mudança educativa. Porto: Porto Editora, 1999.

IMBERNÓN, Francisco. **Formação docente e profissional**. 7. ed. São Paulo: Cortez, 2009.

MATO GROSSO. **Política de formação dos profissionais da educação básica**. Secretaria de Estado de Educação. Cuiabá, 2010.

_____. **Decreto nº 2007/1997/Seduc/MT**. Dispõe sobre a criação do Cefapro nos municípios de Rondonópolis, Diamantino e Cuiabá. Cuiabá: Entrelinhas, 1997.

_____. **Centro de Formação e Atualização do Professor**. Rondonópolis: Seduc/SUFP-MT, 2012.

_____. **Parecer Orientativo**: projeto sala de educador. Cuiabá: Seduc/SUFP, 2011.

_____. Secretaria de Estado de Mato Grosso. Doc. (Formação Continuada, p. 12).

MORAES, José Valdivino. **Revista semestral Retratos da Escola/CNTE** – A carreira e a gestão da escola: valorização e democracia, v. 3, n. 5, p. 399-412, jul./dez. 2009.

NÓVOA, António. **Professores**: Imagens do futuro presente. Lisboa: Educa, 2009.

SACRISTÁN, J. Gimeno. Consciência e Acção sobre a Prática como Libertação Profissional dos Professores. In: NÓVOA, António; et al. (orgs.). **Profissão professor**. Tradução de Irene Lima Mendes, Regina Coréia e Luísa Santos Gil. Porto: Porto Editora, 1995.

ULHOA, Andrea Alves. **O estágio curricular supervisionado no curso de pedagogia e a aprendizagem profissional da docência**: alguns elementos para reflexão. 2007. Dissertação (Mestrado em Educação) – Universidade Federal de Mato Grosso, Cuiabá.

VEIGA, Ilma Passos Alencastro. Formação de professores e os programas especiais de complementaçao pedagógica. In: CUNHA, Maria Isabel da (org.). **Desmistificando a profissionalização do magistério**. Campinas: Papirus, 1999.

VEIGA, Ilma Passos Alencastro; D'ÁVILA, Cristina Maria (orgs.). **Profissão Docente**: Novos Sentidos, Novas Perspectivas. Campinas: Papirus, 2008.

Capítulo 4
ORGANIZAÇÃO E FUNCIONAMENTO DOS CENTROS DE FORMAÇÃO E ATUALIZAÇÃO DOS PROFISSIONAIS DA EDUCAÇÃO BÁSICA DE MATO GROSSO: UMA ANÁLISE A PARTIR DA LEGISLAÇÃO

Kilwangy kya Kapitango-a-Samba[1]; *Josimar Miranda Ferreira*[2]; *Maria Teresinha Fin*[3]

> [...] aprender a ensinar é um processo de natureza complexa que envolve fatores afetivos, cognitivos, éticos, de desempenho, entre outros. Tal processo tem como suporte a articulação entre os vários conhecimentos que compõem a profissionalidade do educador e, efetiva-se ao ser compartilhado. (Mizukami, 1998, p. 119)

Introdução

A extensão territorial e a dimensão populacional são alguns fatores que podem influenciar a tomada de decisões, o planejamento, a execução e o alcance dos objetivos de políticas públicas

---

1. Filósofo. Mestre em História da Ciência pela Pontifícia Universidade Católica de São Paulo (PUC-SP). Doutor em Educação pela Universidade de São Paulo (USP). Pós-doutor em Educação pela UFMT. É Professor Adjunto da Universidade do Estado de Mato Grosso (Unemat). Atualmente é Assessor de Política de Pós-Graduação e Pesquisa Educacional e Superintendente de Formação dos Profissionais da Educação Básica da Secretaria de Estado de Educação de Mato Grosso (Seduc-MT). E-mail: kapitango.samba@gmail.com.
2. Física. Mestra em Educação pela Universidade Federal de Mato Grosso (UFMT). Professora da Secretaria Estadual de Educação de Mato Grosso (Seduc-MT).
3. Pedagoga. Mestra em Educação pela Universidade Federal de Mato Grosso (UFMT). Professora da Secretaria Estadual de Educação de Mato Grosso (Seduc-MT).

educacionais e, como tal, constituem desafios administrativos.

De certo modo, este foi um dos casos pelo qual o Estado de Mato Grosso – em especial, quando tratamos do tema como o da *Política de Formação Continuada para os Profissionais da Educação Básica*, como resposta à demanda de formação continuada – assumiu o compromisso de constituir e fortalecer uma rede de Centros de Formação e Atualização dos Profissionais da Educação Básica, conhecidos como Cefapros[4].

Cremos que qualquer entidade ou projeto surge, ou ao menos deveria surgir, como resposta a uma dada demanda, a um problema social ou de outra dimensão. Os Cefapros surgiram para tentar fortalecer as práticas pedagógicas e o desenvolvimento profissional focados na aprendizagem *in locus* e feito por pares e colaboradores, dada a frágil condição do sistema educacional no Mato Grosso e no Brasil como um todo.

Ao implementar uma política pública, o Estado busca mobilizar um conjunto de recursos e ações com a finalidade de tentar resolver e responder a determinados problemas (demandas) novos, recorrentes ou deprimidos com a finalidade de atender setores específicos da sociedade. Dentre estes problemas, objetos das políticas públicas, estão os do setor educacional, neste caso específico, a formação continuada dos profissionais da Educação Básica focada no desenvolvimento profissional, para introduzir inovações e melhorias quantiqualitativas nos processos e nas práticas pedagógicas que possam gerar aprendizagem e consequente evolução cultural científico-tecnológica.

Cefapros, o que são e quais as suas finalidades?

A Secretaria de Estado de Educação do Estado de Mato Grosso (Seduc-MT) tinha grandes dificuldades em auxiliar, de

---

[4]. Cefapro ou Cefapros é a sigla oficial que utilizamos também neste texto.

forma eficaz, as ações de formação continuada e introdução de melhorias nas práticas pedagógicas de suas unidades escolares.

Diante disto, em 1997, a Seduc-MT com o objetivo de desconcentrar e aproximar as escolas da rede pública de ensino às ações de formação continuada dos profissionais da educação básica e reunir recursos e ações para agir diante das demandas novas, recorrentes e reprimidas criou um projeto piloto com três polos do que se denominou à época de "Centros de Formação e Atualização do Professor" nos municípios de Cuiabá, Diamantino e Rondonópolis, por meio do Decreto 2.007, de 29 de dezembro de 1997.

Sabe-se que, inicialmente, o Cefapro do polo de Cuiabá foi criado pensando no número de escolas e professores existentes na sede (Seduc-MT), no sentido de oferecer uma espécie de "laboratório experimental" de formação continuada de professores. O polo de Rondonópolis foi criado em decorrência da necessidade de oferecer um atendimento intenso de acompanhamento pedagógico, por ser uma região muito grande, pela quantidade de escolas e número de professores. O de Diamantino, por ter sido uma região esquecida pedagogicamente, portanto, precisava de apoio urgente na formação continuada, dada a carência de formação e discussão de processos educativos em suas relações entre teoria e prática escolar. Ademais, é de se considerar que as questões políticas também contribuíram para com o processo de escolha ou determinação dos primeiros polos.

E o que são Cefapros?[5] Eles podem ser compreendidos como uma rede de centros de formação continuada dos profissionais da Educação Básica entendidos, atualmente, como unidades peda-

---

5. Salientamos que os Núcleos de Tecnologia Educacional (NTEs) foram incorporados aos Cefapros, pela força do Decreto nº 7.542 de 5 de maio de 2006, conforme expresso em seu art. 11. "Ficam incorporados aos Cefapros-MT os Núcleos de Tecnologia Educacional – NTE, criados pelos Decretos nº 2.116, de 10 de fevereiro de 1998 e nº 162, de 14 de março de 2003, assim como seus respectivos Conselhos Deliberativos das Comunidades Escolares (CDCE)". Este decreto foi revogado pelo Decreto 1.395 de 16 de junho de 2006.

gógico-administrativas desconcentradas da Secretaria de Estado de Educação do Mato Grosso e destinados à execução da política de formação inicial e continuada, sobretudo esta última, para atender às demandas da Educação Básica da rede estadual de ensino, considerando sua articulação com as outras instituições que trabalham com os processos educativos.

Ou conforme a norma da Seduc-MT (Portaria 052/2004), os Cefapros são "[...] unidades escolares diferenciados voltados especificamente para a Formação Continuada dos Docentes que atuam no Ensino Fundamental [e médio, atualmente]", "[...] órgãos responsáveis pela execução da política de formação continuada [...]" da Seduc-MT e pretende-se que sejam

> [...] referências da Política Pública Educacional do Estado de Mato Grosso, constituindo-se em unidades escolares do Sistema Público Estadual de Ensino, voltados especificamente para a formação dos professores que atuam no Ensino Fundamental, sob as diretrizes e orientações da SDF/SEDUC, na região de sua abrangência. (Seduc-MT, 2004)

E quais as suas finalidades? Da análise da legislação que regula os Cefapros constata-se uma mudança e regularidade na expressão das finalidades destes centros. De início foram prescritas no art. 2º do Decreto 2.007/1997[6], a saber:

> Art. 2º Os Centros ora criados terão a finalidade de desenvolver projeto de formação continuada para professores da rede pública de ensino, programas de formação de professores leigos e projetos pedagógicos para qualificação dos profissionais da educação. (Mato Grosso, 1997)

Percebe-se que três são as finalidades dos Cefapros:

---

6. Este Decreto constitui o primeiro instrumento jurídico sobre os Cefapros, pelo que foram criados os primeiros três polos.

1. Desenvolver projetos de *formação continuada para professores* da rede pública de ensino;
2. Desenvolver programas de *formação de professores leigos*;
3. Desenvolver projetos pedagógicos para *qualificação dos profissionais da educação*.

Estas finalidades são reproduzidas em outros instrumentos jurídicos de criação dos Cefapros posteriores, tais como: Decretos 2.319 de 8 de junho de 1998; 53 de 22 de março de 1999 e 6.824 de 30 de novembro de 2005, no entanto, houve mudanças na regulação das finalidades ao longo do tempo, com a criação de novos polos e ao deparar-se com novas situações educacionais.

As mudanças nas finalidades, na estrutura administrativa e na denominação dos Centros ocorrem com a publicação da Lei 8.405 de 27 de dezembro de 2005. A denominação muda de *Centros de Formação e Atualização do Professor* para *Centros de Formação e Atualização dos Profissionais da Educação Básica do Estado de Mato Grosso – Cefapros-MT* e, ao mesmo tempo, sua vinculação organizacional muda de *Unidades Escolares* (art. 1º da Portaria nº 052/2004/Seduc-MT) para *Unidades Administrativas* (art. 1º da Lei nº 8.405/2005).

Porém, na prática o funcionamento dos centros segue uma organização dupla enquanto unidades pedagógico-administrativas. Isto talvez em virtude do fato de que tanto Lei nº 8.405/2005 não revogou nenhum dos dispositivos das regulamentações anteriores e o Decreto 1.395/2008 *revoga* apenas o Decreto 7.542 de 5 de maio de 2006 que regulamentara, outrora, a Lei nº 8.405/2005. Além do mais, constata-se no Decreto 1.395/2008 uma composição do quadro de recursos humanos dos Cefapros que alude a considerá-los como unidades pedagógico-administrativas: *equipe gestora* (diretor, coordenador de formação continuada e secretário), *equipe pedagógica* (professores formadores), além da *equipe técnica e de apoio administrativo educacional*.

Quanto à mudança nas finalidades, elas estão expressas no art. 1º, § único, da Lei nº 8.405/2005, em que se apresenta uma nova prescrição com a inclusão das novas tecnologias de informação e comunicação aplicadas à educação:

> Parágrafo único. Os Centros têm por finalidade a formação continuada, o uso de novas tecnologias no processo ensino-aprendizagem e a inclusão digital de profissionais da educação básica da rede pública estadual de ensino. (Mato Grosso, 2005)

Vemos um contínuo expresso na finalidade de atuar na *formação continuada* e uma mudança com a exclusão da *formação inicial* (magistério) e da *qualificação dos profissionais* (supostamente para profissionais não docentes) e a incorporação ao rol das finalidades o *uso de TIC* e *inclusão digital* nos processos de ensino e aprendizagem. O que vemos aqui é apenas uma ampliação das finalidades, isto porque legalmente as finalidades de formação inicial e qualificação dos profissionais não foram revogadas tanto pela Lei nº 8.405/2005 quanto pelo Decreto nº 1.395/2008 que a regulamenta.

Com a publicação da Lei 9.072 de 24 de dezembro de 2008, pelo que se criam os pólos de Primavera do Leste e Pontes e Lacerda, conforme expresso no seu art. 2º, reduz-se, aparentemente, a uma finalidade, qual seja, a de "[...] desenvolver projetos de formação continuada para professores da rede pública estadual de ensino, segundo as diretrizes da Lei nº 8.405/05" (Mato Grosso, Lei 9.072/2008), porém, remete-se às diretrizes da Lei nº 8.405/05, da qual pode-se inferir (interpretação) que estejam aí incluídas as finalidades expressas na Lei nº 8.405/05, já que a nova lei também não revoga quaisquer dispositivos legais anteriores. Além do que, esta finalidade é primária destes centros, constitui a razão de seu surgimento na história da Educação Básica no Estado de Mato Grosso.

No decreto de origem (nº 2.007/1997), a denominação *Centros de Formação e Atualização do Professor* e as suas finalidades:

desenvolver projetos de formação continuada para professores da rede pública de ensino, programas de formação de professores leigos e projetos pedagógicos para a qualificação dos profissionais da educação.

Isso pode nos levar a interpretação de que a preocupação da Seduc-MT, à época, com a criação de tais centros, estaria focada nos processos de ensino e aprendizagem mediados por docentes formadores, e a característica formativa originária destes espaços formativos se apresentaria como a de uma ação pedagógica de caráter teórico-prática voltada para o fazer docente em sala de aula.

Os cursos oferecidos eram dados na modalidade presencial e/ou a distância, planejados e organizados de modo sistemático, objetivando, principalmente, oferecer aos professores noções introdutórias de uma área específica de conhecimento; atualizar e ampliar os conhecimentos, as habilidades ou as técnicas educativas, através de treinamentos e capacitações específicas.

Por outro lado, é preciso lembrar que à época havia, na rede estadual de ensino básico, uma carência significativa de docentes e a formação de magistério era o requisito exigido para ingresso na carreira. Neste sentido, os Cefapros, ao fornecerem cursos de habilitação para o magistério em nível de ensino médio atendiam à finalidade de fornecer *"programas de formação de professores leigos"* definida no Decreto 2.007/1997 e fazia deles espaços e unidades de formação inicial (o que não ocorre mais hoje). Tais formações remetiam a uma preocupação política da Seduc-MT dada a carência de professores para atuação na Educação Básica, pois o seu quadro docente estava composto de um grande número de professores leigos e/ou atuando fora das disciplinas de habilitação docente.

Porém, considerando a extensão territorial, as divisões regionais, o crescimento populacional e a grande demanda de profissionais carentes de formação continuada no Estado e pelos resultados satisfatórios obtidos nos três primeiros polos, o governo do Estado cria em 1998 os polos de Juína, São Félix do Araguaia, Alta Floresta, Barra do Garças e Cáceres (por meio do Decreto nº 2.319 de 8 de junho de 1998); em 1999, os de Sinop, Confresa, Juara e Matupá (Decreto nº 53 de 22 de março de 1999).

E, para dar continuidade à Política de oferta de uma educação pública básica com qualidade social, através da construção de novas práticas educativas que necessitam do envolvimento de todos os segmentos da sociedade, da instituição e dos profissionais das unidades escolares, e ainda, em continuidade à Política de aproximar as escolas da rede pública de ensino às ações de formação continuada, através de uma rede de formação continuada, em conformidade com a conjuntura histórica e de políticas educacionais públicas vividas, a Seduc-MT, criou, em 2005, o polo de Tangará da Serra (Decreto nº 6.824 de 30 de novembro de 2005) e; em 2008, os polos de Primavera do Leste e Pontes e Lacerda (Lei nº 9.072 de 24 de dezembro de 2008). Ao todo, de 1997 até hoje, foram criados 15 polos do *Centro de Formação e Atualização dos Profissionais da Educação Básica do Estado de Mato Grosso – Cefapros-MT*.

Estrutura Organizacional e Funcional

Historicamente, a Seduc-MT, por intermédio da Portaria nº 02 de 26 de janeiro de 1998, regulamentou as ações dos Cefapros criadas até hoje, definindo-lhes a estrutura administrativa e pedagógica. Neste instrumento normativo é perceptível a concepção histórico-social das práticas pedagógicas e as necessidades de formação docente inicial (em nível médio) e continuada, conforme conta do seu preâmbulo:

> CONSIDERANDO:
> · Que a prática educativa, enquanto práxis, é histórica e processual, exigindo dos profissionais um estudo contínuo que possibilite o acompanhamento desse processo;

• A formação continuada de professores necessária para aprimorar a qualidade da prática docente, trabalhando conteúdos que expressem as necessidades do processo de ensino-aprendizagem, através de decisões compartilhadas, reflexão da prática e pesquisas educacionais;

• A necessidade de implementar a Política de Formação de Leigos, através do fortalecimento da sua autonomia, habilitando-o em nível de ensino-médio, em programas especiais, possibilitando-lhe maior segurança no processo de construção do conhecimento. (Seduc-MT, 1998)

No entanto, hoje a função de realizar formação inicial de magistério está abortada dos Cefapros, que passaram a intermediar os programas educacionais do governo federal e estadual (Sala do Educador).

Quanto à alocação dos Cefapros para o seu funcionamento, está regulado na Portaria nº 02/1998 que estes centros podem ser alocados junto a uma *Unidade Escolar* ou em prédios próprios, definindo-lhes os requisitos necessários para a sua instalação e uma coerência interna muito próxima à das Escolas, com um regimento próprio baseado nas normas gerais dos regimentos das Escolas Estaduais, um calendário, uma grade curricular e uma proposta curricular dos programas desenvolvidos.

Os projetos de *Formação Continuada* agregam atividades formativas realizadas em serviço e apoiadas "[...] em reflexões, estudos, projetos e pesquisas que irão contribuir para um constante repensar, propiciando a reconstrução da prática docente". Conforme previsto na Portaria 02/1998, art. 2º, § 1º, reproduzimos a seguir a prescrição sobre o processo de formação continuada:

I - A Formação Continuada será desenvolvida pelos professores do Centro, podendo, eventualmente, contar com assessoria para a exploração de temas específicos;

II - A Formação Continuada deverá estar intrinsecamente ligada ao Plano Político Pedagógico das Escolas que participarão do programa, devendo a inscrição ser por escola;

III - O Projeto de Formação Continuada do CEFAPRO, deverá ser estruturado com objetivos e conteúdos que respondam às necessidades do Sistema Público de Ensino e a demanda dos professores em exercício, com as seguintes características curriculares:

a) A flexibilidade deve ser um *continuum* na proposta curricular dos Centros, devendo-se ter o cuidado para não cometer constantes adequações, comprometendo, desta forma, todo o projeto;

b) A interdisciplinaridade deve permear a proposta curricular do CEFAPRO, numa metodologia que permita a articulação entre as disciplinas e/ou temas propostas;

c) A Pesquisa Educacional, componente fundamental do currículo do CEFAPRO, servirá para assessorar permanentemente o professor no processo de levantamento de dados e formulação de projetos que visem minimizar os índices de evasão e repetência nas séries iniciais da Escola Pública;

IV - A avaliação, ponto de destaque no programa, deverá acompanhar todo o desenvolvimento da Formação Continuada, evidenciando-se como um processo dinâmico, que indicará a oferta, a continuidade e, ou, a reformulação de propostas metodológicas e temáticas. (Seduc-MT, 1998)

A *Formação do Professor Leigo* tinha a configuração de um programa especial do Cefapro, em convênio com os municípios, para habilitar docentes no Magistério, em nível 2º grau, conforme consta da Portaria 02/1998, art. 2º, § 2º, desta forma:

I - Todos os professores que participarão do programa para Formação de Leigos submeter-se-ão ao processo de atualização metodológica que antecederá cada etapa.

II - O projeto da Formação de Leigos, encaminhado pelo Centro, deverá compreender atividades de formação teórica com enriquecimento curricular durante as aulas do curso, e desenvolvimento de projetos e pesquisas a serem realizados durante o período regular de docência.

III - Os programas curriculares da Formação de Leigos, deverão contemplar conteúdos das diferentes áreas do conhecimento e possibilitar a articulação entre eles de forma que o familiar seja transformado em conteúdo sistematizado e vice-versa. (Seduc-MT, 1998)

Na Portaria 02/1998 também se trata da instalação, do desenvolvimento dos chamados "outros programas" a serem desenvolvidos pelos Cefapros, bem como da necessária articulação com as universidades, abrindo assim as possibilidades de participação em programas e cursos de extensão, de pós-graduação, de pesquisa e solicitação de assessorias. A estrutura pedagógico--administrativa fora prescrita da seguinte forma:

> Art. 3º. A Estrutura Administrativa e Pedagógica do Centro compreenderá:
>
> I – Uma Direção Geral, que é composta pelo Diretor da Unidade Escolar onde está instalado o Centro e pelo Diretor do Centro:
>
> a) No caso de prédio específico o Centro terá somente um Diretor.
>
> II - Um Professor-Coordenador de Política Pedagógica para a Formação Continuada.
>
> III - Um Professor-Coordenador de Política Pedagógica para a Formação de Professores Leigos.
>
> IV - Um Secretário.
>
> V - Um Assistente de Administração.
>
> VI - Quadro de Professores nas áreas de conhecimento previstas no parágrafo 3º do art. 8º desta Portaria. (Seduc-MT, 1998)

Por outro lado, as exigências, atribuições e competências destes profissionais estão prescritas na referida portaria, no entanto, cabe destacarmos, neste trabalho, que as áreas de conhecimento inicialmente reguladas para os Cefapros constam desta Portaria 02/1998:

> Art. 8º. O Corpo Docente será composto por profissionais do quadro efetivo do Magistério Público Estadual, com lotação na escola de origem, e designados para desenvolver suas funções no Cefapro.
> [...]
> § 3º. As áreas de conhecimento existentes nos Centros, a partir da publicação do edital de seleção serão:
> · Metodologias de Ensino
> · Alfabetização e Literatura Infantil
> · Fundamentos da Educação
> · Práticas Pedagógicas e Pesquisa Educacional
> Língua Portuguesa e Redação. (Seduc-MT, 1998)

A referida designação depende da aprovação no processo seletivo aberto especificamente para seleção dos professores Formadores, cujas atividades se distribuem em hora-aula e hora-atividade.

O perfil das áreas de conhecimento existentes nos Centros aponta as características dos cursos ofertados. Ou seja, os Cefapros, neste período, desenvolveram programas e projetos de formação continuada que viessem qualificar os professores da rede estadual de ensino que por razões diversas apresentassem a necessidade de auxílio pedagógico ao desempenho de suas funções, e aos professores que atuavam no magistério sem a necessária qualificação foram ofertados cursos de formação de professores leigos.

O descrédito da sociedade brasileira, de modo geral, em função da permanência dos elevados índices de insucesso escolar, leva-a a ver com naturalidade e banalização a retenção e a deserção dos alunos, especialmente daqueles provenientes de camadas populares. A exigência de novos paradigmas de escola e de educação que atenda às reais necessidades da população reporta-nos ao período histórico em que a Secretaria de Estado de Educação, com vistas a ampliar o tempo de passagem entre a primeira e a segunda séries do ensino fundamental e, assim, erradicar a reprovação no primeiro ano escolar, introduziu, nas escolas estaduais, em 1997, o Ciclo Básico de Aprendizagem (CBA), principiada pela introdução do Projeto Terra, em 1996. Estamos no contexto em que surgem os primeiros polos dos Cefapros (1997).

Estas práticas foram estudadas e acompanhadas durante o período de 1997 a 1999, e, no final de 1999, propôs-se a implantação dos Ciclos de Formação para todo o Ensino Fundamental, com o objetivo de permitir que os discentes que concluíam o CBA continuassem seus estudos em conformidade com a proposta do CBA. No primeiro semestre de 2000 (fevereiro) foram encaminhadas às Escolas as orientações gerais sobre como trabalhar o *Projeto Escola Ciclada* pela qual se ampliou para 9 anos o ensino fundamental, definindo o início da escolarização aos 6 anos, dentro de um contexto internacional que também globalizou as políticas educacionais, de uma educação para todos, embora a dimensão formal dessas transformações não esteja incorporada nas práticas educativas (Seduc-MT, 2001, p. 13, p. 17-18, p. 27).

O conhecimento da conjuntura anteriormente descrita e da forte preocupação da Seduc com as dificuldades encontradas com a implantação da organização pedagógica em ciclos de formação no ensino fundamental são indicativos dos motivos que fizeram-na direcionar todas as ações tanto de formação continuada dos Cefapros, quanto da publicação da Portaria nº 052/2004/Seduc, para os professores que atuavam no ensino fundamental:

> Art. 1º - Os Centros de Formação e Atualização do Professor serão referências da Política Pública Educacional do Estado de Mato Grosso, constituindo-se em unidades escolares do Sistema Público Estadual de Ensino, voltadas especificamente para formação dos professores que atuam no Ensino Fundamental, sob as diretrizes e orientações da SDF/SEDUC, na região de sua abrangência.

Parágrafo único – A formação dos professores para anos iniciais do Ensino Fundamental será considerada prioridade nos dois próximos anos, a partir da data de publicação dessa portaria.

Art. 2º - Os Centros de Formação e Atualização do Professor desenvolverão ações de Formação Continuada de professores do Ensino Fundamental;

§ 1º. Para desenvolver as ações de formação os CEFAPROS poderão realizar convênios mediante projetos aprovados pela SDF/SEDUC;

§ 2º. A formação continuada de professores se caracterizam pela atividade realizada em serviço, apoiando-se em reflexões, estudos, cursos, capacitações, atualização, projetos e pesquisas referentes à pratica docente. Essas ações deverão ocorrer tanto nos cursos nas sedes dos CEFAPROS como nas escolas, mediante o acompanhamento do trabalho do professor.

§ 3º. A implantação e o desenvolvimento de outros programas e/ou projetos pelo CEFAPRO, alheios à política de formação continuada definida pela SEDUC, dependerá de estudos e pareceres. (Seduc-MT, 2004)

Até 2004, analisando a legislação em vigor, classificados com relação ao tamanho do porte, os Cefapros foram mantidos enquanto em *unidades escolares* do Sistema Público Estadual de Ensino, com a publicação da Lei nº 8.405, de 27 de dezembro de 2005, transformaram-se em *unidades administrativas* e, em seu art. 1º, parágrafo único, modifica novamente suas finalidades como já nos referimos anteriormente. No entanto, as finalidades introduzidas com a Lei nº 8.405/2005 e regulamentadas pelo Decreto 7.542/2006 são reflexões do contexto nacional e internacional, considerando a velocidade da evolução das tecnologias de informação, velocidade que não é acompanhada pelos processos educativos, trata-se de um novo momento vivido também pelos Cefapros. Após a dedicação exclusiva de dois anos ao ensino fundamental e vencida a condição mais grave da carência de profissional habilitado na área de atuação, os desafios se voltam novamente para a formação continuada do profissional da educação básica como um todo, ganhando ainda um novo foco: o uso de novas tecnologias de informação e comunicação e a inclusão digital na educação básica, embora também com tal uso não tenha se demonstrado, ainda, empiricamente, até que ponto proporciona mais aprendizagem das ciências e proporciona evolução cognitiva – da forma como tem se propagado na educação.

Apesar da transformação dos Cefapros em unidades administrativas, elas continuam mantendo uma estrutura pedagógica--administrativa similar à da unidade escolar. Os Cefapros têm suas ações planejadas e executadas mediante apresentação de um Projeto Pedagógico de Desenvolvimento do Cefapro (PPDC) regulamentado nos respectivos regimentos internos, o PPDC constitui o planejamento pedagógico e orçamentário das ações a serem executadas pelo Cefapro. O PPDC é uma inovação formal introduzida pelo Decreto 1.395/2008, representada a aglutinação do Projeto Político Pedagógico (PPP) e Projeto de Desenvolvimento do Cefapro (PDC), portanto, o PPDC = PPP+PDC. Além do mais, os Cefapros foram classificados com relação ao tamanho do porte, por força do Decreto 1.395/2008, art. 4º, §1º e 2º.

O PPDC de cada Cefapro é elaborado de forma coletiva e em consonância com a política de Formação Continuada da Seduc. E, ainda, os recursos financeiros destinados à manutenção das despesas com estrutura física e pedagógica dos Cefapros são creditados nas contas bancárias do Conselho Deliberativo de cada Cefapro, abertas especificamente para esta finalidade, conforme o Decreto 1.395/2008, art. 5º.

A formação continuada dos profissionais da educação básica é planejada e executada conforme a matriz curricular e o calendário de atividades do Cefapro, cujo financiamento de hospedagem, alimentação e deslocamento da equipe gestora e pedagógica (docentes) do município sede do polo aos municípios que o compõem é contemplado no *Plano de Trabalho Anual* da Seduc.

Todo processo formativo requer um processo avaliativo para verificar o desempenho, a evolução da aprendizagem e o alcance dos objetivos e metas. Assim, a avaliação é parte intrínseca do processo educativo, e é sob esta perspectiva que a Superintendência de Formação dos Profissionais da Educação Básica (Sufp/Seduc) tem procedido à avaliação dos profissionais dos Cefapros. Os instrumentos avaliativos utilizados têm sido construídos de forma a alcançar, o mais amplamente possível, as ações de formação continuada executadas pelos profissionais dos Cefapros. São instrumentos complexos, porém, de fácil compreensão para que todos os envolvidos no processo educativo participem da avaliação. A cada ano, um aspecto da formação continuada é focalizado, com mais intensidade na avaliação: a avaliação é feita de forma geral, por meio de diagnóstico mais regionalizado e globalizado das ações; em outro momento, o foco tem sido direcionado à práticas educativas dos professores formadores dos Cefapros nas escolas.

A coordenação das ações de formação dos Cefapros parte diretamente da Seduc/Sufp e, portanto, nada mais coerente do que estes instrumentos trazerem dados que colaborem para fazer-se a avaliação da política de formação continuada do Estado e dos programas, projetos e ações de formação desenvolvidas pela Seduc na rede estadual de ensino e das parcerias por ela estabelecidas direta ou indiretamente.

Outro diferencial introduzido via Decreto 1.395/2008 está na composição do quadro de recursos humanos da equipe pedagógica dos Cefapros em áreas de conhecimento, ao incorporar as modalidades e especificidades educacionais (diversidades educacionais):

> **Art. 8º** O quadro de recursos humanos dos CEFAPRO's será formado por:
>
> I – Equipe Gestora: um Diretor, um Coordenador de Formação Continuada e um Secretário, nos termos Art. 5º da Lei nº 8.405/05 e terá dedicação exclusiva, nos termos da Lei Complementar nº 159, de 18 de março de 2004;
>
> II – Equipe Pedagógica: composta por professores efetivos e selecionados da rede pública de ensino para atuar

nas seguintes áreas de conhecimento: Linguagem (com graduação em Letras, Artes ou Educação Física); Ciências Humanas e Sociais (com graduação em História, Geografia e/ou Filosofia); Ciências da Natureza e Matemática (com graduação em Matemática, Biologia, Química ou Física); Área de Alfabetização (com graduação em Pedagogia);

§ 1º Os CEFAPRO's poderão contar na composição de seus quadros, com professores formadores efetivos da rede estadual de ensino que atenderão às modalidades e especificidades (diversidade) da educação básica, de acordo com as definições políticas pedagógicas e diretrizes curriculares da SEDUC (EJA, Educação Étnico Racial, Educação Indígena, Educação Especial, Educação do Campo). (Seduc-MT, 2008)

Esta retrospectiva histórico-legal permite compreender e esclarecer a concepção da formação continuada desejada e a estrutura física, administrativa e profissional dotada aos Cefapros. Pela estrutura administrativa e pedagógica é possível fazer uma leitura de que as funções foram pensadas especialmente para o desenvolvimento da formação continuada apontada como necessária pela política de formação continuada para os profissionais da educação básica do Estado de Mato Grosso. E isto requer concepção e materialização de uma arquitetura escolar diferenciada da das unidades escolares e da administração central. Tendo como ênfase aspectos da formação que contemplassem como foco as necessidades formativas decorrentes das atividades dos profissionais em serviço; uma concepção de formação continuada que possibilite a articulação do desenvolvimento pessoal com o profissional, compreendidos como processos contínuos e ininterruptos, orientados pela concepção metodológica dialética que permite responder ao dinamismo da prática educativa, às contradições de seu contexto e orientar para a sua transformação.

Neste sentido, o papel destinado aos Cefapros, como consta na Política de Formação dos Profissionais da Educação Básica, é desafiador:

[...] ajudar os profissionais a garantir melhores condições para a realização do seu trabalho e buscar continuamente aprendizagens significativas para si e para os alunos, os Cefapros tomam a prática da escola (suas necessidades formativas) como referência para a formação, articulando a formação inicial com o desenvolvimento profissional, visando favorecer a relação entre o desenvolvimento da escola e o dos profissionais que nela atuam. Organizam e promovem as ações no interior das escolas por meio de projetos desenvolvidos nos horários reservados às atividades pedagógicas, tendo como princípio o fortalecimento da identidade profissional e pessoal, embasada no desenvolvimento das competências na arte de ensinar e aprender. Com o apoio do Cefapro do seu pólo, cada escola pode elaborar e executar o seu próprio projeto de formação continuada, num processo de construção coletiva. (Seduc-MT, 2010, p. 20)

E, ainda, algumas "funções" (papéis) foram definidas, por meio da referida política, para o cumprimento de suas finalidades, os Cefapros têm de:

- diagnosticar necessidades, apoiar e propor ações formativas junto às escolas da rede pública de ensino;

- elaborar, acompanhar e avaliar o projeto de formação continuada nas escolas, contribuindo para o desenvolvimento dos profissionais que nela atuam;

- estimular, divulgar e realizar ações inovadoras, através da troca de experiências, da reflexão e pesquisa sobre a própria realidade educativa;

- diagnosticar as necessidades e propor projetos de áreas específicas, visando à qualidade do ensino e da aprendizagem;

- responder as necessidades de melhorar os projetos formativos nas escolas e co-responsabilizar todos os envolvidos nesse processo;

- disseminar as políticas públicas nacionais e estaduais de formação inicial e continuada em todo o território matogrossense;

- mediar as necessidades formativas e as políticas oficiais, fortalecendo e dinamizando a rede de formação. (Seduc--MT, 2010, p. 22)

Tais ações de atendimento são apresentados como resultado de diagnósticos de necessidades formativas realizadas pelos Cefapros e escolas, através da apresentação de projetos de formação continuada provenientes das unidades escolares, constando as necessidades formativas, o número de profissionais a serem atendidos, a área de atuação docente e o cronograma de execução da formação. Projetos e/ou programas de formação continuada da escola, muitas das vezes, são desenvolvidos em parceria com outras instituições que têm como objeto a formação continuada de profissionais da educação básica (universidades, por exemplo).

Finalmente, ao falar-se em formação continuada, convém ressaltar que, em conformidade com a Lei de Diretrizes e Bases da Educação Nacional, a formação dos profissionais da educação deve ter três fundamentos principais para assegurar que o profissional possa realizar seu trabalho: o primeiro deles se refere à sólida formação básica que possibilita o conhecimento de fundamentos científicos e sociais das competências profissionais; o segundo se refere à necessária associação entre teorias e práticas nos processos formativos, incluindo estágios e capacitação em serviço; o terceiro está relacionado ao aproveitamento da formação e das experiências anteriores desenvolvidas tanto em instituições de ensino quanto em outras atividades (Brasil. Lei 9.396/1996, art. 61, § único).

Síntese da Estrutura Organizacional/Funcional

Criados como espaços pedagógicos (*unidades escolares*) em 1997, que podiam ser até alocados em uma Escola ou em prédio próprio, os Cefapros passaram a ser *unidades administrativas* em 2005, por força da Lei 8.405/2005. Esta nova estrutura torna mais complexa a condição dos Cefapros e cria um problema de identidade dos professores formadores que atuam nestes centros, porque não são unidades pedagógicas como as escolas (perde-se a vinculação com o ensino escolar tradicional, que requer lotação em uma unidade pedagógica chamada Escola), os Cefapros são unidades pedagógico-administrativas (executando serviços burocráticos centrais), não há uma lotação inicial nos Cefapros, o seu quadro vem das Escolas, por meio de um processo seletivo – este é o dilema identitário que se vive! A atual estrutura organizacional dos Cefapros é composta administrativamente por:

1. Conselho Deliberativo do Cefapro (CDC)
 1.1. Presidente;
 1.2. Secretário;
 1.3. Tesoureiro.
2. Equipe Gestora:
 2.1. Diretor;
 2.2. Coordenador de Formação Continuada;
 2.3. Secretário.
3. Equipe Pedagógica, composta por Professores Formadores distribuídos nas seguintes áreas de conhecimento:
 3.1. Linguagem (Letras (línguas), Educação Física e Artes);
 3.2. Ciências Naturais e Matemática (Biologia, Química, Física e Matemática);
 3.3. Ciências Humanas e Sociais (História, Geografia, Filosofia e Sociologia);
 3.4. Alfabetização (Pedagogia);
 3.5. Diversidades da Educação Básica (Educação do Campo, Quilombola, Indígena e de Jovens e Adultos-EJA);
 3.6. Área 21 – Técnico e Apoio Administrativos Educacionais (também chamado de Eixo Profissional);
 3.7. Tecnologia Educacional[7].
4. Equipe Técnica e de Apoio Administrativo Educacional.

---

7. É necessário ressaltar que as duas últimas áreas de conhecimento (a 21 e a de Tecnologia Educacional) não foram constatadas nos dispositivos legais dos Cefapros consultados como áreas de conhecimento, o mesmo vale dizer para a modalidade de Educação Quilombola, que não fora mencionada na área de Diversidade, no entanto, a prática nos Cefapros as constitui como tais. Alguns dispositivos legais de criação de alguns Cefapros mencionam o uso das novas tecnologias no rol das finalidades legais dos Cefapros, mas não na condição de área de conhecimento.

As áreas de conhecimento nem sempre são atendidas em todos os 15 polos, não só em virtude da falta de docentes para atuarem nelas, mas também por questões financeiras que pode gerar. Os membros do Conselho Deliberativo do Cefapro são: um Diretor, um Secretário, um professor formador, um representante dos servidores administrativos do centro e um professor efetivo do quadro de uma das Escolas atendidas pelo Cefapro (Mato Grosso, Decreto nº 1.395/2008).

Considerações finais

Podemos afirmar que tanto a formação quanto as aprendizagens e práticas dos profissionais da educação dependem de uma sólida formação inicial e de um contínuo desenvolvimento ao longo de toda a vida. Parece-nos que é nesta concepção que se pauta a proposta de formação dos Cefapros, da formação ao longo da vida profissional, uma busca constante para integração teoria e prática no fazer cotidiano, pois "[...] a formação se constrói através de um trabalho de reflexibilidade crítica sobre as práticas e de reconstrução permanente de uma identidade pessoal [...]" (Nóvoa, 1992, p. 93-114), daí inferirmos que é da natureza da profissão docente o formar-se continuamente.

Neste sentido, os profissionais da educação básica não apenas devem refletir sobre a própria prática educativa, mas fazer críticas e construir suas próprias teorias à medida que refletem, coletivamente, sobre seu ensino e a sua gestão: o fazer pedagógico, considerando as condições sociais, políticas, econômicas e religiosas que influenciam direta ou indiretamente em suas práticas educacionais. A formação dos profissionais da educação básica deverá, então, enfatizar a *escola como unidade básica* de mudança e formação escolar integral dos cidadãos, nas suas dimensões individual e coletiva e o desenvolvimento profissional como um conjunto de processos que possibilitará a interrelação dos diferentes contextos formativos e das diferentes dimensões: pessoais, profissionais, institucionais, organizacionais e socioculturais que constituem a profissionalidade do docente/educador (Garcia, 1999; Monteiro, 2003, p. 177).

Assim, podemos dizer que é no dia a dia da escola que os profissionais têm a oportunidade de refletir sobre sua ação educativa (reflexão-ação-reflexão), promover sua atualização e aprofundar seus conhecimentos contextualizados. Portanto, a formação continuada deveria significar seu envolvimento em estudos contínuos e sistemáticos.

Reflexões

Diante do exposto até o momento podemos inferir que os Cefapros tiveram desde sua origem (1997) como foco principal o estudo coletivo, a partir do contexto da escola. E estrutura organizacional e em rede diferencia os Cefapros-MT dos demais centros de que temos notícias no cenário nacional e/ou internacional. Essa característica pode, naturalmente, gerar inseguranças nos responsáveis pelo processo de formação continuada, de tal forma que se sintam, em alguns momentos, inseguros ou que se "desviem" do foco: que é o de partir do contexto da escola e passem a ofertar cursos pontuais sem um diagnóstico mais preciso das necessidades formativas e de intervenção escolar.

Os professores formadores dos Cefapros, selecionados para mediar a formação continuada dos profissionais das escolas de educação básica, são oriundos dessas mesmas escolas. Esta origem dos profissionais que compõe os Cefapros é particularmente relevante não somente para a sua composição, mas por trazer vantagens e desvantagens ao seu fazer pedagógico: dessa dimensão dialética surge a síntese inovadora. Consideramos como vantagem o fato de os professores formadores terem sua origem profissional na escola, o que uma segurança epistemológica por saber de onde e para onde estão falando. Como desvantagens, verificamos que em algumas situações é extremamente necessário aos professores formadores um distanciamento metodológico e epistemológico desse *locus*, para que possam enxergar as necessidades que a própria escola não vê. O que muitas vezes não acontece é enxergar a nossa realidade de dentro para fora e vice-versa, analisá-la para interpretá-la, compreendê-la melhor para reconstruí-la. Se isto não ocorre é porque está diretamente envolvido com o contexto interno apenas.

Há outro momento bastante significativo para o desempenho da *função do Professor Formador*. É o momento em que as necessidades formativas do ensino da Educação Básica nas escolas estão voltadas para suas áreas do conhecimento, etapas e modalidades de ensino – saberes que os professores formadores dominam. Com o tempo, no entanto, as demandas por novos saberes foram se ampliando para campos de políticas públicas, novas tecnologias, aspectos epistemológicos, filosóficos e metodológicos, transformando-se em verdadeiro desafio para os professores formadores e necessitando também de intervenção formativa.

A formação continuada dos professores formadores é de responsabilidade da Superintendência de Formação dos Profissionais da Educação Básica (Sufp/Seduc-MT), a qual, em seus primórdios, foi realizada predominantemente através da parceria da Seduc com Instituições de Ensino Superior, através da contratação de consultores das diversas áreas de conhecimento, etapas de ensino e modalidades, o que satisfazia as necessidades formativas pelas características da demanda em um determinado momento.

Entretanto, a educação básica das escolas de Mato Grosso impõe aos Professores Formadores dos Cefapros alguns desafios que suplantam essa formação continuada dada até então, porque a realidade demonstra necessidades de se investir na consolidação de um *Programa de Formação de Professores Formadores da Educação Contínua na Escola*, contínuo e consistente, contemplando temas como formação continuada dos profissionais da educação, gestão, currículo, metodologia e avaliação, etc.; um programa voltado para o aprofundamento nos campos epistemológicos, filosóficos e metodológicos das áreas de conhecimento e das especificidades de atuação. Conforme se apresentam novas demandas, se apontam e sistematizam novas necessidades formativas dos profissionais; o que reforça a urgência da implementação de momentos formativos para os profissionais que atuam nos Cefapros, fundamentais para o alcance dos objetivos educativos propostos.

Assim como os professores formadores dos Cefapros, as funções de Coordenador de Formação Continuada e Diretor do Cefapro são ocupadas por profissionais docentes efetivos da rede pública, com pós-graduação em Educação e atribuições que, em um primeiro momento, parecem muito óbvias e coerentes. Porém, estas atribuições não são tão tranquilas, quando falamos de Centros de Formação Continuada, principalmente quando nos enveredamos nesta ceara não tão resolvida quanto é a formação continuada de profissionais da Educação Básica. Assim, os Coordenadores de Formação Continuada e Diretores dos Cefapros se deparam com desafios que estão além de sua formação inicial, portanto, necessitam também de um *Programa de Formação de Gestores dos Cefapros* que lhes permita, no exercício de sua função, acompanhar a evolução sofrida pelos Centros. Os dois programas formativos deveriam ser alicerces para o exercício das suas funções de professor formador, coordenador de formação continuada e diretor de Cefapro, pois os docentes precisam conhecer e se apropriar antes dos fundamentos filosóficos (epistemológicos), metodológicos, políticos e administrativos das funções que irão exercer para poder contribuir de forma eficiente, eficaz e efetiva (3f) com os processos educacionais, sobretudo geração de aprendizagem. A mesma necessidade formativa se aplica aos Secretários, Técnicos Administrativos Educacionais e pessoal de apoio administrativo educacional, pois cremos que todos os envolvidos na consecução de uma atividade devem conhecê-la, saber as finalidades da atividade pedagógica.

Uma mudança que em princípio parece simplesmente uma questão de nomenclatura ocorreu a partir de 2009, quando o

"*Projeto Sala de Professor*" foi alterado para "*Projeto Sala de Educador*". A partir desta alteração, o que se propôs foi a participação de todos os profissionais (docentes e não docentes) da educação básica no "*Projeto Sala de Educador*", trabalhando na concepção de que todos que estão nas unidades escolares são educadores, de certa forma. O desafio com que se depara agora é de caráter metodológico: o que e como fazer para ampliar a participação desses profissionais nas discussões, com momentos gerais e específicos, conforme a atuação de cada um? Dentre as dificuldades iniciais encontradas, está o fato de os profissionais não docentes não disporem de hora-atividade para se dedicarem aos estudos e reflexões sobre as ações educativas. Daí a necessidade de compreensão e sensibilidade (bom senso) dos gestores das unidades escolares, para proporcionar a estes profissionais a possibilidade de momentos periódicos e contínuos de estudos na "*Sala de Educador*".

Os Cefapros foram criados sob a concepção de que a formação continuada deve ocorrer no cotidiano da escola e foi em virtude desta compreensão que, dos seus primórdios até hoje, as ações dos Cefapros foram focadas no acompanhamento dos encontros que ocorrem na "*Sala de Educador*" nas unidades escolares. O "*Projeto Sala de Educador*" precisa ser compreendido e assumido pelos profissionais da escola como sendo o seu projeto de formação continuada, desde o seu planejamento, execução até a sua avaliação. O papel dos professores formadores consiste em mediar os estudos dos problemas escolares, de orientar, acompanhar e avaliar o projeto também em todos os seus momentos, desde a sua elaboração até a sua conclusão.

O "*Projeto Sala de Educador*" constitui-se no principal foco dos professores formadores, porém, ele não é o único projeto a que eles se dedicam. Eles atendem a uma demanda formativa muito mais ampla, que sempre requer um diagnóstico metodologicamente orientado. Por exemplo: se os dados mostram que em determinada região os alunos estão com dificuldades em determinada área de conhecimento e/ou disciplina, poderá ser elaborado um projeto de intervenção que venha a contribuir com a superação de tais dificuldades. Esta demanda formativa é diagnosticada a partir das necessidades formativas educacionais apresentadas pelos profissionais ou discentes das escolas, para qual são traçadas as estratégias que venham a atender à demanda.

Dentro dos Cefapros também funciona a *"Sala do Formador"* espaço destinado aos estudos para os professores formadores e sua equipe e gestão. E, considerando que os Cefapros têm a função de realizar pesquisas, então, esse espaço (*Sala do Formador*) é propício para alocar grupos de estudos e pesquisas.

Diante do que foi exposto neste texto, resta-nos dizer que o arcabouço legal que reveste os Cefapros acompanha o processo sócio-histórico da Política de Formação adotada pelo Estado de Mato Grosso e para compreendê-lo é necessário também acompanhar a evolução dos dispositivos legais e dos momentos históricos e políticos em que eles foram criados. Com isso, aproveitamos a oportunidade para alertar o leitor de que não foi objetivo nosso neste trabalho fazer uma análise histórico-política, algo que pode ser feito em outra oportunidade, requerendo um levantamento histórico, documental e oral.

Finalmente, resta-nos dizer que uma das características de todo projeto inovador (em políticas públicas ou em outras áreas) é o da sua flexibilidade e adequação ao contexto em que está inserido, para melhor atender à sua finalidade. A legislação que regulamenta os Cefapros no transcorrer de sua história vem se adequando e carece dessa adequação ao contexto histórico, socioeducacional e político em que os Cefapros estão inseridos; às necessidades formativas das escolas e às políticas educacionais propostas pelo MEC e pela Seduc-MT, sem desvincular-se das suas interações com as instituições de ensino superior e pesquisa, no momento em que as práticas e os saberes são também globalizados.

Referências

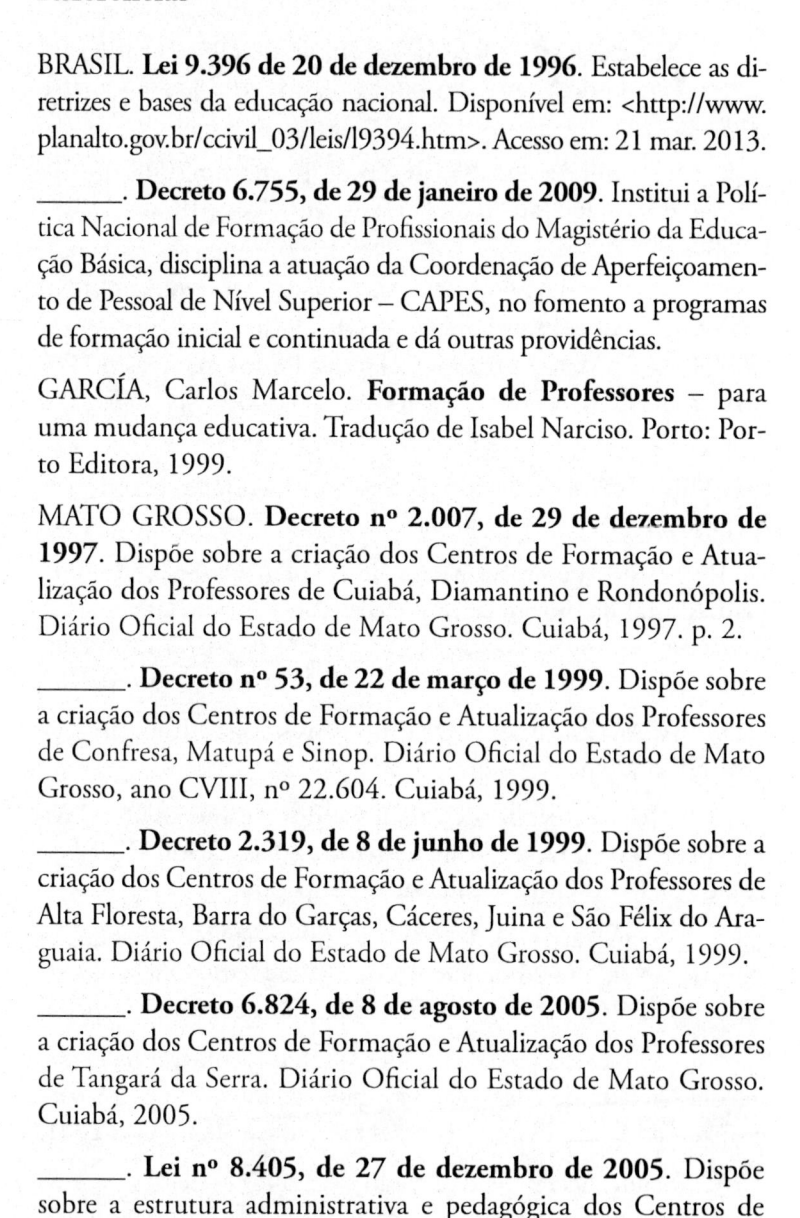

BRASIL. **Lei 9.396 de 20 de dezembro de 1996.** Estabelece as diretrizes e bases da educação nacional. Disponível em: <http://www.planalto.gov.br/ccivil_03/leis/l9394.htm>. Acesso em: 21 mar. 2013.

_____. **Decreto 6.755, de 29 de janeiro de 2009.** Institui a Política Nacional de Formação de Profissionais do Magistério da Educação Básica, disciplina a atuação da Coordenação de Aperfeiçoamento de Pessoal de Nível Superior – CAPES, no fomento a programas de formação inicial e continuada e dá outras providências.

GARCÍA, Carlos Marcelo. **Formação de Professores** – para uma mudança educativa. Tradução de Isabel Narciso. Porto: Porto Editora, 1999.

MATO GROSSO. **Decreto nº 2.007, de 29 de dezembro de 1997.** Dispõe sobre a criação dos Centros de Formação e Atualização dos Professores de Cuiabá, Diamantino e Rondonópolis. Diário Oficial do Estado de Mato Grosso. Cuiabá, 1997. p. 2.

_____. **Decreto nº 53, de 22 de março de 1999.** Dispõe sobre a criação dos Centros de Formação e Atualização dos Professores de Confresa, Matupá e Sinop. Diário Oficial do Estado de Mato Grosso, ano CVIII, nº 22.604. Cuiabá, 1999.

_____. **Decreto 2.319, de 8 de junho de 1999.** Dispõe sobre a criação dos Centros de Formação e Atualização dos Professores de Alta Floresta, Barra do Garças, Cáceres, Juina e São Félix do Araguaia. Diário Oficial do Estado de Mato Grosso. Cuiabá, 1999.

_____. **Decreto 6.824, de 8 de agosto de 2005.** Dispõe sobre a criação dos Centros de Formação e Atualização dos Professores de Tangará da Serra. Diário Oficial do Estado de Mato Grosso. Cuiabá, 2005.

_____. **Lei nº 8.405, de 27 de dezembro de 2005.** Dispõe sobre a estrutura administrativa e pedagógica dos Centros de Formação e Atualização dos Profissionais de Educação Básica do

Estado de Mato Grosso – Cefapros e dá outras providências. Diário Oficial do Estado de Mato Grosso. Cuiabá, 2005. p. 2.

_____. **Decreto nº 7.542, de 5 de maio de 2006**. Diário Oficial do Estado de Mato Grosso, ano CXIV, nº 24.346. Cuiabá, 2006. p. 2.

_____. **Decreto nº 1.395, de 16 de junho de 2008**. Diário Oficial do Estado de Mato Grosso, ano CXVIII, nº 24854. Cuiabá, 2008. p. 1.

_____. **Lei nº 9.071, de 24 de dezembro de 2008**. Cria os Centros de Formação e Atualização dos Profissionais da Educação Básica de Mato Grosso – Cefapros, dos municípios de Primavera do Leste e Pontes e Lacerda, e dá outras providências. Diário Oficial do Estado de Mato Grosso. Cuiabá, 2008. p. 8.

MIZUKAMI, Maria da Graça Nicoletti. **Ensino**: as abordagens do processo. São Paulo: Editora Pedagógica e Universitária, 1998.

MONTEIRO, Filomena Maria de Arruda. **Desenvolvimento profissional da docência**: uma experiência em um curso de Licenciatura de Pedagogia. 2003. Tese (Doutorado em Educação) – Faculdade de Educação da Universidade Federal de São Carlos.

NÓVOA, António. (org.). **Os professores e sua formação**. Lisboa: Editora Dom Quixote, 1992.

SEDUC-MT. Secretaria de Estado de Educação de Mato Grosso. **Portaria nº 052, de 17 de março de 2004**. Diário Oficial do Estado de Mato Grosso. Cuiabá, 2004. p. 34.

_____. SeducSecretaria de Estado de Educação de Mato Grosso. **Portaria nº 02, de 26 de janeiro de 1998**. Diário Oficial do Estado de Mato Grosso, ano CVII, nº 22.322. Cuiabá, 1998. p. 34.

_____. SeducSecretaria de Estado de Educação de Mato Grosso. **Escola Ciclada de Mato Grosso**: novos tempos e espaços para ensinar - aprender a sentir, ser e fazer. 2. ed. Cuiabá: Seduc, 2001.

_____Seduc. Secretaria de Estado de Educação de Mato Grosso. **Política de Formação dos Profissionais da Educação Básica**. Seduc-MT, 2010.

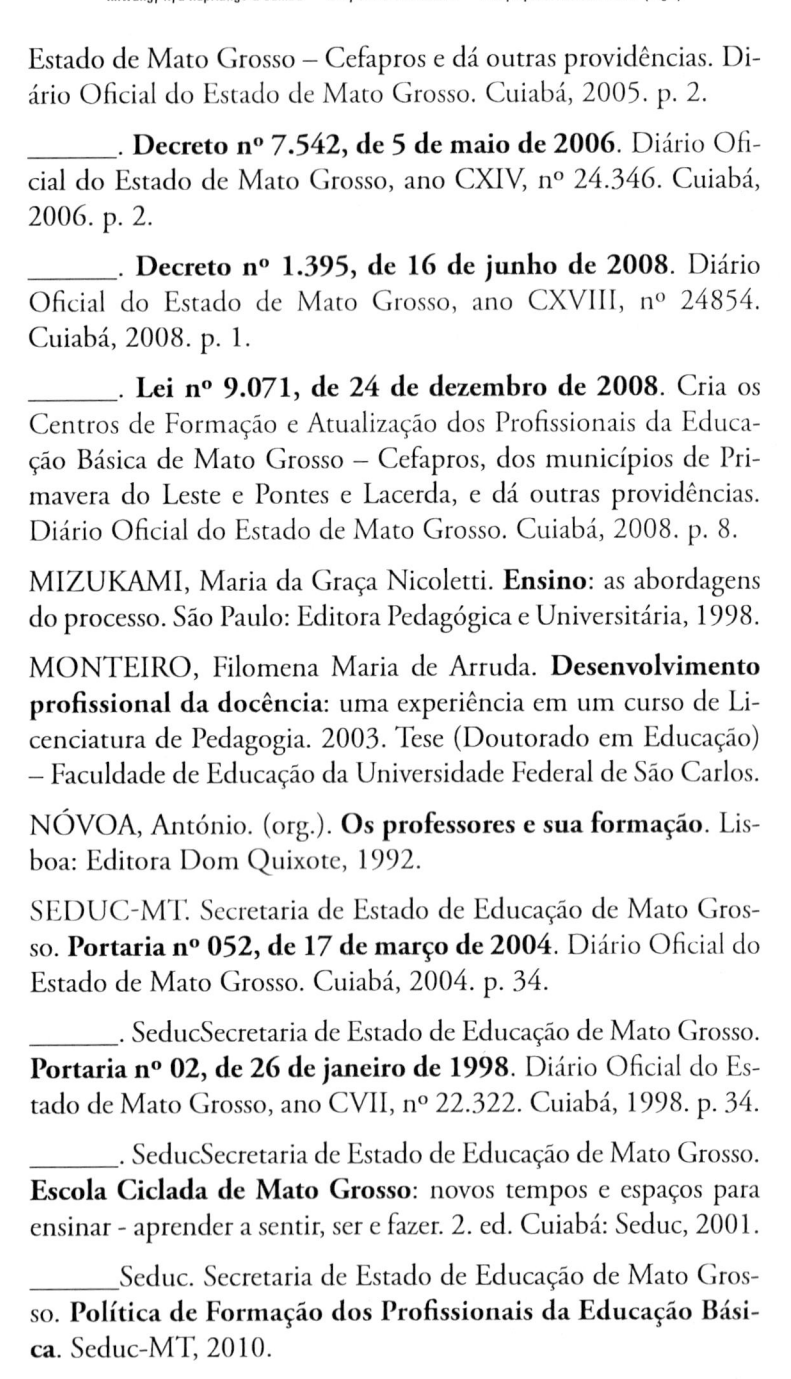

Capítulo 5
FORMAÇÃO DE PROFESSORES – UMA PROPOSTA DE FORMAÇÃO A PARTIR DA REFLEXÃO SOBRE A PRÁTICA DOCENTE

Aparecida Maria de Paula Barbosa Silva[1]

Em minha experiência venho discutindo e problematizando o papel da formação continuada dos professores que atuam na educação básica e a importância da articulação entre os direitos à aprendizagem e ao desenvolvimento humano e a organização do trabalho pedagógico.

Nos estudos realizados, nas diferentes abordagens da formação continuada de professores, considero os grandes desafios de fortalecer a escola como *locus* de formação, articular a prática de ensino, experiência vivenciada em sala de aula, orientação teórica, prática da pesquisa, investigação sobre a própria prática, a ser incorporada na formação continuada dos professores.

A experiência de formação continuada, analisada por vários ângulos e debatida em vários espaços, levou-me a analisar a pertinência de articular o papel da formação continuada, e os direitos à aprendizagem e ao desenvolvimento humano na organização do trabalho pedagógico. Considero que a experiência de sala de aula se configura como instância privilegiada na formação continuada dos professores, destacando o papel que os princípios da pesquisa/investigação podem oferecer como elementos fundantes para o professor repensar a própria prática. Discuto, neste texto, a pertinência de fundamentos da pesquisa/investigação na formação do professor, de modo que a experiência com a prática de sala de aula possa constituir-se em seara fértil para a consti-

---
1. Secretaria de Estado de Educação de Mato Grosso – Seduc-MT.

tuição de uma profissionalidade docente comprometida com a promoção do desenvolvimento do aluno e dos professores.

Os dados aqui apresentados e discutidos referem-se aos registros elaborados a partir dos temas estudados nos encontros de formação na sala de educador, articulados às dificuldades e necessidades vivenciadas em sala de aula. Pretendo, nesse contexto de estudo, investigação, reflexão e ação sobre a própria prática, considerar algumas trajetórias docentes e o reconhecimento das diferentes juventudes da Educação de Jovens e Adultos (EJA) como conteúdos fundamentais para orientar a formação continuada de professores na própria escola.

Neste trabalho, discuto o papel da formação continuada dos professores que atuam na EJA, bem como a articulação entre os direitos à aprendizagem e ao desenvolvimento humano e a organização do trabalho pedagógico. Analiso diferentes propostas de formação, nas quais se articulam compreensões da escola como *locus* de formação, trajetórias docentes e reconhecimento das diferentes juventudes da EJA, no contexto da prática de sala de aula.

Considero que as discussões se inserem em uma perspectiva construtivo-colaborativa, tal como proposta por Mizukami (2002; 2008). A formação tem, na experiência, mais do que uma aliada, uma orientação efetiva nas discussões e planejamentos, indicando seus interesses e necessidades. Considero que essa orientação envolve, principalmente, aspectos éticos, os quais permitem o fortalecimento da formação em serviço, garantindo que as discussões possam ter um caráter mais profissional e que os entraves e desafios possam ser discutidos e redimensionados ao longo do percurso.

Nessa perspectiva, recorro a alguns pesquisadores da área da formação continuada: Tardif (2002), Tardif e Lassard (2008; 2009), Hebert Lessard (2005), Garcia (1997; 1999), Nóvoa (1997), entre outros, e dos princípios estéticos da formação de professores: Amorim (2007), Ponczek (2002), Pereira (1996), Pino (1990; 2006), Schiller (1963), para afirmar que a diversidade e a pluralidade constituem grandes desafios na organização do trabalho pedagógico escolar e, consequentemente, na formação continuada dos professores. Isso precisa ser trabalhado de forma que rompam as barreiras dos preconceitos e discriminações e permitam que o respeito às singularidades e diferenças sejam orientadores do currículo e da organização do trabalho pedagógico.

Minha discussão, neste texto, se apoia na experiência articulando estudo/teoria, formação e prática de sala de aula desenvolvida em uma escola pública, que é um Centro de Educação de Jovens e Adultos – Ceja, "Almira de Amorim Silva[2]", na qualidade de professora, no exercício da docência que quer discutir a importância da investigação sobre a própria prática.

Por isso minhas reflexões são simples, mas pautadas no imenso desejo de que ao longo dos tempos elas sejam fortalecidas e cimentadas pela experiência de investigação sobre a própria prática, orientada pelos princípios da ação, reflexão, ação realizada a partir da sala de aula e desenvolvida em uma proposta curricular diferenciada para dois diferentes currículos da educação de jovens e adultos. Em uma situação já desenvolvi minha prática de ensino em sala de aula ao longo de um trimestre escolar para os anos finais do ensino fundamental, que oportunizou aos alunos concluírem o 7º, 8º e 9º anos, envolvendo todas as disciplinas de uma determinada área de conhecimento. Nesta experiência, falo especificamente da área de linguagem. Na outra situação, minha experiência de ensino é com os alunos do ensino médio, que concluem seus estudos em um semestre letivo em cada área do conhecimento, sendo um trimestre (três meses) para o primeiro ano e um trimestre para o segundo e o terceiro ano juntos. São duas situações nas quais atuei como professora em sala de aula e que, portanto, trouxeram para as discussões da formação continuada organizada na escola pelo projeto Sala de Educador[3], experiências

---

2. Escola estadual – Centro de Educação de Jovens e Adultos "Almira de Amorim Silva".
3. Projeto de Formação Continuada de Professores da Educação Básica, que considera a escola como locos de formação.

comuns da sala de aula que pudessem dialogar com as ações do trabalho pedagógico da escola.

Nas duas diferentes experiências, ensino fundamental e ensino médio, foi constituído um grupo de estudo, que deveria elaborar um projeto articulado com a proposta curricular da escola. Cabe ressaltar que nas duas experiências estive envolvida efetivamente em todos os momentos (planejamento, observação, intervenção, avaliação, etc.). Nos dois casos também pretendo replicar a dinâmica da realização metodológica da prática de ensino em duplas (constituindo uma equipe com a coordenação pedagógica da escola e sob a minha orientação como mediadora do grupo de estudo da Sala de Educador), e principalmente, garantir as condições para que a articulação entre os estudos, as investigações e as intervenções nas práticas de sala de aula sejam elementos constitutivos da formação docente para o ensino médio e também para os anos finais do ensino fundamental.

Em ambas as situações, a proposta de estudo estava articulada à prática de sala de aula e foi construída em parceria com a equipe pedagógica do Ceja "Almira de Amorim Silva". Nesse espaço, em ambos os casos, delineamos um cronograma para a realização das atividades relacionadas à organização curricular do Ceja, o qual deveria atender a ambos interesses e puderia resultar em ações positivas e construtivas para as práticas educativas dos professores e da escola com os jovens e os adultos envolvidos. Tal como proposto por Mizukami, pautei os registros de narrativas das nossas experiências em sala de aula, as quais foram analisadas sob a perspectiva da análise de conteúdo (Bardin, 2008).

Entendo a investigação da própria prática como parte integrante da formação do professor. Portanto, elaborei junto com os professores do grupo de estudo da Sala de Educador uma concepção de investigação aliada à experiência da intervenção pedagógica. Ou seja, a realização da nossa prática em sala de aula, nos desafiando como uma situação a ser compreendida e avaliada por todos nós envolvidas. Nesse movimento, nós professores nos envolvemos com um tema que coaduna com os objetivos propostos para a formação do professor na Sala de Educador, com o que prevê as Diretrizes Curriculares Nacionais da Educação Básica, e as Orientações Curriculares das Diversidades Educacionais, focando a educação de Jovens e adultos, no que tange à prática pedagógica do professor em sala de aula para os anos finais do ensino fundamental e para o ensino médio. Esses documentos, ao sinalizarem a construção de competências, a reflexão contextualizada, o estudo e interpretação da realidade educacional, a avaliação das experiências e autoavalição para a formação do professor, vem abrindo caminhos para o entendimento de que a investigação da nossa ação em sala de aula e a formação estética, articuladas à proposta pedagógica curricular constituem-se em elementos dos saberes necessários ao exercício, à profissionalidade da docência e ao desenvolvimento profissional do educador.

A proposta de uma formação estética, aliada à formação continuada de nós professores de sala de aula, não tem sido muito desenvolvida pelos formadores, neste sentido, defendo que as temáticas estudadas na Sala de Educador tragam à tona essa perspectiva para o currículo na formação continuada de professores. Assim como Bakthin,

> Consideramos que cada ação do homem constitui-se em uma experiência única, que reflete suas percepções mais idiossincráticas, estas constituídas ao longo de sua trajetória de vida.
>
> Da mesma forma, o professor, ao assumir o seu papel de mestre, de mediador, de orientador, ao mesmo tempo em que experiencia algo novo a cada atividade docente, traz consigo as marcas que o formaram e que estão arraigadas ao seu modo de ser e de fazer. Entretanto, por mais que sejam particulares e pessoais, as experiências se efetivam em espaços coletivos, repletos de valores que superam os limites do individual.
>
> Consideramos que esses valores constituem-se coletivamente, a partir das relações que vão sendo articuladas, em espaços e tempos determinados. (Bakthin, 1997, p. 318)

De acordo com essa perspectiva, os estudiosos da área discutem que os aspectos valorativos são essencialmente coletivos, originados em contextos históricos determinados e formam a base das instituições e das normas, constituindo o corpo de ideias de uma dada cultura. Para os pesquisadores a cultura em que vive a pessoa, o conjunto de valores, representa o padrão referencial básico para a pessoa, que qualifica a própria experiência pessoal e tudo a que a pessoa aspire ou o que faça, quer tenha ela consciência ou não.

Nesse sentido, abro um parêntese para uma reflexão que considero muito importante sobre a discussão da formação estética dos educadores. Quero chamar a atenção para o caráter ditador da formação continuada sobre o modo de ser do professor, referindo-me à experiência vivenciada na proposta de formação da Sala de Educador como redutora da experiência subjetiva a projetos, carga horária computada para contagem de pontos, no processo de atribuição de classes e aulas, e, consequentemente, certificação de formação pontual.

A Superintendência de Formação – Sufp/Seduc/Cefapro[4] tem reduzido toda importância da experiência coletiva na escola a um processo de corrida individual – uma imagem culinária adequada ao ideal subjacente do consumo consciente. Em sua avidez de abraçar a experiência, a Seduc/Sufp/Cefapro passa a servir um cardápio como substituto para ela. Assim fazendo, contudo, essas instituições meramente compõem as fraquezas intelectuais dos professores – não obstante, suas pretensões de prepará-los para a "profissionalidade docente". Não só a formação continuada da forma que está posta colabora para o desânimo dos professores, mas também os incapacitam emocionalmente, sobrecarregando--os e tornando-os incapazes de enfrentar a experiência sem re-

---

4. Sufp – Superintendência de Formação dos Profissionais da educação Básica do Estado de Mato Grosso, é o setor responsável pelos encaminhamentos das ações da política de formação continuada, Seduc- Secretaria de estado de Educação, junto aos Cefapros – Centros de Formação dos Profissionais da Educação Básica, responsáveis pela execução da política de formação continuada junto às escolas públicas.

correr a livros didáticos, textos/metodologias prontas e pontos de vista pré-dirigidos. Longe de preparar o professor investigador da própria prática, a formação continuada na Sala de Educador torna-os expectadores e incapazes de encarar a formação continuada como aliada da sua experiência na sala de aula.

Sobre esse assunto, recorro a Larrosa (2001) na crítica à problemática da contagem de créditos da formação inicial (acadêmica) em detrimento da experiência, adaptando sua advertência para o que pretendo apontar como problemática na formação continuada da forma que tem chegado à escola e, consequentemente, nos professores.

> Quando se redige o currículo, distingue-se formação acadêmica e experiência de trabalho. Tenho ouvido falar de uma certa tendência aparentemente progressista no campo educacional, depois de criticar o modo como nossa sociedade privilegia as aprendizagens acadêmicas, pretende implantar e homologar formas de contagem de créditos para a experiência adquirida no trabalho. Por isso estou muito interessado [...] em criticar qualquer contagem de créditos para a experiência, qualquer conversão da experiência em créditos, em mercadorias, em valor de troca. (Larrosa, 2001, p. 4)

Como trato aqui da formação continuada dos professores da educação básica, na Sala de Educador, que diz ter a escola como *locus* de formação, e nisso eu acredito e defendo, reflito e faço o seguinte questionamento a partir da minha experiência na escola como mediadora do grupo de estudos dos professores, na Sala de Educador na escola: como é possível distanciar tanto a formação da realidade da escola, da experiência de sala de aula, das expectativas e necessidades formativas dos professores, quando o que se pretende é chegar até eles? Pois bem, dentre muitos aspectos impossíveis de serem trabalhados neste texto, ressalto que a quantificação, a fim de transformá-la em objeto negociável na formação continuada de professores, reduzindo a experiência a números de pontos creditados no banco de atribuição de classes e aulas, parece mesmo combinar com as grades do currículo conteudista, sob o jugo de que tais experiências estão.

O autor faz um elogio à experiência como via de acesso do homem a si mesmo, como um lugar em que o homem, enfim, deixa o mundo acontecer-lhe, experienciando-o e, então, fazendo dele um aprendizado incorporado e próprio. Pois "se a experiência não é o que acontece[5], *duas pessoas ainda que enfrentem o mesmo acontecimento, não fazem a mesma experiência. O acontecimento é comum, mas a experiência é para cada qual sua*" (Larrosa 2001, p. 7). A concepção da formação humanista (educação como formadora do homem) vai ao encontro destas colocações, na medida em que pretende pensar uma educação estética, na formação continuada de professores, em que os conteúdos não sejam informacionais, mas sentidos, refletidos, feitos carne. E que as instituições propositoras de políticas de educação e formação, executoras e formadoras de professores saiam dos palanques, gabinetes, de onde muito se falam, muito se veem, muito se especulam e se determinam; que essas instituições sirvam de palco para que as ações/experiências das escolas, dos professores em suas salas de aula, sejam representadas e apresentadas à política de formação continuada dos educadores das escolas públicas.

O que se pretendeu até aqui foi delinear um perfil da formação continuada, no projeto sala de educador, no que se refere à maneira imbricada com que se relaciona com a escola e com os professores, sem considerar suas experiências de sala de aula, suas necessidades formativas e seus interesses, e, a partir disto, mais do que entender o porquê da situação atual da formação continuada descaracterizada (a obviedade da situação salta aos olhos de qualquer um que olhar pela ótica da escola), intenta-se propor um caminho na contramão (e não se trata de engatar a ré, mas seguir olhando para frente!). Nesse intento, ressalto a seguir

---

5. Grifos meus.

a importância da prática de sala de aula e os princípios estéticos da educação para a formação continuada de professores.

Prática de sala de aula e investigação centrada na formação docente

Essa referência explica como a realidade é esteticamente percebida e estruturada pelo professor, de maneira que sua flexibilização permitirá uma atitude crítica em relação à própria realidade. A atenção, portanto, às questões estéticas torna-se essencial quando tratamos de formação de professores.

De acordo com Vigotski (1999), a percepção estética supõe um movimento que envolve contradição, transformação:

> [...] a natureza da arte sempre implica algo que transforma, que supera o sentimento comum, e aquele mesmo medo, aquela mesma dor, aquela mesma inquietação, quando suscitadas pela arte, implicam o algo a mais acima daquilo que nelas está contido. (Vigotski, 1999, p. 307)

Buscamos, portanto, sem muito aprofundamento teórico, tratar aqui de uma concepção dialética e transformadora da estética. Essa concepção dialética de estética contempla, ao mesmo tempo, a imaginação e o ato criador, ampliando a ideia de uma estética que apenas instrumentalize o homem para perceber o belo ou a arte. Para Vigotski, a estética origina-se da imaginação, permitindo ao homem organizar o meio no qual está inserido. Configura-se um circuito a partir de uma operação dual na qual, ao mesmo tempo em que a pessoa forja o conteúdo dado, seus sentidos são desafiados.

Ao desafiar seus sentidos e se defrontar e se implicar com um novo conteúdo, o homem transforma-se, modificando não só suas considerações sobre o novo, mas suas próprias percepções. De tal forma que, nessa compreensão, a estética não é um campo restrito à arte, mas abrange múltiplas situações do cotidiano do professor. A vivência analisada e gerenciada é o resultado do cuidar e do reelaborar a percepção. Por isso reconheço que apesar de essa ser uma perspectiva teórica, que orientou e orienta a minha discussão e a investigação da minha prática, não farei nesse momento o aprofundamento teórico necessário. Somente quero reforçar a ideia de que o pensamento dialético parece ser capaz de delimitar o caráter contraditório e paradoxal do significado atribuído à estética, articulando a natureza e a cultura, o material e o simbólico. E tudo isso está imbricado no fazer docente.

Dando continuidade ao intento de seguir olhando para frente e ressaltando a importância de caracterizar a formação continuada, no projeto Sala de Educador, a partir das necessidades formativas da escola e dos professores, trato a seguir da experiência de formação vivenciada no Ceja, conforme mencionei anteriormente.

A Prática na sala de aula no Ceja "Almira de Amorim Silva" e as perspectivas da formação continuada de professores

A prática de sala de aula no ensino médio e nos anos finais do ensino fundamental, na educação de jovens e adultos deveria permitir uma verdadeira imersão dos professores no contexto escolar. Nessa perspectiva cabe refletir sobre os seguintes questionamentos: é necessário integrar a formação continuada voltada ao objetivo de formar professores para atuar especificamente na Educação de Jovens e Adultos – EJA? Ou é necessário a formação continuada de professores contemplar uma dinâmica curricular mais pensada e elaborada com base na função social própria da educação, que pressupõe saber desenvolver ações pedagógicas que favoreçam as novas gerações na apreensão de conhecimentos para consolidar valores e práticas coerentes com a vida civil?

Sabe-se que, por mais contraditório que pareça, a formação continuada de professores poucas vezes analisa e considera, efetivamente, o espaço escolar, a instituição escolar, a organização pedagógica, as trajetórias docentes e as diferentes juventudes, como elemento fundante e, como tal, como conteúdo a ser apreendido e dinamizado na experiência de formação de professores. Por isso concordo com as pesquisas que apontam para a realidade de que há pouca reflexão sobre a prática do professor e da escola, e há uma queixa constante entre os distanciamentos das teorias e dos conteúdos de formação e a realidade do professor e da escola.

Os pesquisadores da área da educação afirmam que a escola é uma realidade dinâmica, complexa, preexistente e constitui-se como elo de mediação entre as propostas de formação docente e a prática dos professores. Para compreender o que representa a instituição escolar, é preciso levar em conta as condições materiais da escola, os saberes do professor e o cruzamento da biografia pessoal e história social. Na perspectiva desses estudos, há uma tendência de enfocar o professor isoladamente, separando-o do contexto em que trabalha e, portanto, responsabilizando-o pelos resultados da educação (e, em minhas análises, posso afirmar que essa premissa se confirma tanto nas reflexões que destacam experiências bem-sucedidas, quanto as de fracasso escolar).

Essas pesquisas trabalham com a ideia de que a escola, por ser uma instituição, está determinada por normas prescritas, entretanto, também determinam as não prescritas, as não oficiais, as implícitas. Para os pesquisadores, a escola é o contexto pertinente para compreender a prática docente e o conceito de instituição. Na perspectiva que essas pesquisas apontam, há uma enorme distância entre "norma e a realidade", e por isso as pesquisas deveriam se centrar na materialidade histórica e cotidiana das escolas e o caminho deveria ser trilhado levando em conta as condições materiais da escola, os professores como sujeitos e a história que é capaz de dar conta da heterogeneidade que encontramos na prática docente.

Nesse sentido, confirmo em meu estudo que, apesar de grande parte da nossa formação ocorrer na escola, pouco ou quase nada se compreende dela. Sobre isso os pesquisadores da área analisam que:

Este processo é tão informal e se encontra tão sutilmente integrado à trama social da escola, que é difícil distingui-lo do fluxo cotidiano, composto de numerosos pequenos intercâmbios entre professores, de consultas ou reflexões que se incorporam às decisões diárias sobre o próprio trabalho docente. (Rockwell; Mercado, 1999, p. 125)

Ao trabalharem a ideia da formação de professores no contexto da escola, vários autores nos chamam a atenção para o fato de que o *saber ser professor* implica a apropriação não somente de conteúdos e de teorias pedagógicas, mas também de uma quantidade de elementos mais sutis e implícitos nesses pontos nos quais se cruzam o afetivo e o social com o trabalho intelectual, os saberes inerentes.

Nesse sentido, chamam a atenção também, para o fato de que é preciso considerar que a prática docente carrega em si marcas de todo tipo de tradições pedagógicas que têm origem em diferentes momentos históricos; que essa mesma prática pedagógica está em constantes mudanças e não somente incorpora novos elementos propostos, mas também gera a si mesma. Ou seja, ela se desvela e se ressignifica continuamente.

Portanto, para desenvolver a prática de sala de aula e a investigação sobre a própria prática articuladas com a proposta de formação docente, exige conhecimento da prática docente real, histórica e convertê-la em objeto de estudo não supõe uma posição neutra diante da educação, mas sim uma posição crítica que requer o conhecimento sobre a realidade do trabalho docente no contexto em que se realiza.

Durante os estudos da sala de educador, tenho tentado organizar em torno de nossas experiências da sala de aula, formando grupos de quatro a oito pessoas e discutindo nossas experiências vivenciadas em sala de aula, refletindo práticas desenvolvidas com os alunos dos anos finais do ensino fundamental e do ensino médio da EJA, trazendo as reflexões e experiências para o âmbito da formação, aproximando as temáticas estudadas do nosso contexto escolar. Tenho recorrido a algumas reflexões sobre os aspectos que rondam a nossa formação cartesiana para pensar o que muda na nossa prática pedagógica, na perspectiva da formação e do desenvolvimento humano.

Tal formação, caros colegas da Educação de Jovens e Adultos, não pode centrar-se exclusivamente nos conteúdos voltados para o acesso ao ensino superior, quer seja o vestibular ou o ENEM, tão pouco o foco pode ser a formação instrumental para o mercado de trabalho, centrada na lógica das competências para a empregabilidade. Ambas são mutiladoras do ser humano. (Grifos meus, tomando por base o Caderno I – Ensino Médio e Formação Integral, p. 34)

De acordo com Nóvoa (2002):

[...] avançou-se muito do ponto de vista da análise teórica, se avançou muito do ponto de vista da reflexão, mas se avançou relativamente pouco das práticas da formação de professores, da criação e da consolidação de dispositivos novos e consistentes de formação de professores. (Nóvoa, 2002, p. 23)

Considero que nossa experiência de estudo e formação, na proposta da Sala de Educador está orientanda por esse caminho sugerido pelo autor, uma vez que buscamos, justamente através da nossa prática, nossos indicadores para nossa formação docente. Nesse sentido, focamos nas nossas experiências de formação envolvendo o cotidiano do nosso contexto, considerando o cotidiano escolar, com certo estranhamento. Arranhando nossas certezas, distanciamos do comodismo e lançamos um olhar desconfiado e ansioso por compreender as intrincadas relações que permeiam a dinâmica da sala de aula e que podem ou não favorecer a aprendizagem dos jovens e dos adultos envolvidos.

É assim que nós professores do Ceja "Almira Amorim" compartilhamos essa experiência de formação, organizada no Projeto

Sala do Educador, no qual discutimos para além das práticas pedagógicas isoladas com cada professor, além da estrutura organizacional da escola, e do envolvimento dos alunos na proposta curricular; o contexto do processo educativo com vistas à percepção do desenvolvimento estético nas experiências investigadas.

Vale ressaltar que esse é um processo em andamento e as primeiras percepções que tenho do sentido estético estão surgindo no coletivo de professores gradativamente, e provocando proposições para o empreendimento de práticas pedagógicas planejadas coletivamente em projetos de intervenção, envolvendo temáticas do contexto escolar, aproximando o contexto social dos alunos e dos professores.

E assim, em meio a muitas dúvidas, medo e até incompreensão dos colegas, estou aproveitando nosso espaço de formação para expor minhas ideias, ansiedades e questionamentos, que acredito poder nos direcionar para os caminhos da tomada de consciência da nossa própria formação estética, que nos auxiliam na superação das nossas próprias resistências, abrindo espaços para posturas mais envolvidas com a realidade dos alunos no contexto social da educação de jovens e adultos, nesse centro de EJA.

Nesse sentido, levo para nossos encontros de formação reflexões sobre a importância da pesquisa articulada à nossa prática de sala de aula e recorro a Lüdke (2009), que nos alerta sobre alguns questionamentos muito relevantes para refletirmos sobre a pesquisa relacionada à escola, e que adaptamos para refletir sobre a investigação da própria prática dos professores em sala de aula.

> O que conta como pesquisa? O que é levado em consideração por pessoas encarregadas de atribuir ou não recursos a uma pesquisa apresentada por um professor da educação básica, de aceita-la para apresentação em um encontro científico ou de aceita-la para publicação em um periódico? (Lüdke, 2009, p. 120)

Nessa perspectiva, recorro a Herbert-Lessard (2005), quando diz que a prática metodológica de uma investigação científica supõe uma dinâmica constituída, basicamente, por quatro diferentes polos: epistemológico, teórico, técnico e morfológico. Cada um desses polos possui suas especificidades, mas, o fundamental a ser considerado é que eles guardam, entre si, uma articulação intrínseca profunda. Sendo o polo epistemológico, segundo o mesmo autor, "o motor de pesquisa do pesquisador"; o polo teórico, "as instâncias metodológicas em que as hipóteses se organizam e em que os conceitos se definem"; o polo morfológico, "a estruturação do objeto científico" e o polo técnico, "a dimensão em que são recolhidos os dados do mundo real e transformados em dados pertinentes a problemática de investigação"; é que apostamos no imbricamento desses quatro polos no âmbito da formação docente, considerando que tal articulação pode favorecer o que Tardiff (2002) designa de saber docente, definido "[...] como um saber plural formado pelo amálgama, mais ou menos coerente, de saberes oriundos da formação profissional e de saberes disciplinares, curriculares e experienciais" (Tardif, 2002, p. 36).

É claro que não se pode esquecer da crítica anteriormente colocada sobre a descaracterização da proposta de formação continuada, acrescentando, ainda, que a carga-horária destinada à formação não tem dado condições de formar o professor em uma perspectiva mais ampla de formação continuada. O que faço aqui é a provocação para os princípios de uma formação contínua relacionada à dinâmica da nossa prática de sala de aula. Acredito que assim estamos nos instrumentalizando para ficarmos mais atentos as nossas ações, de forma a incorporar fundamentadamente os princípios da investigação, na ação-reflexão-ação, em nossa formação e desenvolvimento profissional e provocar mudanças para a elaboração de uma política de formação continuada que se aproxime o máximo possível dessa perspectiva.

Os depoimentos dos professores envolvidos apresentam indicadores importantes sobre o envolvimento na proposta de formação continuada (que possui como orientação as experiências da prática de sala de aula):

A investigação da minha prática está sendo uma experiência que me possibilita perceber situações de aprendizagem que antes eu não me atentava. Tudo tem me ensinado a resignificar minha prática em sala de aula, estou desconfiada que agora vou aprender ser professora de verdade, mais que todo meu tempo de formação até agora... (Professora Samira, anotações do caderno de campo escrito em 24 de abril de 2015)

Outro depoimento:

Na verdade, considerando as dificuldades da nossa prática, as discussões e os nossos estudos ficaram mais interessantes. Eu confesso que não aguentava mais essa tal Sala do Educador só para cumprir carga horária com discussões que não faziam o menor sentido... O que você faz aqui, professora Paula, é mostrar pra gente outro sentido da formação. (Depoimento da professora Jana em um dos encontros do grupo de estudo da Sala de Educador)

Percebi, por estes depoimentos e por outros que não descrevo aqui, que nós, professores, quando nos colocamos na posição de investigadores da própria prática, e relacionamos os dados da nossa experiência de sala de aula à nossa própria formação, conseguimos atribuir sentidos à formação continuada pelos conceitos trabalhados, porque percebemos nossas práticas de sala de aula atravessadas pelos conceitos das teorias estudadas nos encontros formativos.

Chamo a nossa atenção para o fato de que André (2001) afirma sobre a ação cotidiana de nós professores, que exige tomada de decisões imediatas, o que dificulta a realização de pesquisa científica. E tal como a autora, entendo que o exercício da docência constitui-se em função complexa e cercada por imediatismos, incertezas etc. Em contraponto com a pesquisa científica, que exige coleta e análise sistemática de dados, a partir de sistematização prévia de um projeto de pesquisa com objetivos claros etc. Entretanto, considero que alguns princípios da pesquisa possam ser incorporados na investigação sobre nossas práticas de sala de aula, no cotidiano pedagógico.

Sou consciente de tudo isso, mas como disse anteriormente, minha intenção é a provocação para que, numa postura investigativa e formativa, possamos questionar nossas próprias práticas e dialogarmos com os teóricos da formação continuada de professores, de forma a compreender, em nossa postura pedagógica, os elementos que propiciam melhores situações de aprendizagem para os nossos alunos e para que sejamos capazes de praticá-las com conhecimento de causa.

Nesse sentido, com muito ainda por dizer sobre a perspectiva de formação continuada desenvolvida nos encontros formativos da Sala de Educador, quero tecer algumas considerações sobre a formação estética articulada à nossa prática em sala de aula, refletindo a organização pedagógica da escola, incluindo cada vez mais um olhar atento à dimensão afetivo-relacional. É nesse sentido que considero que o desenvolvimento estético possa constituir-se em diferencial na formação docente, uma vez que o olhar, o sentir, enfim, a postura do professor volta-se para os diferentes aspectos do ser humano. Acredito que isso significa um reforço à formação humanista, promovendo construção de valores interpessoais que agucem os sentidos, que permitam a efetivação de aprendizagens que superem a dimensão técnica, e que investam nas dimensões conceituais e humanas, transpassadas pela ética.

Considerações finais

Este texto teve por objetivo apresentar alguns aspectos dos nossos encontros formativos ocorridos na escola, no Ceja, atendendo à proposta de formação de professores desenvolvida na Sala de Educador. Apresentei, ainda que timidamente, uma perspectiva de investigação das nossas práticas em sala de aula, orientada pelos princípios da formação estética e pelas práticas da investigação, ação-reflexão--ação para o desempenho da profissionalidade docente.

Pretendo com esta experiência considerar que a prática de investigação sobre nossas práticas em sala de aula e a formação estética contribui na constituição dos saberes necessários ao nosso exercício da docência e, portanto, agregam valores fundamentais à nossa formação e autoformação.

Após as análises realizadas através das nossas narrativas orais e dos nossos relatos de experiências registrados nos cadernos de campo, na ocasião dos encontros formativos, posso inferir que a vivência das experiências de investigação sobre as próprias práticas de sala de aula tem contribuído significativamente para a mudança de postura dos professores envolvidos na formação da Sala de Educador, de tal forma que nos movemos por indagações questionadoras das nossas próprias práticas e de toda a organização do trabalho pedagógico da escola.

Também posso inferir que ao pautarmos nossa formação nos princípios estéticos, promovemos a sensibilidade do olhar, do sentir e do agir, e provocamos o estranhamento e a perplexidade diante da realidade do nosso cotidiano escolar. Acredito que, ao desenvolvermos uma formação estética e uma formação baseada nas experiências das nossas práticas em sala de aula como elementos fundantes de nossos saberes docentes, desenvolvemos uma prática reflexiva ao colocarmos nossa própria prática como objeto de análise. Tais pressupostos se confirmam em nossos registros das práticas de sala de aula e nas investigações da própria prática dos professores envolvidos na proposta de formação.

Em função das análises realizadas, posso considerar que a formação estética aliada à prática de investigação, ação-reflexão-ação, na formação docente, constituem-se fatores essenciais para a formação de professores reflexivos e ativos, comprometidos com a promoção de uma educação de qualidade.

Nessa perspectiva, espero seguir em frente bem alerta para o perigo da proposta de uma formação continuada colaborar para a redução da experiência profissional do professor ao mercado de pontos e certificação, como se isso substituísse as necessidades formativas dos professores. É preciso seguir imaginando qual é o passo necessário à formulação de uma política de formação continuada que possa introjetar outros incentivos para o desenvolvimento profissional dos professores e outros modos que possam produzir conhecimentos significativos para a prática docente.

Referências

ANDRÉ, Marli. **O papel da pesquisa na formação e na prática dos professores**. Campinas/SP: Papirus, 2001.

BACHELARD, Gaston. **A Formação do Espírito Científico**: contribuições para uma psicanálise do conhecimento. Tradução de Estela dos Santos Abreu. Rio de Janeiro: Contraponto, 1996.

BAKHTIN, Mikhail M. **Estética da criação verbal**. 2. ed. São Paulo: Martins Fontes, 1997.

BARDIN, Laurence. **Análise de conteúdo**. Lisboa: Edições 70, 2008.

GALIAZZI, Maria do Carmo. **Educar pela Pesquisa**: ambiente de formação de professores de Ciências. Ijuí: Ed. Unijuí, 2003.

GARCIA, Carlos Marcelo. A formação de professores: novas perspectivas baseadas na investigação sobre o pensamento do professor. In: NÓVOA, A. **Os professores e sua formação**. 3. ed. Lisboa: Dom Quixote, 1997. p. 51-76.

HÉBERT-LESSARD Michelle; GOYETTE, Gabriel; BOUTIN, Gérald. **Investigação qualitativa**: Fundamentos e Práticas. 2. ed. Lisboa: Editora Instituto Piaget, 2005.

LÜDKE, Menga. A complexa relação entre o professor e a pesquisa. In: ANDRÉ, Marli. **O papel da pesquisa na formação e na prática dos professores**. Campinas: Papirus, 2001a.

_____. O Professor, seu saber e sua pesquisa. **Educação e Sociedade**, Campinas, ano XXII, n. 74, 2001b.

_____. Convergências e tensões reveladas por um programa de pesquisas sobre formação docente. In: DALBEN, Ângela I. L. de F.; et al. (orgs.). **Convergências e tensões no campo da formação e do trabalho docente**: didática, formação de professores e trabalho docente. Belo Horizonte: ENDIPE; Editora Autêntica, 2010.

_____ (org.). **O que conta como pesquisa?** São Paulo: Cortez, 2009.

LÜDKE, Menga; et al. (coords.). **O Professor e a Pesquisa**. Campinas: Papirus, 2001c. p. 52.

MARCELO, Carlos. **Formação de professores** – para uma mudança educativa. Porto: Porto Editora, 1999.

MEC. **Diretrizes Curriculares Nacionais para o Ensino Médio (DCNEM)**: As bases conceituais para o redesenho curricular.

MIZUKAMI, Maria da Graça Nicoletti; REALI, Aline Maria de Medeiros Rodrigues. **Escola e Aprendizagem da Docência**: Processos de Investigação e Formação. São Carlos: EDUFSCAR, 2002.

MURAKOVSKY, Jan. **Escritos sobre a estética e semiótica da arte**. Lisboa: Editorial Estampa, 1997.

NÓVOA, António (coord.). **Os professores e a sua formação**. Lisboa: Instituto de Inovação Educacional; Dom Quixote, 1997.

PEREIRA, Marcos Villela. **A estética da professoralidade** – um estudo interdisciplinar sobre subjetividade do professor. 1996. Tese (Doutorado em Supervisão e Currículo) – Pontifícia Universidade Católica, São Paulo.

PINO, Angel. A produção imaginária e a formação do sentido estético. Reflexões úteis para uma educação humana. **Pro-posições**, Unicamp, Campinas, v. 17, n. 2, p. 47-69, maio/ago. 2006.

PONCZEC, Roberto Leon. Da bíblia a Newton: uma visão humanística da Mecânica. In: ROCHA, José Fernando (org.). **Origens e evolução das ideias da Física**. Salvador: EDUFBA, 2002.

SCHILLER, Friedrich. **Cartas sobre a educação estética da humanidade**. São Paulo: Herder, 1963.

SCHLINDWEIN, Luciane Maria. Formação de Professores, memória e imaginação. In: DAROS, Silvia Z.; MAHEIRIE, Kátia; ZANELLA, Andréa Vieira (orgs.). **Relações estéticas, atividade criadora e imaginação**: sujeitos e (em) experiência. Florianópolis: NUP/CED/UFSC, 2006.

TARDIF, Maurice. **Saberes Docentes e Formação Profissional**. Petrópolis: Vozes, 2002.

TARDIF, Maurice; LESSARD, Claude. **O trabalho docente**: elemento para uma teoria da docência como profissão de interações humanas. Tradução de João Batista Kreuch. 4 ed. Petrópolis: Vozes, 2008.

_____ (orgs.). **O ofício de professor**: história, perspectiva e desafios internacionais. Tradução de Lucy Magalhães. 3 ed. Petrópolis: Vozes, 2009.

VIGOTSKI, Lev Semenovitch. **Pensamento e Linguagem**. 4. tir. 2. ed. São Paulo: Martins Fontes, 2003.

ZEICHNER, Kenneth M. Uma agenda de pesquisa para a formação docente. **Formação Docente** – Revista Brasileira de pesquisa sobre Formação Docente, v. 1, n. 1, ago./dez. 2009.

Capítulo 6

O TORNAR-SE PROFESSOR NO ÂMBITO DA DOCÊNCIA: MODOS DE FAZER, MANEIRAS DE SER

Edson Gomes Evangelista[1]; Filomena Maria Monteiro de Arruda[2];
Soraide Isabel Ferreira[3]

Considerações preambulares

Uma parte de mim é permanente/a outra se sabe de repente.
(Ferreira Gullar)

Altiva leitora, estimado leitor, convido-o a fazer comigo a travessia ensejada nesta conversa textualizada. Esta não pode ser realizada por um indivíduo somente, pois aborda um fenômeno eminentemente relacional e complexo, suscitador de um sem--fim de significações, o qual estando inscrito na grande área da Educação, aponta para um dos dilemas cuja presença tem sido marca constante nos debates concernentes nas últimas décadas; convido-o a dialogar sobre a formação contínua de professores, mais especificamente sobre como ser docente em início de carreira. Por certo há de convir que este seja um assunto sobre o qual não se deve apenas "cismar sozinho à noite", revivendo o saudosismo romântico daquele poeta maranhense, tampouco imergir na solidão "individual e esquecer a linguagem em que os homens se comunicam"[4] como alertara aquele outro poeta,

---

1. Doutorando pela IE/UFMT. Professor do IFMT – Campus São Vicente. E--mail: edson.evangelista@svc.ifmt.edu.br.
2. Doutora em Educação pela UFSCar. Professora da UFMT – Campus Cuiabá. E-mail: filarruda@hotmail.com.
3. Especialista em Gestão Escolar. Assistente Social do IFMT – Campus Pontes e Lacerda. E-mail: ysa.ferreira21@gmail.com.
4. Refiro-me respectivamente aos poetas Gonçalves Dias, no poema *Canção do Exílio* e Carlos Drummond, com o poema *Mundo Grande*.

mineiro menos propenso ao romantismo. Venha, façamos juntos a dangerosissíma travessia. Iniciemos por falar sobre ser professor em início de desenvolvimento profissional.

O ser professor requer aprendizagens que tendo sido iniciadas ainda em tenra idade – uma vez que desde o momento em que a criança é inserida na escola passa a observar e aprender com seus mestres, dentre outras coisas, como ser professor –, inscrevem os que ensinam em um *continuum* de desenvolvimento profissional marcado pelo inacabamento. A formação inicial, em nível superior, tal como regulamentada pela legislação em vigor, a saber, Lei de Diretrizes e Bases Educacionais 9394/96, respectivas complementações e normatizações, constitui uma etapa relevante na formação docente, todavia, sendo esta etapa legítima e necessária, não é suficiente.

Uma vez concluída a formação inicial, resta ao postulante, à carreira docente, construir por meio das experiências (Dubet, 1994; Larrosa, 2008) maneiras de fazer, por conseguinte modos de ser, erigidos tanto nas dimensões profissionais quanto pessoais, delineadas por meio de relações e engendradas contextualmente. Nesta construção, o futuro docente terá, dentre outros fatores, de lidar com as culturas institucionais, com os conhecimentos específicos próprios da disciplina em que atua; aqueles concernentes à área curricular em que se insere a respectiva disciplina; com aspectos didático-metodológicos e pedagógicos, com as expectativas de pais e educandos, bem como com a compreensão das normas vigentes em âmbito educacional. Logo, o início do desenvolvimento profissional docente é uma etapa crucial que põe em jogo muito além do saber dar aulas, a constituição identitária daquele que se propõe à maestria (Marcelo, 2009).

Afinal, não é possível ajudar alguém a aprender sem que se possa experienciar continuamente este conceito aristotético, revisitado por Gadamer (1997), denominado *phronésis*, o qual torna factível a elaboração de fazeres caracterizados pelo constante devir que torna a prática mais que um fazer, um fazer-se, uma práxis, forjada nas relações intra e interpessoais que sustentam aquilo que os gregos antigos definiam como sendo o "Eros Pedagógico". Algo que poderíamos, nos limites deste texto, definir provisoriamente como a expertise de se envolver e despertar em outrem o desejo de também se envolver com e na ação de conhecer, considerado este conhecer como sendo a interpretação/apropriação de um fenômeno ou fato que aquele que conhece, no ato mesmo de conhecer, mediado pelas relações, no caso em questão didático-pedagógicas apropria, significa, ressignifica, por meio de um engajamento pessoal, relacional e social. E, convenhamos, este é um desafio complexo, dificílimo, pois, para fazer face ao mesmo, é preciso retornar e trazer à tona outros conceitos subjacentes, que configuram de certo modo sustentáculos da prática docente, como vem sendo aqui concebida.

Dentre os conceitos que vão compondo a construção de práticas desde o início do desenvolvimento profissional docente, releva-se o conceito de linguagem. O modo como se compreende, por conseguinte, como são encetadas as conversações entre os pares experientes ou em início de carreira na docência é um dos elementos que podem potencializar ou dificultar enormemente as relações educacionais. Todos sabem da importância da cordialidade, da escuta respeitosa e do acolhimento dos discursos que atravessam as vivências, as configuram e sinalizam, mesmo que transitoriamente, os sentidos experienciados intersubjetivamente pelo grupo e pelos sujeitos que o compõem de modo singular. Entretanto, apesar de serem importantes como princípios de experienciação social, estes saberes e os respectivos compartilhamentos dos mesmos necessitam estar assentes em uma perspectiva de linguagem que seja o oposto à de linguagem instrumental, concebida como um fim em si mesma. O acolhimento, o ouvir e o interrelacionar que potencializam o desenvolvimento profissional e pessoal do docente em início de inserção pressupõem, dentre outras, a compreensão da linguagem em perspectiva ontológica.

Ontologia conversacional que desde os primórdios vem nos definindo, nos humanizando. Compreender este fato parece ser um dos pressupostos primeiros para fazer face ao desafio de potencializar percursos e trajetórias docentes desde o início de inserção no desenvolvimento profissional. Compreensão que levar-nos-ia muito além das concepções instrumentais da linguagem e que facultaria o entendimento de que somos humanos porque temos uma linguagem e não o contrário, temos uma linguagem porque somos humanos (Maturana, 1997).

No labor em que linguisticamente viemos inventando maneiras de fazer, modos de ser, criando mundos e, por vezes, os desconstruindo, as realidades históricas inscrevem-nos, muito frequentemente, por meio da experiência do limite e da resistência em uma corrente vivencial, marcada pela fusão de anterioridade e posterioridade, como um *continuum* de vivências. De modo que nos é possível experimentar e nos sustentar, muito provisoriamente, nestas realidades, aí onde damos expressão a nós mesmos e nos reencontramos. Em sendo assim, "todo compreender acaba sendo um compreender-se" (Gadamer, 1997, p. 394). E todo fazer sinaliza fortemente para um fazer-se, relacional e intersubjetivamente delineado.

Imersos, por vezes, subitamente, nesta gama de relações e significações é que o/a docente, em início de desenvolvimento profissional[5], vai paulatina e processualmente, social e subjetivamente burilando a própria identidade, tangenciado(a) por ações e pensamentos, saberes, lógicas e sentimentos, discursiva, institucional e contextualmente vividos e experienciados. Decorre desta percepção a confirmação de que a identidade

> é um lugar de lutas e de conflitos, é um espaço de construção de maneiras de ser e de estar na profissão, por isso, é mais adequado falar em processo identitário, realçando a mescla dinâmica que caracteriza a maneira como cada um se sente e se diz professor. (Nóvoa, 1995, p. 16)

---

5. São considerados docentes em início de desenvolvimento profissional aqueles cujo ingresso na carreira ocorreu entre 1 e 5 anos (Marcelo, 2009; Day, 2005).

A escola como este lugar de lutas e conflitos, a exemplo de outras instituições pode facilitar ou tornar algo sumamente difícil o desenvolvimento profissional, aportando positividades e negatividades neste processo identitário em que cada um se sente e se diz professor. Esta construção, que também é discursiva (Hypólito, 1994), está constituída, como viemos ponderando, por muitas dimensões, inclusive aquela concernente aos múltiplos discursos, feita conversação cotidiana que, longe de ser banal, interfere decisivamente no modo como todos os professores, principalmente os em início de carreira se sentem, percebem-se e se anunciam.

A julgar pelo que nos faz ouvir um dos pesquisadores renomados internacionalmente, Christopher Day (2005), a iniciação da carreira profissional docente constitui um período fundamental para que se estabeleçam definições da aprendizagem e do ensino pleiteados pelos docentes principiantes. Ainda neste período são colocadas em cheque e, por vezes, reconstituídas ideias sobre como ser professor. Neste sentido, o começo pode ser fácil ou doloroso e este não é um fato que dependa somente da capacidade de cada um para conceber e planejar aulas, tampouco se refere tão somente a questões curriculares ou de "domínio" dos conteúdos da respectiva área de conhecimento; se o começo da carreira docente será mais prazenteiro ou sofrível depende também da cultura vigente na escola em que se dá esta inserção, bem como da maneira como esta cultura se faz presente, dentre outros espaços, na sala dos professores.

De conformidade com Day (2005), nos primeiros anos de docência o professor iniciante trava uma luta em duas frentes de batalha concomitantes, por um lado tenta criar sua própria realidade social, procurando ajustar o trabalho que desenvolve a concepções pessoais; por outro encontra-se submetido a poderosas forças socializadoras da escola, as quais precisa interpretar, compreender, para poder intervir. Precisamente aqui, instaura-se aquilo o que Dubet (1994) conceitua como experiência social; conceituação que permite o entendimento de que a experiência pessoal não se dá totalmente isolada do social, pois, tanto mais subjetivadas, mais sociais se tornam as experiências individuadas. Conquanto, em que pese o fato de serem construídas a partir da combinação de várias lógicas laboriosas, críticas e constantemente construídas pelo sujeito, estas experiências não configuram a expressividade de um ser genial, adâmico, por assim dizer, uma vez que são socialmente elaboradas. Em sendo assim, o diálogo vivo (Gadamer, 1997) pode constituir, neste sentido, ao lado das condições organizacionais, estruturais, políticas, enfim, uma das dimensões que possibilitam aos professores/as principiantes desenvolverem-se, em um *continuum* de vivências, onde o experienciar(se) possa ser ensejado nas interfaces que entrelaçam o subjetivo ao social. Neste constante devir em que uma parte é permanente, a que está relacionada à busca contínua do ser ontologicamente constituído; a outra se sabe de repente, aquela que nos lança ao porvir, no qual uma multiplicidade infinda de interações linguisticamente elaboradas, levam-nos a configurar sempre transitoriamente nossas identidades no epicentro de processos conflituais, marcadas pela anterioridade do que fomos, pela posterioridade do que viremos a ser e pelo presente, em que um sem fim de possibilidades se abrem diante de nós e nos levam a nos configurar identitariamente em um entrelugar.

Ao continuar esta nossa conversação, gostaria de apresentar na próxima seção os cenários, os métodos, caminhos trilhados e os participantes da pesquisa, graças à qual esta conversa vem se tornando possível. Estes participantes ajudam a compor caminhos (que podem ser perscrutados somente ao caminhar, por isso não estão delineados definitivamente) cuja feitura requer a colaboração de muita gente, inclusive daquele/a que neste momento lê, interpreta, ressignifica e constrói novos dizeres a partir daquilo que aqui está sendo dito; porquanto não nos afastemos muito, vamos de mãos dadas (Drummond, 2004).

Paisagens: percurso metodológico e participantes da pesquisa

Os cenários aqui narrados vêm sendo perquiridos e, de certo modo, constituídos no âmbito de uma pesquisa de doutoramento, cujos contornos ganham forma no PPGE/UFMT. As questões que levaram a buscar entender estas paisagens em que se movem docentes em início de desenvolvimento profissional emergiram em parte de minha trajetória como professor de Linguagem e em parte dos estudos, debates, conversações encetadas nos meandros do programa de pós-graduação mencionado e, circunstancialmente, estão formuladas nas seguintes indagações: quais sentidos experienciados professores(as) que atuam na educação básica, rede estadual de ensino, ao narrarem o respectivo trabalho docente em início de desenvolvimento profissional docente, sinalizam como significativos nos respectivos contextos escolares? Quais dimensões relacionais são sinalizadas nestas narrativas?

Uma vez elaboradas estas perguntas foi que iniciei uma caminhada que me levou a outra cidade, Várzea Grande. Grandes foram as idas e vindas que me levaram a encontrar professores de linguagem que atuam em dezesseis escolas da rede estadual de educação básica, egressos e egressas do concurso realizado em 2010, nomeados em 2014. Buscava dentre estes profissionais aqueles que tivessem abertura e desprendimento para encetarem diálogos, que fossem responsivos e autênticos, mais que instrumentais. Assim foi que em um grupo de vinte, sete assentiram positivamente ao convite.

Atualmente, são sete professoras e professores que ensinam e aprendem Língua Materna e estrangeiras, coautores nesta pesquisa que ambiciona antes e primeiramente compreender como os professores principiantes elaboram maneiras de fazer e modos de ser, neste fluir incessante que na contemporaneidade marca nossas vidas. E, mais especificamente: perscrutar processos experienciados no contexto de trabalho docente por professores principiantes que atuam na área de linguagem na Rede Estadual de

Ensino de MT; bem como narrativizar percursos e trajetórias de professores em início de desenvolvimento da docência. Todavia, para os efeitos pretendidos neste artigo, apresentarei o narrar de uma das professoras participantes nesta investigação.

Narrar que, marcado pela autenticidade característica dos diálogos vivos, os quais têm lugar somente quando a conversa converge com uma perspectiva ontológica da linguagem, acabou por favorecer enormemente a opção metodológica pela Pesquisa Narrativa. Compreendida aqui como fenômeno vivencial e método de investigação, de modo que os mundos que construímos no linguajar cotidiano possam ser compreendidos narrativamente, por conseguinte possam ser estudados de forma narrativa. Viver é um constante narrar, pois a vida quer seja a nossa, quer seja a de outros, quer seja o entrelaçar de experiências advindas de ambas, é composta por fragmentos narrativos, delineados em momentos históricos marcados pelo tempo e o espaço que podem ser refletidos e significados como sendo unidades narrativas erigidas nestas descontinuidades.

A pesquisa narrativa do modo como é compreendida e desenvolvida no bojo da investigação que deu origem a este texto, a bem da verdade, coteja muito proximamente com a forma como vem sendo pesquisada, elaborada e divulgada por Clandinin e Connelly (2011) em âmbito internacional e por Mello (2005) no contexto das brasilidades, já de início requer e aponta para novos horizontes de expectativas, os quais não coincidem com aqueles que se pautam pela dicotomização entre o ser que olha e o ser da observação, ambos se olham e são olhados, pois nos lugares em que vivem, nas temporalidades que habitam, significam e se significam, uma constante é a interação.

Este aspecto supracitado é muito fortemente marcado nas investigações em desenvolvimento e bastante presente nas narrativizações constituídas no experienciar(se) das autoras mencionadas, para as quais uma questão importante a ser considerada é a de que o próprio pesquisador assume ao longo de contínuo interagir um duplo papel: o da pessoa e o do pesquisador, ao que se referem como os múltiplos "eus" e chamam a atenção para o eu crítico, o que significa que o pesquisador narrativo deve estar sempre alerta, destacando as limitações de sua narrativa, as tomadas de decisão realizadas, proporcionando ao leitor dialogar com esses limites e com outras alternativas, além das selecionadas por ele mesmo na condição de pesquisador, posto que o pesquisador narrativo se constitui paulatinamente, enredado ele próprio nos liames da constante narratividade edificada transitoriamente em torno da experiência pensada sobre a continuidade e o todo nas vidas individuais.

Liames que levaram o pesquisador que ora vos fala a perscrutar os cenários em que nos moveremos de agora em diante (que começaram a ser interpretados em meados de novembro de 2014, época em que definidos os critérios para a escolha dos sujeitos que ajudariam a compor as paisagens narrativizadas nesta pesquisa), foram estabelecidos em contatos com uma escola pública situada em um bairro com contornos populares, localizado em Várzea Grande. Nas primeiras incursões, não foi possível dialogar com a professora em início de desenvolvimento profissional que atuava na área de linguagem e que estava, lotada naquela unidade em fevereiro daquele ano. No entanto, mediados pela solícita coordenadora, depois de muitas tentativas, vários dias decorridos, foi agendada uma data para a primeira conversa a ser registrada com vistas ao prosseguimento posterior desta conversação na busca de dotar de sentidos o perguntar que levou este pesquisador/perguntador àquelas paragens. As percepções decorrentes deste primeiro contato face a face constam em texto de campo[6] elaborado pelo pesquisador a partir das observações que se deram no encontro entre ele e a professora que receberá, neste texto, o codinome "Penélope". Transcrevo o mencionado texto em uma fonte que seja análoga à manuscrita, a fim de marcar a interdiscursividade, geradora de intersubjetivações e possibilitadora da composição de sentidos requeridos pela pesquisa narrativa.

---

6. Textos ou notas de campo, na pesquisa narrativa, correspondem às narrativas elaboradas pelo pesquisador com vistas a favorecer uma interpretação que possibilite uma composição de sentidos entre o narrar deste e dos participantes da pesquisa.

Ciceroneado pela coordenadora da escola, a qual foi muito solícita e generosamente mediou as primeiras interações entre a professora e eu via telefone, convidara a professora mencionada a participar da pesquisa e ela manifestou interesse em fazê-lo, entretanto, os dias passavam, não lograva êxito em encontrá-la pessoalmente, tampouco tecer um primeiro diálogo presencialmente. Desta vez combinamos, ainda mediados pela mídia, um encontro na escola onde atua a professora, portão discreto com inscrições carcomidas e embotadas por cimento. Lembro-me de que fora uma tarefa hercúlea encontrar este colégio quando o busquei pela primeira vez, minha filha Tâmara e eu já estávamos exaustos de o procurar, passávamos em frente ao mesmo e não o identificávamos. Agora, no entanto, adentro pelo portão e entre casas comerciais e residenciais viceja um bloco branco esfumaçado quase etéreo de dois pisos, à direita, após um cercado, a piscina azula um porção considerável do pátio, capitaneada por frondosa árvore, a oeste, um campo de futebol verdeja o reflexo de uma mangueira majestosa, paradoxal lugar em que o ambiente externo está em perfeito desalinho com a construção predial. Neste ínterim, somos saudados por uma funcionária, esclareço que ali estou para falar com a professora Penélope. A moça se afasta e logo retorna sorridente: "A professora o está aguardando e pediu que o senhor entrasse". Adentramos, na antessala encontramos dois professores, os quais nos indicam a porta seguinte, sala acanhada, livros amontoados, mesa comprida ao centro, odor característico por todas as partes. Penélope nos recebe ao adentrarmos, sorri entre tímida e cortez. Apresento minha esposa, a qual se retira discretamente. Vejo-a com a insistente sensação de que a estou revendo, agradeço pelo aceite, explico uma vez mais o que tenciono com a pesquisa, a seguir narro alguns fatos de meu percurso e comento com a professora a sensação de que a conheço de algum lugar. Passados os primeiros instantes, tendo já encetado um diálogo menos tenso, peço permissão para gravar. Percebo então que a professora elaborou uma pauta para a conversa. Inicialmente, parece falar muito escudada por estes apontamentos, depois se enuncia mais natural e quase informalmente. Isto ocorre à medida que vão sendo reveladas proximidades entre os contextos em que atuamos. Chegamos à percepção de que atuamos em tempos distintos em um mesmo campus do IFMT, eu como professor, ela como assistente social. A propósito, a professora e a assistente social configuram um importante lugar de construção discursiva e identitária na trajetória profissional de Penélope.

Do texto de campo elaborado pelo pesquisador é possível depreender alguns conceitos-chave da Pesquisa Narrativa, dentre os quais se destacam os conceitos de lugar, temporalidades, situação e interação. É notória a importância atribuída ao lugar, apresentado com detalhes que, de certo modo, representam o intento do pesquisador em situar-se ante esta instituição tão familiar e diversa ao mesmo tempo, pois os contextos escolares apresentam algumas semelhanças e discrepâncias vertiginosas que, somente com a observação atenta e cuidadosa, podem ser desveladas. Por outro lado, esta descrição que, a bem dizer, convida o leitor para dentro da narrativa, revela o entendimento de que a dimensão organizacional – incluindo as estruturas físicas, localização, espaço interno – adquire um relevo proeminente no desenvolvimento profissional docente.

A temporalidade, neste entrecho, está presente ao menos em duas perspectivas. A primeira se refere ao ritmo temporal divergente entre o pesquisador e a participante da pesquisa; a segunda trata de uma percepção angustiosa desta passagem do tempo, dificultadora, neste caso, do encontro necessário e desejado, ao menos do ponto de vista do pesquisador, ao tempo em que revela o percurso em que vem sendo delineada a pesquisa. Entrelaçando temporalidade e lugar, estão as situações, bem como as interações estabelecidas pelo pesquisador ao longo de toda a narrativa, desde aquelas presentes na esfera mais familiar e pessoal, até as que tiveram passo no âmbito mais formal da instituição em que se deu a conversação com a participante, colaboradora da pesquisa. Mesmo o decorrer desta conversação está sinalizado narrativamente pelas marcas desta interação. Para esta conversação, cuja proficuidade relacional e riqueza de sentidos permite interpretá-la em perspectiva próxima à da hermenêutica filosófica gadameriana, volverá mais detidamente o foco deste narrar.

O tornar-se professor no âmbito da Docência

> Ser histórico quer dizer não se esgotar nunca no saber-se.
> (Gadamer)

Apresentados o lugar, situação, temporalidade e interação, são criadas nesta narração as condições requeridas por uma interpretação que almeje compreender as unidades de sentido sinalizadas por meio do diálogo com este ser, o qual, estando em constituição no linguajar permanente, viceja para si modos de fazer, maneiras de ser na carreira docente. Ser que não se esgota nunca no saber-se e no dizer-se. Ouçamos, então, entrechos da narrativa de Penélope. Entretanto que seja um ouvir no sentido exigido pela hermenêutica gadameriana, qual seja o fato de colocar-nos no lugar de outrem para poder entendê-lo, não com propósitos de fazer falar no outro aquilo que queremos ouvir, mas no sentido do verdadeiro diálogo.

> Eu iniciei a... O curso de Letras em dois mil e... Três na UFMT e, assim que, um pouco antes de colar grau comecei a trabalhar numa escola particular na cidade de Várzea Grande e... No mesmo ano, de 2008, saí desta escola e fui trabalhar numa escola pública localizada em Cuiabá. Tive muitas experiências, né, dava aula pros quinto e sextos anos de manhã e à tarde. E essas experiências, elas são também construções, porque a cada dia, um novo dia; sobretudo para os professores.[7]

---

7. As repetições e retomadas, falas reiniciadas, enfim, as marcas da oralidade serão mantidas a fim de que o diálogo seja percebido no processo mesmo em que se dá e, possa sinalizar possíveis sentidos subjacentes também ao não dito, pois o dizer recobre o não dizer igualmente significativo no âmbito da Pesquisa Narrativa.

O experienciar-se nos meandros da docência alcança Penélope antes mesmo da conclusão de curso de Licenciatura e se estende para além, muito além do curso de Letras, cuja temporalidade cronológica, no fluxo conversacional, parece ser subsumida por outras temporalidades e lugares; tanto assim que são marcados na fala o espaço onde a docente graduou-se, o princípio do labor profissional em uma instituição privada e o deslocamento espaço--temporal que a leva, ao que parece de livre arbítrio, a atuar em escola pública. O perquirir pelos possíveis sentidos que subjazem ao não dizer implícito ao dito e tentar ouvir Penélope, inserido do lado de dentro deste diálogo, suscita a curiosidade concernente as estratégias que uma professora principiante sem sequer ter concluído à licenciatura concebeu para fazer face à cultura organizacional escolar. Quais maneiras de fazer foram apropriadas nestes momentos cruciais? Quais formas ela encontrou para conciliar as visões pessoais sobre o ensinar e o aprender com aquelas socializadas e legitimadas no âmbito daquela instituição? Como lidou com os conflitos resultantes desta batalha travada no intuito de conciliar estas duas dimensões? Quais fatores levaram esta docente a optar posteriormente pelo prosseguimento da carreira em escolas públicas? A estas questões, o diálogo mantém-se aberto. Todavia, esta abertura aponta para a percepção de que estes lugares, bem como as interações e situações neles vivenciadas, advêm de muitas experiências. E essas experiências são também construções, porque a cada dia, um novo dia, sobretudo para os professores.

Se as experiências docentes, incluídas aquelas vivenciadas por professores em início de desenvolvimento profissional são também construções, Dubet (1994, p. 260) pode ser convidado a participar desta conversa por insistir que

> o sujeito constitui-se na medida em que é obrigado a construir uma ação autônoma e uma identidade própria em virtude mesmo da pluralidade dos mecanismos que o encerram e das provas por que passa.

De certa maneira, o diálogo com Dubet reitera o que vem sendo enunciado nesta conversação, posto que desde o princípio as ponderações aqui apresentadas sinalizam para o fato de que, ao ingressar na carreira docente o professor, em início de desenvolvimento profissional, se vê instado a fazer frente a todo um conjunto de fatores, a adentrar um universo, no qual saber o conteúdo a ser ministrado, bem conhecer métodos que tornem possível a didatização destes conteúdos curriculares, são aspectos relevantes, no entanto não abrangem todas as dimensões do fazer-se professor. Nesta multidimensionalidade, este sujeito necessariamente se vê diante de uma pluralidade complexa, ao tempo em que se sente desafiado a construir nas interfaces deste contexto multifacetado modos de agir, os quais o levam a construir uma identidade própria que, contudo, não pode ser elaborada fora das lógicas que regem os diversos sistemas sociais que compõem estes contextos.

Do árduo trabalho intelectual e relacional que leva o sujeito-professor a reconfigurar, dialógica, introspectiva, extrospectiva e conflituosamente a subjetivar estas lógicas, por vezes, incongruentes, emerge o conceito de experiência social (Dubet, 1994), o qual remete a esta rede relacional inescapável, da qual o docente, tanto o principiante quanto os ditos experientes compõem sentidos, abstraem significações que os levam a burilar continuamente a práxis, em contínuo fazer e refazer-se. E, entranhado nestas tessituras relacionais, o docente em início de desenvolvimento profissional vai se constituindo enredado pelas constantes interações e situações, espaço-temporalmente marcadas, no bojo das quais o modo como este professor percebe e se relaciona com outras pessoas com quais convive no contexto escolar, inclusive os alunos, é sumamente importante, a julgar pelo o que narra Penélope no entrecho seguinte:

> As percepções que eu tenho assim, assim especificamente como professora... É que, realmente os nossos alunos eles precisam de, não só ser ouvido, assim pelo diretor e pelo coordenador, mas eu acredito que eles precisavam também

de um apoio, de uma rede sócioassistencial que... Que eles pudessem recorrer a essa rede, por exemplo, existe um projeto de lei pelo serviço social de que em todas as escolas deveria haver um assistente social porque o professor, eu como professor eu tenho minha carga horária que tenho que cumprir, as obrigações né, de... Diários e tudo mais, eu entendo que não dá tempo pra gente fazer muitas intervenções, como a gente deveria fazer e, também entendo que ser professor não é somente aquela pessoa que chega ministra o conteúdo e, pouco se importa se o aluno tá aprendendo ou não. Acho que o professor é aquele que além de ensinar, que procura ouvir os seus alunos, que procura entendê-los, que procura... Ajudar de alguma forma como seres e não... Não só passando conteúdo. É... Como se o professor fosse detentor de uma verdade absoluta... [...] Na verdade ela é construída, os alunos podem nos ajudar a construir essa verdade; quando nós damos espaço para os alunos se exporem também, falarem o que pensam, se entenderam ou não pra, não concordarem conosco, mas também pra se colocar, né, colocar sua opinião, eu acho que isso é muito importante pra formação deles como... Como adultos, né, como futuros profissionais.

Ao que parece Penélope, embora em início de desenvolvimento profissional docente, vem elaborando sentidos a partir do lugar em que se situa e do modo como interage com aqueles que toma por aprendizes. Lugar, pessoas, interação convergências, divergências, percepções que apontam para um modo de fazer em que a docente principiante vem se tornando professora de um modo próprio, peculiar, por assim dizer e, presumivelmente, ao perceber-se nestes novos cenários, situa-se como um novo eu, na multiplicidade dos eus que, enredados por múltiplos discursos, ontologicamente se constituem, mesmo que transitoriamente; afinal, é um ser histórico e como tal não esgota nunca de saber-se e de fazer-se. Envolta nestes saberes, há a perspectiva dos modos de fazer que sinalizem para a multidimensionalidade de aspectos que envolvem o ser professor, com ênfase nos relacionais, os quais, sustentados por um diálogo vivo, responsivo e acolhedor, adquirem contornos de grande relevo no narrar de Penélope:

> [...] também entendo que ser professor não é somente aquela pessoa que chega, ministra o conteúdo e pouco se importa se o aluno tá aprendendo ou não. Acho que o professor é aquele que além de ensinar, que procura ouvir os seus alunos, que procura entendê-los, que procura... Ajudar de alguma forma como seres e não... Não só passando conteúdo.

Considerações transitórias

A profissão professor não configura tão somente em algo que o/a docente faça; se constitui no entrelaçamento de temporalidades, lugares, pessoas, situações e interações, no qual o ser professor se faz, pessoal e profissionalmente. Isto tudo mediado e sustentado pela linguagem, por meio dos diálogos, enunciações, discursos que atravessam, marcam e definem, ainda que provisoriamente, o estar sendo de cada professor/a desde o princípio. Logo, a qualidade das interações, a preocupação com o diálogo autêntico e vivo, ademais, de condições estruturais e organizacionais, deveria constar como conceito basilar de toda e qualquer política que vise a uma inserção profissional docente potencializadora do ser professor, do ser gente.

Neste texto, resultante de uma pesquisa ensejada no curso de Doutoramento do PPGE/UFMT, foram apresentadas com fulcro na narrativa de uma das participantes da pesquisa composições que, advindas de diálogos encetados, no mais das vezes, autenticamente, sinalizam que as maneiras de fazer configuram, nesta travessia do vir a ser docente, em modos de ser instaurados processual e continuamente. De modo, altiva leitora, estimado leitor, que as temporalidades, lugares, situações e as pessoas com as quais o/a aprendiz de professor/a interatua compõem, por assim dizer, relevos nesta paisagem, as quais remetem a estes/as docentes de volta a si mesmos, em contínuo experienciar que volta ao experienciar-se. Porquanto, não se trata de aprender a dar aulas, tão e somente, estão em jogo uma série de fatores aos quais, embora principiantes, não podem eximir de enfrentar, pois caso não assumam os compromissos demandados pelo métier que principiam a desenvolver, jamais virão a se tornar docentes. Seres que, imersos em uma teia complexa de relações vão formando-se a si mesmos no contato cotidiano, conflituoso, intenso, dialógico e compreensivo com outrem.

Portanto, imersos em um constante processo de formação, os/as docentes, em início de desenvolvimento profissional, são instados todo o tempo a perscrutarem novos horizontes, nos quais possam inventar novos modos de fazer e encontrar novas maneiras de ser, posto que "o horizonte do presente está num processo de constante formação, na medida em que estamos obrigados a pôr a prova constantemente todos os nossos preconceitos" (Gadamer, 1997, p. 457) e a compreender que sequer existem horizontes do presente ou do passado por si mesmos, o que existe é a fusão destes horizontes que deve ser percebida, experienciada, apropriada, anunciada por todos e cada um destes seres que almejam a se inscreverem nesta ontologia transitória e inacabada que caracteriza o humano.

Referências

ANDRADE, Carlos Drummond. **Sentimento do mundo**. 4. ed. Rio de Janeiro: Record, 2004.

BENJAMIN, Walter. **Infância Berlinense**. Belo Horizonte: Autêntica, 2013a.

_____. **O Anjo da História**. 2. ed. Belo Horizonte: Autêntica, 2013b.

_____. **Origem do Drama Trágico Alemão**. 2. ed. Belo Horizonte: Autêntica, 2013c.

_____. **O narrador**: considerações sobre a obra de Nikolai Leskov. Magia e técnica, arte e política: ensaios sobre literatura e história da cultura. São Paulo: Brasiliense, 1994. p. 197-221. Do original: Der Erzähler: Betrachtungen zum Werk Nikolai Lesskows, 1936.

CLANDININ, D. Jean; CONNELLY, F. Michael. **Pesquisa Narrativa**: experiências e história na pesquisa qualitativa. Tradução do Grupo de Pesquisa Narrativa e Educação de Professores ILEEL/UFU. Uberlândia: EDUFU, 2011.

DAY, Christopher. **Formar Docentes**: Cómo, cuándo y en qué condiciones aprende el profesorado. Madrid: Narcea, 2005.

DUBET, François. **Sociologia da Experiência**. Tradução de Fernando Tomaz. Lisboa: Instituto Piaget, 1994.

GADAMER, Hans-Georg. **Verdade e método**. Tradução de Flávio Paulo Meurer. Petrópolis: Vozes, 1997.

GALVÃO, Cleber. Narrativas em Educação. **Ciências & Educação**, v. 2, n. 2, p. 327-345, 2005.

GULLAR, Ferreira. **Toda poesia**. 9. ed. Rio de Janeiro: José Olympio, 2000.

HALL, Stuart. **A identidade cultural na Pós-Modernidade**. 10. ed. Rio de Janeiro: DP&A, 2005.

LARROSA, Jorge. **Notas sobre a experiência e o saber de experiência**. 2002. Disponível em: <http://www.anped.org.br/rbe/rbedigital/RBDE19/RBDE19_04_JORGE_LARROSA_BONDIA.pdf>.

MARCELO, Carlos. **Formação de professores** – Para uma mudança educativa. Porto: Porto Editora, 1999.

_____. A identidade docente: constantes e desafios. **Revista Brasileira de Pesquisa sobre Formação de Professores**, v. 1, n. 1, ago./dez. 2009.

MATURANA, R. Humberto. **A Ontologia da Realidade**. Organização de Cristina Magro, Miriam Graciano e Nelson Vaz. Belo Horizonte: Ed. UFMG, 1997.

MELLO, Dilma Maria de. **Histórias de subversão do currículo, conflitos e resistências**: buscando espaço para a formação do professor na aula de língua inglesa do curso de Letras. 2005. Tese (Doutorado) – PUC, São Paulo.

NÓVOA, António. O passado e o presente dos professores. In: _____ (org.). **Profissão Professor**. Porto: Porto Editora, 1995.

_____. **Vidas de Professores**. Porto: Port,o Editora, 1995.

SHULMAM, Lee S. **Revista Estúdios Públicos**, n. 83, p. 163-196, 2001.

Capítulo 7
AVALIAÇÃO DA FORMAÇÃO CONTINUADA: AS CIRCUNSTÂNCIAS AVALIATIVAS E SUAS CONTRIBUIÇÕES PARA A CONSTRUÇÃO DE NOVA CULTURA DE FORMAÇÃO

Irene de Souza Costa[1]

Introdução

Em minha trajetória de 24 anos de professora da rede pública no estado de Mato Grosso, sempre me questionava sobre quanto, ainda, são precisas as investigações que possam revelar o para quê, o por quê, e o quê se avalia nos domínios da sala de aula, com o desenvolvimento de programas e projetos educacionais provenientes de políticas educacionais, cuja preocupação esteja centrada em contribuir para que a aprendizagem se efetive. Essa inquietação se acentuou com a atuação mais próxima à formação continuada de professores, a partir de 2000, ao observar que vários programas são realizados, ao passo que a avaliação de seu desenvolvimento, na maioria das vezes, é superficial e não oferece subsídios suficientes para "prestar contas" e tomar decisões para melhoria dos trabalhos, como evidenciam vários estudos acerca da importância da avaliação de programas educacionais (Fernandes, 2009; Pérez Juste, 2006; Stake, 2006).

Os questionamentos inspiraram as reflexões que deram origem à tese – Avaliação da Formação Continuada de Professores: Programa Sala de Educador[2] (Mato Grosso – Brasil) defendida no início de 2014, na Universidade de Lisboa – Portugal. O objetivo geral

---
1. Doutora pela Universidade de Lisboa, Portugal; mestre pela Universidade Federal de Mato Grosso. Professora da Rede Estadual de Ensino do Estado de Mato Grosso. E-mail: irennecosta@yahoo.com.br.
2. Projeto de Formação Continuada implantado no Estado de Mato Grosso, desde 2003 e que tem a escola como espaço de formação.

foi avaliar o Programa de Formação Continuada Sala de Educador, tendo em vista produzir inferências quanto aos seus aspectos melhor conseguidos e aos que necessitam de ser melhorados. O Sala de Educador é um "Projeto" da Secretaria de Estado de Educação de Mato Grosso (Seduc-MT) que tem a escola como espaço de formação. Administrativamente é coordenado pela Superintendência de Formação dos Profissionais da Educação Básica (SUFP), no órgão central e, nos quinze polos, pelos Centros de Formação e Atualização dos profissionais da Educação Básica (Cefapros).

Como unidade administrativa, cada Cefapro possui um diretor, um coordenador de formação, um secretário e professores formadores nas diversas áreas de formação: alfabetização e suas tecnologias, linguagens e suas tecnologias, ciências da natureza e suas tecnologias e ciências sociais e suas tecnologias. Somem-se algumas modalidades como educação no campo, educação escolar indígena, diversidade cultural, educação especial e quilombola. Essa equipe de professores formadores faz o acompanhamento da formação continuada nas escolas, e o "Projeto" Sala de Educador é a principal frente de suas atribuições.

Embora, nos documentos oficiais da Seduc-MT, ele esteja denominado como "Projeto", estou identificando-o como Programa. Explico. A diferença está na finalidade das atividades e nos recursos que lhes são confiadas (King, 2003). Segundo o *Joint Committee on standards for educational evaluation* (1994), programas são "atividades educacionais que são prestadas de forma contínua". Ou seja, são tipicamente para longo prazo, "as atividades em curso que representam esforços coordenados, previstas para alcançar grandes metas educacionais" (King, 2003, p. 721). Como exemplo há um programa de leitura a nível nacional, um programa de educação médica ou, ainda, um programa de formação contínua de professores, numa dada região ou estado.

Na perspectiva de Fernandes (2011), referindo-se a outros autores, programas são meios de aprendizagem para as pessoas a quem se destinam, assim como para a sociedade em geral. É uma intenção deliberada para pôr em prática uma dada política, ou uma ideia, em determinado período de tempo, através do apoio, institucionalizado, do Estado. Está associado a uma reforma ou a uma inovação que trata-se de acontecimento relevante porque é uma oportunidade para investigar práticas sociais e os seus efeitos, bem como as relações com uma diversidade de variáveis.

Projetos Educacionais, pelo contrário, são ações de curto prazo com objetivos específicos e recursos alocados (King, 2003, p. 721). Neste caso, são atividades educativas, fornecidas por um período definido de tempo. Os exemplos incluem um *workshop* de três dias sobre estratégias de ensino, um ano de teste de esforço de desenvolvimento, e dois ou três anos de desenvolvimento dos recursos humanos do projeto de demonstração. Para Fernandes (2011), os projetos possuem estruturas menos formais e não chegam a integrar-se na rotina de funcionamento da administração pública. Projetos que, caso se institucionalizem, se tornam programas (*Joint Committee on Standards for Educational Evaluation*, 1994).

Quando se fala em Programas e Projetos como objeto da avaliação, uma das condições imbricadas é a de que, por melhor que seja o Programa, pode ele ser melhorado (Pérez Juste, 2006). Portanto, é importante, quando se pretende determinar o valor de um programa, ter em conta:

> a) os objetivos do programa; b) as necessidades dos principais destinatários; e c) os objetivos da medida de política a que o programa possa ser afetados pela avaliação e/ou que tenha interesse em seus resultados, os chamados *stakeholders*. (Fernandes, 2011)

Atitude avaliativa que se relaciona a isso é observar a realidade tal como ela se entreabre e reconhecer que há vários aspectos que interferem em seu planejamento e desenvolvimento. Ou seja, existem pontos fortes, mas também é necessário ver o que precisa ser melhorado. No entanto, só isso não basta. Impõe oferecer informações úteis, adequadas e suficientes para que os responsáveis pelos Programas possam "prestar contas" dos trabalhos e tomar as decisões mais pertinentes para promover melhoras (Fernandes, 2010; Pérez Juste, 2006; Stake, 2006).

Após a pesquisa de doutorado, passei a compor a Equipe Técnica SUFP que acompanha, orienta e faz intervenções nas questões direcionadas à gestão da formação aos Cefapros. Como uma das Gestoras Orientadoras destes Centros de Formação, dialoguei com alguns grupos de professores formadores, discutindo a importância de definir estratégias que permitam relacionar a formação com as práticas docentes; a pertinência de fortalecer o papel do coordenador de formação de modo a articular formação, orientação e intervenção; a necessidade de especificar orientações metodológicas para o desenvolvimento da formação e de avigorar o processo de diagnóstico das necessidades formativas.

Essas reflexões objetivavam pensar estratégias de como a formação poderia contribuir com a escola no sentido de atuar de forma mais autônoma ao selecionar as temáticas de estudo; de olhar para a avaliação como uma oportunidade de se conhecer e compreender melhor as realidades, pois só assim ela se transformará num ato de aprofundamento do seu significado e da formação no processo de desenvolvimento pessoal e profissional.

Essas discussões visaram pensar com esses profissionais modos de avaliar as ações de formação realizadas junto com os profissionais das escolas, fazendo uso dos resultados para aprimorar a formação. Esta escrita congrega considerações desse diálogo e propõe-se a contribuir para a reflexão da prática da formação continuada e a apresentar uma metodologia para seu acompanhamento, de modo a fortalecer a cultura de formação continuada no espaço da Seduc, dos Cefapros e das escolas. Na abordagem, são revisitados os conceitos de avaliação e de formação continuada, apresentadas as circunstâncias da avaliação e discutida a importância de se relacionar essas circunstâncias avaliativas na construção de uma cultura de formação voltada para o desenvolvimento pessoal, profissional e institucional, sem perder de vista a complementaridade entre as atividades de formação e avaliação.

Conceito de avaliação e formação continuada

Conceito de avaliação

As diversas abordagens de avaliação se apoiam em pressupostos políticos e filosóficos que podem variar de acordo com as concepções e valores de seus autores (Fernandes, 2009). Essa evolução não pode ser compreendida em moldes dissociados dos contextos históricos e sociais, dos propósitos, do desenvolvimento e da concretização da avaliação (Guba; Lincoln, 1989; Stufflebeam, 1987). O que se pretende compreender é que

> a avaliação é um domínio fundamental do conhecimento porque nos permite formular juízos acerca de todas as áreas de funcionamento da sociedade e tomar decisões fundamentadas, tendo em vista a sua melhoria. (Fernandes, 2013, p. 12)

A ação avaliativa tem de ser útil e deve contribuir para ajudar a resolver problemas e criar bem-estar às pessoas, às instituições e à sociedade. Bem por isso, Fernandes (2013, p. 12) lembra que a intenção que se pretende alcançar com a avaliação é o que determina a forma como se planeja e se desenvolve todo o processo de recolha de informação e como se organiza e divulga seus resultados. Para esse autor, a avaliação tem a ver com uma variedade de propósitos: a) apoiar a tomada de decisões; b) servir a prestação pública de contas; c) melhorar práticas e procedimentos; d) compreender problemas de natureza social, contribuindo para a identificação de soluções possíveis; e) compreender as experiências vividas por quem está envolvido numa dada prática social; e f) acreditar e reconhecer programas.

A essa concepção emerge o desafio que vai além da capacidade de produzir, armazenar ou transmitir informações, mas reconhecer o que é importante saber e como utilizar essa informação. Nessa perspectiva, quando se fala em avaliar a formação continuada de professores, uma das questões cruciais é descobrir o que é preciso fazer para criar e desenvolver avaliações que sejam realmente utilizadas para melhorar a prática e tomar decisões relevantes acerca do desenvolvimento profissional (Sanchéz, 2001; Santos Guerra, 2003).

O conceito de Fernandes (2013) logo acima, de que a avaliação permite formular juízos para tomada de decisões tendo em vista a melhoria, é reiterado por Castilho Arredondo e Diago (2009, p. 39), quando apresenta três características essenciais que devem ser consideradas ao se realizar uma avaliação.

1º Obter informação: aplicação de procedimentos válidos e confiáveis para conseguir dados e informação sistemáticos, rigorosos, relevantes e apropriados que fundamente a consistência e a segurança dos resultados da avaliação.

2º Formular juízos de valor: os dados obtidos devem permitir fundamentar a análise e a avaliação dos fatos que se pretende avaliar, para que se possa formular um juízo de valor o mais acertado possível.

3º Tomar decisões: de acordo com juízos emitidos sobre as informações, será possível tomar as decisões cabíveis a cada caso.

Para contemplar esses momentos da avaliação o primeiro passo é contar com instrumentos de avaliação que ofereçam critérios avaliativos claros e previamente definidos, de modo que os avaliados saibam em que aspectos estão sendo avaliados. Para isso, é importante ter bem definido os objetivos e as dimensões a serem avaliadas, pois esta é a base para a tomada de decisões mais acertada. Em seguida, as informações coletadas devem ser capazes de oferecer subsídios sistemáticos, credíveis e úteis para que os avaliadores (escolas/Cefapros/Sufp/Seduc) possam formular opiniões/juízos de acordo com a análise dos dados obtidos. O tratamento dessas informações, baseado nas finalidades as quais são pretendidas com a avaliação, tem de possibilitar a tomada de decisões, que, de acordo com o diagnóstico feito, pode ser de diferentes naturezas – formativa ou somativa – melhor explicadas, logo abaixo. Tradicionalmente, a avaliação em educação foi utilizada quase que tão somente ao rendimento dos alunos. A partir de 1970 ela se estendeu a outras instâncias educacionais – programas escolares; escolas; atuações dos professores; materiais didáticos; técnicas ou procedimentos; programas e projetos; sistema educacional e avaliação (meta-avaliação) (Castilho Arredondo; Diago, 2009, p. 53). Como se observa, a avaliação educacional pode servir a muitas necessidades e a diferentes níveis do sistema educativo, resultado de suas várias funções. Nesse contexto, uma das distinções básicas que se faz quanto ao papel da avaliação está nas relações entre a construção teórica da avaliação formativa e a avaliação somativa (Arredondo Castilho; Diago, 2009; Fernandes, 2009; Pérez Juste, 2006; Scriven, 1967; Stake, 2006; Stufflebeam; Shinkfield, 2007; Stufflebeam et al., 2000).

Ao se falar em avaliação da formação continuada, na função formativa, ela deve fornecer informações para o seu desenvolvimento, garantindo sua qualidade ou sua melhoria. É realizada no processo de uma atividade contínua (de um programa, projeto, política). Com sua utilização pode-se formular metas e prioridades, orientar o planejamento, guiar as ações e os resultados provisórios.

A maneira mais adequada para garantir uma avaliação formativa de qualidade é o *feedback* (Boston, 2002) que os avaliadores devem usar para fornecer orientações para tomadas de decisão. Como parte da avaliação formativa, ele ajuda as pessoas envolvidas na avaliação – decisores políticos, professores, alunos, dentre outros –, a tomar consciência das lacunas que existem entre as metas desejadas e os conhecimentos atuais. O tipo mais útil de *feedback* fornece comentários específicos sobre o que não vai bem, e sugestões para melhoria. Incentiva a centrar a atenção na tarefa e nos esforços que devem ser desenvolvidos para promover melhorias.

Na função somativa, a avaliação pode ser utilizada para a responsabilização, para a certificação ou para prestação de contas. Trata-se de avaliação que ocorre após a realização de um programa, ou no final de um período determinado. Ela reúne e sistematiza as informações previamente recolhidas e fornece uma avaliação global do objeto avaliado, seja ele a formação, a ação formativa, a atuação do professor formador, a política de formação, dentre outros. É útil na determinação da responsabilidade para informar aos usuários a qualidade dos serviços prestados. Dessa forma, ajuda a aumentar a compreensão dos fenômenos avaliados e a tomar as decisões mais apropriadas para se alcançar os resultados pretendidos.

Ambas as avaliações – formativa e somativa – são necessárias para que se possam tomar decisões fundamentadas, nas políticas educacionais, visando às melhorias pretendidas.

Avaliar para apreciar mais detidamente sobre a formação continuada de professores corresponde a uma necessidade atual de perceber os efeitos dos diversos elementos e métodos de formação. Para Leite (2007), é preciso rever como têm sido idealizadas e empregadas as avaliações da formação. O que concebe, em primeiro lugar, o reconhecimento do papel que estas podem ter no contexto da formação. A avaliação desempenha significativo papel na vida diária das pessoas e das organizações. Muitos avaliadores acreditam (Arredondo Castilho; Diago, 2009; Fernandes, 2009; 2010; Pérez Juste, 2006; Scriven, 1967; Stake, 2006; Stufflebeam; Shinkfield, 2007; Stufflebeam et al., 2000) que as organizações funcionariam melhor se a avaliação estivesse mais presente nas várias etapas de planejamento de suas ações. Assim, poderiam avaliar o funcionamento interno delas, sua produção, seus objetivos, refletir e reconhecer problemas que poderiam ser reorganizados antes que se transformassem em dificuldades.

A avaliação responde à responsabilidade profissional de conhecer a qualidade dos programas formativos. Os indicadores de qualidade devem ser estabelecidos com base no conhecimento das atividades de formação dos professores, de seu funcionamento e dos resultados. É preciso, portanto, ter clareza de quais modelos e estratégias de formação de professores causam maior impacto em nível pessoal, didático e institucional, a começar pelo conceito de formação continuada que se propaga e qual é posto em prática. Se gestores da formação e professores tiverem esse entendimento, a avaliação da formação contínua pode vir atender à necessidade de melhorar os programas e as atividades de formação.

Conceito de formação continuada

A formação é entendida aqui como função social por exercer processo de desenvolvimento e de aprendizagens das pessoas e das instituições onde trabalham. Nesse contexto, Imbernón (2005) aborda que a formação assume um papel que transcende o ensino e se transforma na possibilidade concreta de criar espaços de participação, reflexão e formação para que as pessoas aprendam a compartilhar o conhecimento e a construir sua própria autonomia profissional.

Para que esse objetivo se concretize, o trabalho da formação deve estar próximo da realidade escolar e dos problemas sentidos pelos professores, ou seja, em torno de um argumento muito simples, ao qual Nóvoa (2009, p. 28) denominou como "a necessidade de uma formação construída dentro da profissão". O que define a dimensão dos desafios postos aos professores é a maneira com que a formação que tiveram os preparou para se deparar com as problemáticas do cotidiano, sejam elas de ordem social, política, pedagógica, cultural, ou ainda as relacionadas com sua história de vida, ou com o contexto no qual se desenvolvem profissionalmente.

Bem por isso, o modelo convencional de formação continuada de professores, bastante questionado nos últimos anos, configurado predominantemente em eventos pontuais – cursos, oficinas, seminários e palestras – em sua maioria, não atendem às necessidades pedagógicas dos professores. É preciso promover transformações nas formas e nos conteúdos das práticas de formação que, em geral, são utilizados, retrata Candau (1996).

Nóvoa (1992), em seus estudos, discorre que apenas no final do século XX, no contexto europeu, as preocupações com a formação dos professores se deslocaram da inicial para a continuada. No Brasil, segundo Gatti e Barretto (2009), a formação continuada disponibilizada nas últimas décadas teve a finalidade de atualizar e aprofundar os conhecimentos nas diversas áreas, quando a preocupação não estava em preencher lacunas da formação inicial. Nesse sentido, vários programas de capacitação de professores oferecidos pelo próprio sistema público, Instituições de Ensino Superior ou grupo de professores chegaram a apresentar alguns resultados pontuais na melhoria do trabalho, nas escolas. No entanto, os currículos desses cursos estavam "pouco atentos à necessidade de uma formação que forneça os instrumentos indispensáveis a um fazer docente consciente de seus fundamentos" (Gatti; Barreto, 2009, p. 2010). Opondo-se a esse movimento começaram a surgir reflexões e pesquisas orientadas à construção de nova concepção de formação continuada; aquela construída a partir de perspectivas distintas, mas que compila os eixos investigativos de consenso entre vários estudiosos da educação (Gatti; Barretto, 2009; Imbernón, 2005; Libâneo, 2011; Mizukami, 2002; Nóvoa, 2009) – o *locus* da formação a ser privilegiado deve ser a própria escola.

Nessa perspectiva, o desenvolvimento profissional do professor depende, portanto, das interpretações que ele realiza sobre os dilemas da prática. "É na escola e no diálogo com os outros professores que se aprende a profissão" (Nóvoa, 2009, p. 30). Somente se pode dizer que houve conhecimento quando for possível a transformação dos espaços onde a socialização das experiências ocorre e, em consequência, há o desenvolvimento de quem ensina e de quem aprende.

Na visão desses, dentre outros autores (Gatti; Barretto, 2009; Imbernón, 2005; Libâneo, 2011; Mizukami, 2002; Nóvoa, 2009), algumas das implicações para isso devem estar no considerar a escola como lugar da formação dos professores, como espaço de partilha das práticas, acompanhamento, supervisão e reflexão acerca do trabalho docente. Transformar a experiência coletiva em conhecimento profissional e, este, no desenvolvimento educativo da escola. A formação continuada só implicará mudança na atuação do docente se contemplar os dilemas enfrentados pelos professores, em sala de aula com os alunos e no desenvolvimento da profissão.

Para Candau (1996), Mizukami (2002), Nóvoa (2009) e Nunes (2000), a formação não se constrói por acúmulo (de cursos, de conhecimentos ou de técnicas), mas por intermédio de tarefas de reflexão crítica da prática e de reconstrução constante da identidade pessoal. Bem por isso, é preciso investir na práxis como forma de produzir o saber e de conceber uma atenção especial à vida dos professores. A formação continuada deve estimular os professores a se apropriarem dos saberes de que são portadores, para permitir a reconstrução dos sentidos da sua ação profissional. Contudo, não basta mudar o profissional, é preciso mudar o contexto onde ele atua. As escolas não mudam sem o empenho dos professores e estes encontram dificuldades nesta ação se os estabelecimentos escolares não promoverem transformações em seu Projeto.

Nesse sentido, assume-se aqui o conceito de Carlos Marcelo (1999) para explicar o que se acredita que atualmente se busca compreender por formação continuada de professores. Compreendendo o conceito de desenvolvimento profissional com uma conotação de evolução e continuidade, este autor o define como um

> processo concebido para o desenvolvimento pessoal e profissional dos indivíduos num clima organizacional de respeito e de apoio, com a finalidade última de melhorar a aprendizagem dos alunos e a autorrenovação contínua e responsável dos educadores e das escolas. (Marcelo, 1999, p. 137)

Uma prática repetitiva não favorece que esse processo ocorra e que se construa uma nova prática de formação contínua. Desse modo, ela deve estar articulada com o desempenho profissional dos professores, acolhendo a escola como lugar de referência. Trata-se de objeto que só conquista credibilidade se os programas de formação se estruturarem em torno de problemas e de projetos de ação-reflexão-ação, e não exclusivamente em torno de conteúdo acadêmico. A formação continuada deve estar alicerçada numa "reflexão na prática e sobre a prática, através de dinâmicas de investigação-ação e de investigação-formação, valorizando os saberes de que os professores são portadores" (Nóvoa, 1991, p. 30).

Nessa perspectiva, quando se fala em avaliar a formação continuada de professores, uma das questões cruciais é descobrir o que é preciso fazer para criar e desenvolver avaliações que sejam realmente utilizadas para melhorar a prática e tomar decisões relevantes acerca do desenvolvimento profissional e institucional. Portanto, quando se propõe um processo de avaliação docente, é imprescindível que se conheçam os fins e os propósitos que se pretendem com tal avaliação e utilizar os resultados de forma justa e racional (Sanchéz, 2001; Santos Guerra, 2003).

Assim sendo, avaliar pode ser um empreendimento de sucesso, mas igualmente de fracasso; pode conduzir a resultados significativos ou a respostas sem sentido; pode defender ou ameaçar. Seu significado maior deve estar em fortalecer o movimento que leva à transformação, nele intervindo sempre que necessário (Firme, 2007). É imprescindível, de acordo com D'Agostini (2010), a percepção do caminho percorrido, para que se possa planejar uma formação coerente com as necessidades formativas dos professores, pois muitas formações são realizadas, mas, às vezes, falham no sentido de não perceber se estão fazendo alguma diferença para os participantes.

Logo, observa-se a relação existente entre os processos de avaliação e formação – O que avaliar? Para que avaliar? Como avaliar? Quando avaliar? E quem avaliar? São etapas do processo avaliativo que devem garantir que o conhecimento construído se transforme em melhoria à formação e não sejam apenas meios para produzir informações que não serão utilizadas.

Circunstâncias da avaliação

Quando se pensa em promover um processo avaliativo voltado para ações de formação, alguns questionamentos precisam ser considerados, pelas várias instâncias responsáveis – Seduc, Cefapros e Escolas – e seus sujeitos, para que o processo avaliativo possa ser compreendido por todos e seu desempenho concretizado em todas as esferas.

É preciso que se faça uma análise, intentando saber se os objetivos, as metas e os resultados almejados são possíveis de serem alcançados, com a formação, do modo que está sendo proposta. Para isso, Rodríguez Diéguez (1986 apud Castilho Arredondo; Diago, 2009) considera que a classificação dos diversos tipos de avaliação deve ser feita em função do lugar que o participante que a realiza ocupa no processo de aprendizagem e das necessidades formativas, de cada momento, ao longo do desenvolvimento do processo.

Quadro 1: Circunstâncias da avaliação (baseado em Castilho Arredondo; Diago, 2009)

```
        O
        que
Para   avaliar?    Como
que   Circunstâncias  avaliar?
avaliar?   da
Quando  avaliação   Quem
avaliar?   Quem    avaliar?
         avalia?
```

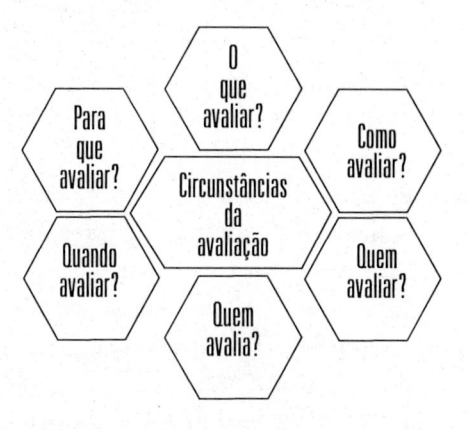

Qualquer esforço para desenvolver uma avaliação deve ter em conta uma compreensão que envolve todo seu contexto, pois suas características diversificam e influenciam, de determinadas maneiras, a avaliação e seus resultados (Holden; Zimmerman, 2009; Stufflebeam; Shinkfield, 2007). O que refletir para elaborar instrumentos que garantam a recolha de dados, cujas informações contribuam para melhorar a formação? Importante lembrar que todos esses argumentos devem contemplar as dimensões pessoais, profissionais e institucionais.

Um dos primeiros questionamentos a serem feitos é: *O que avaliar?* – A formação? A relação da formação com a prática? A relação da formação com a aprendizagem dos professores, dos alunos? As tarefas envolvidas no processo? A assiduidade? A pontualidade? O cumprimento de metas? A adequação da formação com a política de formação? O trabalho colaborativo? Os resultados esperados?

Num segundo momento, a pergunta a se pensar encontra-se baseada em: *Para que avaliar?* – Para melhorar a formação? Para melhorar o ensino? Para melhorar a aprendizagem? Para tomar decisões? Para arquivar os dados?

Em seguida, é necessário se questionar sobre: *Como avaliar?* – Por meio de relatório de autoavaliação? Utilizando técnicas de observação? Pelo cumprimento de metas e tarefas? Pelo desempenho dos formandos e formadores? Pela melhoria na aprendizagem dos alunos? Pela elevação dos indicadores das avaliações internas e externas? Utilizando critérios preestabelecidos (os quais todos os avaliados são conhecedores)? Com o suporte de instrumentos adequados?

Outro momento importante que é preciso ter clareza é de *Quando avaliar?* – Se dizemos que a avaliação é inicial com função diagnóstica? Se é processual e acontece durante o processo com função formativa? Se é final e somativa?

Castilho Arredondo e Diago (2009) discutem um pouco mais essas aplicações do conceito de avaliação. De acordo com suas discussões, entende-se por avaliação inicial da formação aquela realizada antes do planejamento do Projeto de Formação. Consiste na coleta de dados, das necessidades formativas dos professores, a partir das dificuldades encontradas em sua prática docente, sejam elas de conteúdo, de metodologia ou de método[3]. A finalidade é que os professores iniciem a formação com um conhecimento real das características do grupo formado. Isso deve permitir-lhes configurar as estratégias de aprendizagem docente e planejá-las de modo que o grupo possa fazer dos encontros espaços para discutir as problemáticas encontradas no seu campo da atuação.

A avaliação inicial, portanto, possibilita que ela seja diagnóstica, por permitir que a os pressupostos de partida sejam conhecidos para implementar a ação de formação. Ela orienta a escolha das temáticas de estudos, bem como a tomada de decisões acerca de um planejamento voltado à formação continuada, caso haja necessidade.

A avaliação processual tem como principal finalidade ser formativa. Ela serve como plano de melhora para ajustar os processos, enquanto esses se encontram em andamento. A intenção é atuar sobre a formação, entre a situação inicial e a final. Desse modo, vai se acompanhando sistematicamente em que medida os resultados previstos vão sendo alcançados. Nessa perspectiva, a avaliação da formação continuada de professores para García (1999) atende à necessidade de melhorar os programas e ativi-

---

3. Michel Thiollent (2011) quando discute "Metodologia da Pesquisa-Ação" retrata que o objetivo da metodologia consiste em analisar as características dos vários métodos disponíveis, avaliar suas capacidades, potencialidades, limitações ou distorções e criticar os pressupostos ou as implicações de sua utilização. Ela pode ser vista como conhecimento geral e habilidade que são necessários para orientar o processo de investigação, tomar decisões oportunas, selecionar conceitos, hipóteses, técnicas, recolha de dados adequados, etc. Recorre-se aos métodos para definir o caminho ou o conjunto de procedimentos para interligar conhecimento e ação, ou extrair da ação novos conhecimentos, formular conceitos, buscar informações, aumentar a disposição a agir, a aprender, a transformar, a melhorar, etc. Acredito que as definições utilizadas por Thiollent (2011) podem também explicar o significado de metodologia e método no momento em que formandos, formadores e gestores da formação estiverem realizando o diagnóstico das necessidades formativas e as temáticas de formação. Desse modo, esse autor explica o método como o caminho prático para construção do conhecimento e metodologia, relacionada com epistemologia, o que consiste na discussão dos métodos.

dades de formação no percurso de sua realização. Ela se torna imprescindível elemento de *feedback* utilizado para o desenvolvimento das ações de formação. A avaliação das ações formativas implica, também, responsabilizar os professores no próprio processo de formação, pois as atividades que não são avaliadas, por vezes não são valorizadas como deveriam pelos profissionais. Da mesma forma, imprescindível observar *Quem avaliar?* – Quais instâncias serão avaliadas? Os Cefapros (Formadores? Equipe Gestora? Profissionais?). A Sufp (Gestores Orientadores? Gestores e Coordenadores? A Política de Formação?). As Escolas (Gestores, Professores, Profissionais?).

E, por fim, para completar o ciclo, significativo para o processo ser avaliado, mas também, avaliar, é necessário considerar a circunstância: *Quem avalia?* – A Sufp avalia os Cefapros? Os Cefapros avaliam a Sufp e as Escolas? As Escolas avaliam os Cefapros e a Sufp?

A avaliação não pode correr o risco de se tornar apenas normas para dar respostas a certas exigências (Estrela, 1999). Em vista disso, a avaliação da formação dos professores não pode estar desligada do fato de observar qual é o professor que se deseja formar, em que contexto ele atua e quais são suas necessidades formativas, para se tomar as decisões mais acertadas no que diz respeito às políticas educacionais e de formação.

Todos esses questionamentos devem estar presentes no processo de planejamento da avaliação e na elaboração de seus instrumentos para que eles sejam capazes de oferecer informações sistemáticas e rigorosas para subsidiar a avaliação que se pretende realizar. Nessa perspectiva, há uma grande preocupação, por um grupo de estudiosos, em definir padrões de excelência para avaliação da formação contínua e para isso construíram um conjunto de critérios que devem ser considerados (*Joint Committed on Standards for Educational Evaluation*, 1994): (1) utilidade – que significa que uma avaliação não deverá jamais ser realizada se não o for para ser útil; (2) viabilidade – que, além de útil, considera a possibilidade real de a avaliação se concretizar; (3) ética – realizada no respeito aos valores dos interessados, incluindo grupos e culturas; e (4) rigor – para desencadear uma avaliação útil, viável e ética, faz-se necessário considerar características, no que tange às dimensões técnicas do processo e assegurar que a avaliação traduza tão fielmente quanto possível a realidade.

Quando existe um controle democrático da avaliação, um fator crucial que está presente é o respeito à participação efetiva de todos os interessados (os *stakeholders*) no processo e na atuação, desde a concepção da avaliação até seus resultados. Somente assim a avaliação será útil nas necessárias transformações que os programas de formação continuada pretendem alcançar.

As circunstâncias avaliativas e a construção de uma nova cultura de formação

Três instâncias que se complementam

A Política de Formação na rede estadual de ensino em Mato Grosso (Mato Grosso, 2010) concebe a formação dos profissionais da educação em dois elementos principais que os tornam capazes de efetuar seu trabalho nos diversos níveis e modalidades de ensino: o primeiro se refere à necessidade da associação entre teorias e práticas nos processos formativos e o outro, ao aproveitamento da formação e experiência anteriores de ensino e outras atividades, de acordo com a LDB, artigo 61. A formação e as aprendizagens são entendidas por essa Política "como um *continuum* de desenvolvimento ao longo da vida, que tem início com uma sólida formação inicial" (Mato Grosso, 2010, p. 14). O desenvolvimento profissional

> está intimamente relacionado com o desenvolvimento da escola, com o desenvolvimento e a inovação curricular, com o desenvolvimento do ensino e com o desenvolvimento da profissionalização. (Mato Grosso, 2010, p. 15)

Para isso, destaca que a formação deve evidenciar a escola como unidade de mudança.

No entanto, para se expandir rumo a uma formação emancipatória, não é necessário somente um agrupamento de professores. É preciso a construção de um paradigma colaborativo entre os docentes, pois o modo como os professores elaboram, utilizam, transformam, interpretam as relações no espaço educativo e as integram nas estratégias que utilizam para resolução dos problemas da prática, configura elementos que podem se transformar em fontes ricas de oportunidade para pôr em movimento os programas de formação continuada centrada na escola (Costa, 2013).

Para enfrentar esses desafios a LDB 9.394/96, artigos 62 e 63, determinam que a formação dos professores para atuar na educação básica deve ocorrer em nível superior, em curso de licenciatura, de graduação plena, em universidades e institutos superiores de educação, bem como em programas de educação continuada para os profissionais que atuam nos diversos níveis. Em Mato Grosso, a Lei Complementar 50/1998 veio garantir esse direito aos profissionais da educação, em seu artigo 2º, parágrafo único. "Os órgãos do Sistema Público Educacional devem proporcionar aos profissionais da Educação Básica, valorização mediante formação continuada, [...]" (Mato Grosso, 1998).

Esta mesma Lei, em seu artigo 36, estipula o regime de trabalho de 30 horas semanais, destinando o percentual de 33,33%, da jornada semanal para atividades relacionadas ao processo didático-pedagógico. No artigo 38, § 1,

> entende-se por hora-atividade aquela destinada à preparação e avaliação do trabalho didático, à colaboração com a administração da escola, às reuniões pedagógicas, à articulação com a comunidade e ao aperfeiçoamento, de acordo com a proposta pedagógica da escola.

Segundo Xavier (2013),

a forma encontrada para atender à demanda oriunda desse dispositivo, e possibilitar a formação de seus professores, principalmente a formação continuada, foi criar, no ano de 1997, o Centro de Formação e Atualização dos Professores – Cefapro.

Ao todo foram criados quinze polos que atendem aos municípios circunvizinhos, são eles: Alta Floresta, Barra do Garças, Cáceres, Confresa, Cuiabá, Diamantino, Juara, Juína, Matupá, Rondonópolis, Pontes e Lacerda, do Leste, São Félix do Araguaia, Sinop e Tangará da Serra.

Criados com a finalidade de desenvolver projeto de formação continuada para professores da rede pública de ensino, programas de formação de professores leigos e projetos pedagógicos para qualificação dos profissionais da educação (Decreto nº 2.007, de 29 de dezembro de 1997), os Centros de Formação buscam focar suas ações na formação continuada, na inclusão digital e no uso das novas tecnologias nas práticas pedagógicas dos profissionais da educação básica da rede pública estadual de ensino (Decreto nº 8.405, de 27 de dezembro de 2005 e Decreto nº 1.395 de 16 de junho de 2008).

Para tanto, foi idealizada toda uma estrutura para possibilitar o atendimento às escolas de educação básica da rede estadual, localizada em cada polo regional do Cefapro, em decorrência do número de escolas que atendem. Há também o atendimento às Secretarias Municipais de Educação, quando estas solicitam.

Cada Cefapro é composto por um diretor, um coordenador de formação, um secretário e por professores formadores nas diversas áreas de formação, como especificado inicialmente. No entanto, os Centros de Formação ainda não dispõem de quadro totalmente completo, apesar dos vários processos seletivos. Fato esse decorrente da falta de profissionais habilitados ou mesmo interessados em assumir tal função, por questões que se justificam por argumentos tanto pessoais quanto a incentivos profissionais e de carreira, o que contribui para constituir um conjunto de dificuldades para o desenvolvimento do trabalho de formação, tendo em vista o planejamento da formação, o número de município, escolas e professores a serem atendidos.

Aos Cefapros cabem as ações de acompanhar, orientar e realizar as intervenções necessárias à implementação da Política de Formação junto às escolas. Sabe-se que muitas das ações de formação não produzem os efeitos desejados (ainda que os efeitos a curto prazo sejam considerados excelentes) por falta de um acompanhamento adequado.

A formação continuada, em Mato Grosso, é reponsabilidade da Superintendência de Formação dos Profissionais da Educação Básica – Sufp/Seduc. A equipe técnica é composta por Gestores Orientadores que atuam junto aos Cefapros na implementação da Política. A função que vem se construindo desses profissionais é a de produzir com os Centros de Formação uma relação de crescimento pessoal, profissional e institucional. Esta atividade deve possibilitar a discussão das políticas vigentes, dos encaminhamentos dados por meio de orientativos, portarias e outros. O que deu certo e o que não deu do que se planejou? Quais foram os avanços e os retrocessos? O que pode ser levantando de sugestões do que é preciso melhorar? Retomar a concepção de formação continuada, proposta pela Política de Formação; identificar as fragilidades do processo de acompanhar, assessorar, orientar e fazer as intervenções, junto aos Cefapros; socializar as práticas de orientações existentes pelos gestores orientadores; realizar estudos teóricos e metodológicos para fortalecer a prática da orientação; construir estratégias de orientação. Um caminho ainda recheado de desafios para atingir resultados mais significativos, pois essa atividade, até então, não tem cumprido com os rigores necessários, tais como planejamento, acompanhamento e avaliação com orientação sistemática para conquistar a credibilidade merecida.

A formação continuada, pelo o que vimos até agora, deve estar situada num contexto de aprendizagem que promova o crescimento dos indivíduos e das instituições, no qual está imbricado o conceito de desenvolvimento profissional. Ou seja, um não exclui o outro. A formação centrada na escola, para além de ser um processo de formação da escola, na escola, para a escola, representa um profundo desafio teórico, metodológico e político (Escudero, 1992).

A escola considerada *locus* de formação é mais do que a simples mudança de ambiente de formação. Envolve estratégias entre formadores e professores para organizar os programas de formação, redefinir conteúdo, estratégias, igualmente os protagonistas e os propósitos da formação. As diversas instâncias educativas – Seduc, Cefapros e Escolas – têm conseguido alcançar esse objetivo?

Cabe aos profissionais, na escola, fazer o diagnóstico das necessidades formativas, definido por Montero Mesa (1987, p. 10) como "aqueles desejos, carências e deficiências percebidas pelos professores no desenvolvimento do ensino" e de sua prática. Identificadas e compreendidas as necessidades pelos envolvidos, é momento da elaboração do Projeto Sala de Educador.

A construção do Projeto Sala de Educador, em cada escola, segue orientações de Pareceres Orientativos da Seduc e da Política de Formação (Mato Grosso, 2010). Além de contemplar as temáticas abordadas pelos profissionais, podem-se constituir vários grupos de estudo de modo que atenda às diversas etapas e modalidades da educação básica. Devem definir estratégias do desenvolvimento dos estudos com os professores e funcionários, prevendo ações de intervenção pedagógica que podem e devem ser reorganizadas no decorrer do processo, de acordo com os novos desafios que se apresentam. O projeto deve indicar, também, o que será necessário para a intervenção dos formadores dos Cefapro, a fim de que os objetivos propostos sejam alcançados. A elaboração do Projeto Sala de Educador deve estar em consonância com a concepção pedagógica assumida pela unidade escolar no Projeto Político-Pedagógico da Escola e orientado pelo professor formador do Cefapro no qual a escola encontra-se localizada.

Segundo Monteiro (2007), é preciso que os novos conhecimentos que vão sendo construídos, as novas propostas de formação, instaurem novo olhar sobre os processos formativos, bem como alinhadas ao como se aprende a ensinar, de modo que as intervenções se deem de forma mais legítima entre o pensar e o fazer dos profissionais da educação.

A formação centrada na escola envolve estratégias empregadas por professores e formadores, de modo que respondam às necessidades definidas pela escola para elevar a qualidade do ensino e da aprendizagem nas salas de aula. Para Imbernón (2005, p. 80), "a formação centrada na escola é mais que uma simples mudança de lugar da formação".

Um dos desafios à formação está em conceber esse momento destinado a ela como uma conquista. Como diz Libâneo (2011) trabalhar em grupo é uma aprendizagem. Para esse autor, essa atividade envolve um conjunto de habilidades, entre as quais o relacionamento com os colegas, a disposição para colaborar, o saber expressar-se e argumentar com propriedade, além de saber ouvir e compartilhar interesses e motivações. A reflexão conjunta dos professores sobre as experiências profissionais possibilita apoio e se torna riquíssimo instrumento de formação. Desafio esse posto para que o Projeto Sala de Educador possa avançar e alcançar seu objetivo de melhorar o espaço de formação.

É no cotidiano da formação e nas situações concretas que os avanços e os desafios se tornam evidentes. Segundo D'Agostini (2010), convém sempre incrementar a participação e o envolvimento dos participantes ao longo de todo processo formativo. É imprescindível estimular, fomentar e oferecer condições para que todos participem e tenham flexibilidade para expor as necessidades encontradas. Afinal, nos dias que correm, sobretudo, a responsabilidade da formação não é mais só do formador, mas encampa professores e gestores educacionais que exercem diferentes papéis.

O principal efeito da formação deve ser a mudança na postura das práticas das pessoas envolvidas, por isso é privilegiar a escola como lócus de formação. Para Nóvoa (1992), a formação de professores consiste em conceber a escola como ambiente educativo, onde trabalhar e formar não sejam atividades distintas.

A prática entre formação e avaliação

A avaliação, portanto, deve vir ao encontro das necessidades da Política Educacional que traça as metas primordiais dos programas de formação em função do custo e benefício que obtêm. Os custos aqui se referem, além dos econômicos, aos pessoais, aos de tempo, aos de esforço, aos de espaços, e principalmente àqueles que se relacionam à melhoria profissional e, com estes, a do ensino e da aprendizagem. A avaliação aqui carece constituir-se de sua função formativa e somativa, conforme especificado acima, para que possa ajudar na tomada de decisões para melhorar a formação.

No estado de Mato Grosso, a finalidade da Política de Formação tem sido a de concentrar a formação no espaço da escola e fazer com que ela, de aleatória, assuma caráter continuado e de desenvolvimento profissional (Mato Grosso, 2010). Mas ainda há muito que melhorar. Por exemplo, estabelecer políticas bem definidas, que orientem as diversas Superintendências da área pedagógica, na Seduc; gestores e professores formadores, nos Cefapros e gestores e professores, nas escolas, para que cada instância saiba o que lhes cabe. Assim, podem "prestar contas" dos resultados que são esperados e promover as intervenções necessárias para atingir as metas esperadas.

Providências precisam ser tomadas, porque muitas das ações de formação não rendem os efeitos esperados, ainda que, momentaneamente, os resultados sejam considerados satisfatórios, por falta de um "acompanhamento" apropriado.

Algumas investigações mostram que, sem "acompanhamento" adequado, analisa-se que não há avanços no processo formativo e até mesmo períodos de desânimo perante os obstáculos encontrados (De Ketele et al., 1994), o que faz com que os formandos acabem por participar da formação continuada apenas motivados pela certificação.

Diante dessa discussão, o que deve ser considerado na tarefa do "acompanhamento" nas atividades de formação? Primeiramente, é bom relembrar o significado de alguns termos[4] que completam o sentido da palavra "acompanhar" a formação:

> · acompanhar: v.t. Ir junto com, seguir, reconduzir: acompanhar uma visita até a porta./ Fazer companhia: acompanhar os amigos./ Observar a marcha, a evolução, o desenvolvimento / Ser da mesma opinião que./ Participar dos mesmos sentimentos de alguém. Participar de ou observar o desenvolvimento de (um processo ou um percurso). Observar o andamento, o progresso/ prestar atenção a, entendendo o que é dito, pensado.
>
> · assessorar: v.t. Servir de assessor, auxiliar./ cercar-se de assessores ou procurar assessoria.
>
> · orientar: v.t. Dirigir, guiar, encaminhar./ Marinha. Acertar as vergas de forma a que o vento impulsione bem as velas. Nortear (-se) ou informar (-se) (alguém) sobre algo [...]./ voltar-se em ou tomar certa direção; posiciona (-se).
>
> · intervir: v.i. Tomar parte voluntariamente: intervir nas negociações. / [...], tornar-se mediador: intervir numa discussão. Participar ou interferir (em um assunto) com intenção de influir no seu desenvolvimento.

A reflexão sobre cada palavra faz-se necessária pela amplitude do significado que se quer dar ao "acompanhamento da formação", indo além da condição de acompanhar para legitimar-se em assessorar, orientar e intervir. Esse processo deve acontecer nas diversas instâncias institucionais – Sufp/Seduc/Cefapros/Escolas.

"Uma estratégia de acompanhamento prepara-se como uma ação de formação" (De Ketele et al., 1994, p. 95). Nesse sentido, a equipe responsável por planejá-lo tem por missão definir seus principais procedimentos, elaborar o plano de ação e socializar

---

4. Disponível em: <http://www.dicionariodoaurelio.com/>. *Dicionário Didático*. 3. ed. São Paulo: Edições SM, 2009. Houaiss. *Dicionário da Língua Portuguesa*. Atualizado e Ampliado. 2. ed. Rio de Janeiro: Objetiva, 2004.

com os interessados como ele será desenvolvido. O objetivo do acompanhamento é orientar as pessoas envolvidas na formação continuada a fazer as intervenções adequadas para alcançar os objetivos propostos e melhorar as formações.

Quadro 2: Significado do
Acompanhamento da Formação

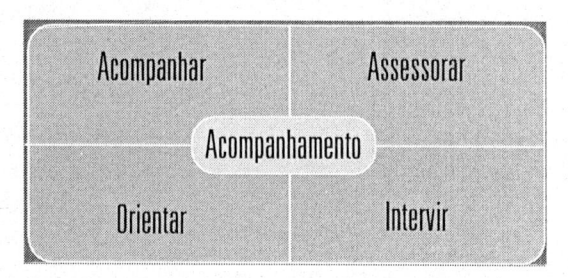

Acompanhar	Assessorar
Acompanhamento	
Orientar	Intervir

Para tanto, os estudos de De Ketele et al. (1994) e Costa (2013) apresentam uma proposta com quatro momentos-chaves importantes no acompanhamento da formação. Nesse momento proposto para ser considerado pelos Centros de Formação e Escolas:

1- Antes do acompanhamento: cabe ao professor formador avaliar *a priori* o planejamento do Sala de Educador que a Escola desenvolverá. Se tem possibilidades de produzir os efeitos esperados. Fazer as intervenções necessárias. Prever intervenções problematizadoras. O objetivo dessa atividade é ajudar o coordenador pedagógico ou coordenador do grupo de estudo a definir a temática e as atividades de formação, para não se perder de vista o planejamento inicial e as reais necessidades de formação.

Para esse momento do acompanhamento da formação, os professores formadores têm o desafio de fazer uma análise do diagnóstico levantado no Projeto Político Pedagógico – PPP, pela escola, relacionando com as temáticas de estudos propostas no Projeto Sala de Educador. Para levantar as temáticas de estudos estão sendo considerados os avanços conquistados no processo de formação e, principalmente, as dificuldades encontradas na prática pedagógica? Quando se faz o diagnóstico das necessidades formativas se considera as dificuldades de elaboração e de execução do planejamento escolar, das dificuldades de ensino dos conteúdos, de escolher a metodologia mais adequada para ensinar a diversidade existente em sala de aula, de selecionar os procedimentos mais pertinentes para alcançar os objetivos e/ou descritores definidos para cada ano da educação básica? Qual a relação entre as temáticas e as necessidades formativas? Debater com a escola se a escolha daquele tema vai contribuir para resolver as problemáticas enfrentadas, ou se é preciso alguma alteração. Se houver necessidade, sugerir leituras e reflexões que possam enriquecer a formação, compreender a dinâmica existente em cada escola e orientar o planejamento e sua execução.

Essa atividade pode ser realizada por meio de análise e *feedback*, por telefone, *on-line* ou e-mail e, quando não for possível, pessoalmente na escola ou no Cefapro.

2- Durante o acompanhamento: o professor formador e o coordenador pedagógico ou coordenador de estudos, na escola, devem observar o desenvolvimento do planejamento (as características do meio onde se desenrola o acompanhamento – o contexto, as pessoas, os recursos, as dificuldades, as necessidades, as expectativas, os registros, dentre outras). Fazer as intervenções necessárias que contribuam para com as reflexões da prática (em que contribuiu a formação? Quais dificuldades ainda se apresentam?). Prestar atenção nas vozes que ficam dispersas, ou, por vezes, silenciadas no grupo, pois são elas, em sua maioria, que demonstram as verdadeiras necessidades de formação, ou aprofundamento das temáticas em estudo.

Observar se a escolha da temática de formação ajudou a refletir a prática, se existe articulação entre as ações de formação e as necessidades formativas para resolver os dilemas da prática. Nesse espaço deve ser reservado um tempo para reflexão-ação-reflexão das relações entre as temáticas estudadas no Sala de Educador e a prática em sala de aula. Em que os estudos nesse Programa têm contribuído para promover melhorias no ensino? Esse movimento tem a finalidade de promover a relação entre a formação e a atuação do profissional da educação, de modo que, se evolua para a transposição didática.

3- Após o acompanhamento: podem ser feitas duas avaliações;
a) A primeira no local em que aconteceu a formação. Após ter realizado os dois procedimentos anteriores, faz-se o seguinte: reúnem-se as equipes responsáveis pelo planejamento da formação – na escola o professor formador, o coordenador pedagógico, o gestor da escola e o professor que orienta os grupos de estudos, (coordenador de estudos, onde existir) –, para refletirem sobre as impressões da formação (retomar as observações e anotações realizadas durante o acompanhamento e discutir se os objetivos foram alcançados, se as estratégias utilizadas foram adequadas, se os resultados atingidos foram os esperados, as dificuldades encontradas, a interação e participação do grupo). Promover reflexões referentes às necessidades de aprofundar os estudos da atual temática ou seguir o planejamento inicial. O importante, nesse momento, é considerar os resultados alcançados. De nada adianta chegar ao final do ano com uma lista de temáticas estudadas se não houve melhoria nos processos de ensino, de aprendizagem, de avaliação, de trabalho colaborativo, de gestão da escola, dentre outros.

b) A segunda com os gestores da formação, com a equipe responsável institucionalmente pela formação. Essa etapa do processo é realizada no Cefapro, entre professores formadores e equipe gestora do Cefapro, na ocasião em que os formadores retornam ao Cefapro após o acompanhamento das escolas sob sua responsabilidade. A atividade será de socialização, reflexão e proposição de compromissos que podem ser assumidos para melhorar a formação. Especificar as expectativas a partir do planejamento do acompanhamento e das intervenções realizadas com a análise do Projeto Sala de Educador de cada escola. Quais avanços o professor formador observou nos grupos de estudos e no perfil do coordenador pedagógico, ou do professor enquanto coordenador da formação continuada, na escola? E quanto à participação do diretor? Quais dificuldades os profissionais encontram para desenvolver a formação continuada nas diversas áreas/modalidades/especificidades? Quais avanços conquistados nesse processo o professor formador tem verificado que conquistou nesse processo? Quais dificuldades o professor formador têm encontrado para promover a formação continuada, nesses moldes?

Essa atividade objetiva socializar informações, trocar experiências, levantar a demanda formativa dos profissionais dos Cefapros, de modo que se possa definir uma política de formação que atenda melhor às necessidades de formação, tanto desse grupo de formadores, como dos professores da educação básica.

Segundo García (1999), isso tudo enseja identificar a viabilidade da formação realizada, as dificuldades na prática, as necessidades de orientação, o clima de trabalho, as dificuldades de implementação, os resultados. Esse tipo de avaliação cumpre com a função formativa da avaliação, porque encerra ações que visam evolução no desenvolvimento pessoal e profissional.

4- O que fazer com o resultado da avaliação: os resultados da avaliação são discutidos para que os professores busquem melhorar a formação? O que se faz com os resultados da avaliação na escola? E no Cefapro?

O que a avaliação da formação precisa evidenciar são dados que contribuam para melhorar a formação e não somente produzir informações que não sejam utilizadas. O mecanismo para que a melhoria ocorra depende dos profissionais envolvidos no processo de produção do conhecimento, tomar a avaliação para estabelecer conexões entre a formação e a prática. A ausência desse procedimento pode comprometer a credibilidade das formações.

Eis um dos problemas abordados por Vianna (2003) no processo de avaliação: o que fazer com os resultados obtidos? Uma das iniciativas a ser tomada é produzir resultados que sejam compreendidos pelos vários segmentos. Para isso é, necessário exercitar a capacidade de analisar os dados, identificar os problemas e se atentar para as implicações desses na definição e implementação da política de formação. Este autor alerta para a necessidade de perceber o significado da avaliação e das lições que esta pode propiciar como aprendizagem, caso contrário poderá ser condenada ao silêncio de um arquivo morto, que pouco, ou nada, contribuirá para que se mude algo.

Considerações finais

A pretensão dessa discussão foi, de acordo com Abdala (2006), promover uma reflexão de que é preciso que com a política de formação, formandos e formadores compreendam melhor o que lhes faltam, o que desejam e o que querem melhorar para orientar o olhar durante o período de planejamento, execução, acompanhamento e avaliação da formação. Essa compreensão do processo formativo permitirá a relação entre a formação e o fazer pedagógico. A relação entre a teoria e prática tão almejada.

No entendimento de Fernandes (2009), avaliar para aprender não é o que mais ocorre, por isso é preciso que a política de formação, e as pessoas que estão diretamente envolvidas nesse processo, saibam coordenar, articular e fazer o uso adequado dos resultados da avaliação realizada. O que é preciso pontua esse autor, é assumir uma produção conjunta de sugestões pragmáticas cujo objetivo seja a introdução de mudanças nas orientações, com ênfase nas políticas educacionais de avaliação da formação. O que se pretende é olhar para a avaliação de outra maneira, não mais como mera solução política, nem apenas como instrumento de prestação de contas. Ela deve, sim, ser assumida como um processo que serve para aprender.

Para apreciar as necessidades formativas dos professores, formadores e gestores da formação, a Secretaria de Estado de Educação está com o desafio de fazer um diagnóstico periódico para orientar a política. Rodrigues e Esteves (1993) sugerem que o formador apoie o formando na construção de suas necessidades, mediante a criação de espaços e momentos favoráveis à conscientização de seus problemas, dificuldades e interesses, ao longo da formação. Enfim, a clareza sobre o uso dos resultados da avaliação facilita a utilização para tomada de decisões. Ou seja, o resultado da avaliação deve ter em vista a busca pela melhoria da formação. Além de servir de diagnóstico para elaboração da formação; deve identificar os problemas e atentar para implicações desses no planejamento da formação; reorganizar ações interventivas; preparar os profissionais e formadores para identificar as necessidades formativas da equipe; e servir para o professor aprender. Caso contrário, não tem sentido avaliar. E, assim, a possibilidade de construir nova cultura de formação poderá estar sempre relegada a segundo plano.

Referências

ABDALLA, Maria de Fátima Barbosa. **O senso prático de ser e estar na profissão**. São Paulo: Cortez, 2006.

BOSTON, Carol. The concept of formative assessment. **Practical assessment, research & evaluation** [on-line], v. 8, n. 9, 2002. Disponível em: <http:/PAREonline.net/getvn.asp?v=8&n=9>. Acesso em: 6 abr. 2010.

BRASIL. **Lei nº 9394 de 20 de dezembro de 1996**. Lei de Diretrizes e Bases da Educação Nacional. Disponível em: <http://www.planalto.gov.br/ccivil_03/Leis/L9394.htm>. Acesso em: 23 jan. 2015.

CANDAU, Vera Maria. F. Formação continuada de professores: tendências atuais. In: REALI, A. M. R.; MIZUKAMI, M. G. N. **Formação de professores**: tendências atuais. São Carlos: EdUFSCar, 1996.

CASTILLO ARREDONDO, Santiago; DIAGO, Jesús Cabrerizo. **Avaliação educacional e promoção escolar**. Tradução de Sandra Martha Dolinsky. Curitiba: Ibpex; São Paulo: Unesp, 2009.

COSTA, I. S. **Avaliação da Formação Continuada de Professores**: Programa Sala de Educador (Mato Grosso – Brasil). 2013. Tese (Doutorado) – Universidade de Lisboa, Lisboa.

D'AGOSTINI, A. Programação da formação continuada. In: ANDREOLA, Balduíno Antônio; et al. **Formação de educadores**: da itinerância das universidades à escola itinerante. Ijuí: Ed. Unijuí, 2010.

DE KETELE, Jean-Marie; et al. **Guia do formador**. Tradução de Anna Maria Rangel. Lisboa: Instituto Piaget, 1994.

ESCUDERO, Juan Manuel; LÓPEZ, J. **Los desafios de las reformas escolares**. Sevilha: Arquetipo, 1992.

ESTRELA, M. T. Avaliação da formação de professores: algumas notas críticas. In: ESTRELA, A.; NÓVOA, A. (orgs.). **Avaliações em educação**: novas perspectivas. Porto: Porto Editora, 1999.

FERNANDES, D. Avaliação em Educação: uma discussão de algumas questões críticas e desafios a enfrentar nos próximos anos. **Ensaio**: aval. pol. públ. Educ., Rio de Janeiro, v. 21, n. 78, p. 11-34, jan./mar. 2013.

_____. Avaliação de programa e projetos educacionais: das questões teóricas às questões das práticas. In:_____ (org.). **Avaliação em educação**. olhares sobre uma prática social incontornável. Pinhais: Editora Melo, 2011.

_____. Acerca da Articulação de Perspectivas e da Construção Teórica em Avaliação Educacional. In: ESTEBAN, M. T.;

AFONSO, A. J. (orgs.). **Olhares e interfaces**: reflexões críticas sobre a avaliação. São Paulo: Cortez, 2010.

_____. Avaliação de programas e de projetos pedagógicos. **VIII Congresso Internacional de Educação**. Recife: Sapiens – Centro de Formação e Pesquisa, 2009. p. 36-40.

FIRME, T. P. Os avanços da avaliação no Século XXI. **Congresso Internacional sobre Avaliação na educação** – PUC-RS em 21 de outubro de 2007. Disponível em: <http://www.cenpec.org.br/modules/editor/arquivos/c8a0633f-4d01-eae6.pdf>. Acesso em: 11 jun. 2010.

GATTI, B. A.; BARRETTO, E. S. S. **Professores do Brasil**: impasses e desafios. Brasília: UNESCO, 2009.

GUBA, E.; LINCOLN, Y. **Fourth generation evaluation**. London: Sage, 1989.

HOLDEN, D. J.; ZIMMERMAN, M. A. **A practical guide to program evaluation planning**: theory and case examples. United States of America: Sage, 2009.

IMBERNÓN, F. **Formação docente e profissional**: formar-se para a mudança e a incerteza. 5 ed. São Paulo: Cortez, 2005.

JOINT COMMITEE ON STANDARDS FOR EDUCATIONAL EVALUATION. SANDERS, CHAIR, J. R. **The program evaluation standards**: how to assess evaluations of educational programs. 2. ed. United States of America: Sage, 1994.

KING, J. A. Evaluating educational programs and projects in the USA. In: KELLAGHAN, T.; STUFFLEBEAM, D. L. (eds.). **International handbook of educational evaluation**. Great Britain: Kluwer Academic Publishers, 2003.

LEITE, T. S. **A avaliação do processo de formação, uma estratégia formativa?** Da análise das práticas ao esboço de um modelo de formação. 2007. Tese (Doutoramento em Ciências da

Educação) – Faculdade de Psicologia e Ciências da Educação, Universidade de Lisboa.

LIBÂNEO, J. C.; et al. **Educação escolar**: políticas, estrutura e organização. 10. ed. São Paulo: Cortez, 2011.

MARCELO, Carlos G. **Formação de professores para uma mudança educativa.** Porto: Porto Editora, 1999.

MATO GROSSO. Secretaria de Estado de Educação. **Política de formação dos profissionais da Educação Básica de Mato Grosso.** Cuiabá: Seduc, 2010.

_____. **Lei Complementar n. 50, de 1 de outubro de 1998.** Dispõe sobre a carreira dos profissionais da educação básica de Mato Grosso. Disponível em: <http://www.al.mt.gov.br/TNX/leis.php>. Acesso em: 23 mar. 2011.

_____. **Lei Ordinária n. 8405, de 27 de dezembro de 2005.** Dispõe sobre a estrutura administrativa e pedagógica dos Centros de Formação e Atualização dos Profissionais da Educação Básica do Estado de Mato Grosso – Cefapros-MT.. Disponível em: Acesso em: 23 jan. 2015.

_____. **Decreto n. 1395, de 16 de junho de 2008.** Dispõe sobre a regulamentação da Lei n. 8.405, de 27 de dezembro de 2005, que trata da estrutura administrativa e pedagógica dos Centros de Formação e Atualização dos Profissionais da Educação Básica do Estado de Mato Grosso. D.O. 24854. Disponível em: Acesso em: 23 jan. 2015.

MIZUKAMI, M. G. N.; et al. **Escola e aprendizagem da docência: processos de investigação e formação.** São Carlos: EdUFSCar, 2002.

MONTEIRO, F. M. A. Processos de aprendizagem profissional dos professores-formadores. In: _____ (org.). **O trabalho do-**

cente na Educação Básica: contribuições formativas e investigações em diferentes contextos. Cuiabá: EdUFMT, 2007.

MONTERO MESA, L. **Lecturas de formación del profesorado**. Santiago: Tórculo, 1987.

NÓVOA, A. **Professores**: imagens do futuro presente. Lisboa: Educa, 2009.

_____. Formação de professores e profissão docente. In: _____ (org.). **Os professores a sua formação**. 2. ed. Lisboa: Dom Quixote, 1992.

_____. A formação contínua entre a pessoa-professor e a organização-escola. **Revista do Instituto de Educação de Inovação Educacional**, v. 4, n. 1. Portugal: Ministério da Educação, 1991.

NUNES, C. S. C. **Os sentidos da formação contínua de professores**. O mundo do trabalho e a formação de professores no Brasil. 2000. Tese (Doutorado) – Unicamp, Campinas.

PÉREZ JUSTE, R. **Evaluación de programas educativos**. España: La Muralla S.A., 2006.

RODRIGUES, A.; ESTEVES, M. **A análise de necessidades na formação de professores na formação de professores**. Porto: Porto Editora, 1993.

SÁNCHEZ, A. V. Evaluación de la función docente y desarrollo del profesorado. In: MARCELO, C.; et al. **La función docente**. Madrid: Síntesis, 2001.

SANTOS GUERRA, M. A. Avaliação da formação dos professores. In: _____. **Uma seta no alvo**: a avaliação como aprendizagem. Tradução de Alcino Matas Vilar. Porto: ASA, 2003.

SCRIVEN, M. The methodology of evaluation. In: STAKE, R. (ed.). **Curriculum evaluation**. American Educational Research Association Monograph Series on Evaluation, n. 1. Chicago: Rand MacNally, 1967.

STAKE, R. **Evaluación comprensiva y evaluación basada em estándares**. Barcelona: Graó, 2006.

STUFFLEBEAM, D. L.; MADAUS, G. F.; KELLAGHAN, T. **Evaluation models**: viewpoints on educational and human services evaluation. 2. ed. Boston: Kluwer Academic Publishers, 2000.

STUFFLEBEAM, D. L.; SHINKFIELD, A. Overview of the evaluation field. In: _____. **Evaluation theory, models e applications**. United States of America: Jossey-Bass, 2007.

_____. **Evaluación sistemática**: guia teórica y práctica. España: Paidós, 1987.

THIOLLENT, M. **Metodologia da pesquisa-ação**. 18. ed. São Paulo: Cortez, 2011.

VIANNA, H. M. Fundamentos de um programa de avaliação de educacional. **Estudos em Avaliação Educacional**, n. 28, jul./dez. 2003. Disponível em: <http://www.fcc.org.br/pesquisa/publicacoes/eae/arquivos/1109/1109.pdf>. Acesso em: 28 out. 2009.

XAVIER, I. de O. **A política de formação continuada e professores de Mato Grosso**: percepções de um grupo de Professores/Formadores do Cefapro. 2013. Dissertação (Mestrado) – Universidade Federal de Mato Grosso, Instituto de Educação, Programa de Pós-Graduação em Educação, Cuiabá.

Capítulo 8
EDUCAÇÃO FÍSICA ADAPTADA: NECESSIDADES E POSSIBILIDADES DA FORMAÇÃO INICIAL

Katia Garcia Gelamo[1]; Evando Carlos Moreira[2]

Introdução

O presente ensaio tem como objetivo discutir as relações existentes entre a Educação Física Adaptada e a formação inicial de professores de Educação Física, identificando e apresentando subsídios essenciais à formação e atuação docente, com vistas a atender alunos com deficiência nessas aulas. Entendemos que, mesmo com todo o processo de inclusão dos alunos com deficiência nas escolas, o professor de Educação Física ainda se depara com dificuldades em encontrar estratégias ou adequar o planejamento de suas ações para a inclusão de alunos com essa condição.

Mediante esta situação, questionamos: quais fragilidades são encontradas para que o futuro professor se depare com tais dificuldades? O que é possível melhorar na graduação para se evitar futuros conflitos profissionais? Quais elementos teóricos pode-se implementar no currículo de formação de professores para capacitá-los nas especificidades da Educação Física Adaptada? Quais possibilidades de formação de professores de Educação Física podemos aventar no trato com as especificidades dos alunos?

O texto será dividido em 3 partes: a primeira parte aborda o conceito de inclusão, bem como as questões inclusivas no contexto

---
1. Mestranda em Educação Física pela Faculdade de Educação Física da Universidade Federal de Mato Grosso. Docente da Rede Pública Estadual de Mato Grosso.
2. Doutor em Educação Física pela Faculdade de Educação Física da Universidade Estadual de Campinas. Docente da Faculdade de Educação Física da Universidade Federal de Mato Grosso.

educacional; a segunda parte apresenta e contextualiza como foram pensadas as primeiras propostas políticas de inclusão na Educação Física para alunos deficientes; por fim, discute-se a inserção da Educação Física nas matrizes curriculares, apontando como esta questão vem sendo contemplada nos cursos de Formação Inicial dos professores de Educação Física e quais as possibilidades que um curso de formação de futuros professores pode oferecer aos alunos para que estes atendam a estas demandas que surgem na escola.

Inclusão na educação

A inclusão é um tema de debate complexo, pois não é algo inerente apenas à educação, mas sim a um contexto social histórico, cultural. Segundo Sassaki (1997 apud Cidade; Freitas, 2002a, p. 26):

> A inclusão é um processo que exige transformações, pequenas e grandes nos ambientes físicos e na mentalidade de todas as pessoas, inclusive da própria pessoa com necessidades especiais, com o objetivo de se alcançar uma sociedade que não só aceite e valorize as diferenças individuais humanas, por meio da compreensão e da cooperação.

Estar incluído é pertencer a um grupo social e nele atuar, é ser reconhecido como sujeito, como cidadão e não apenas como deficiente. Muitas foram as conquistas adquiridas no que concerne à inclusão, porém muito ainda há de se fazer na busca da valorização e do respeito às diferenças.

Na década de 1970, as políticas de inclusão se fortaleceram, mas foi nas décadas de 1980 e 1990 que a inclusão se consolidou por meio de diversas ações, dentre elas as políticas, que estabeleceram normativas, portarias, resoluções e documentos que fundamentaram e garantiram o processo inclusivo na educação.

Em 1994, a Conferência Mundial sobre Necessidades Educacionais Especiais, organizada pela Unesco, teve como documento a Declaração de Salamanca, referência na política e prática da Educação Especial no Brasil. Porém, podemos citar alguns documentos e eventos que tiveram importante papel no processo inclusivo das pessoas deficientes na educação, tais como: a Declaração Universal dos Direitos das Pessoas com Retardamento Mental (1971); a Declaração dos Portadores de Deficiências (1975); o Ano Internacional dos Deficientes (1981); a Conferência Mundial de Educação para Todos (1990); entre outros (Ribeiro, 2009).

A Resolução CNE/CEB nº 2/2001 deixa claro, em seu artigo 3º, que a educação especial é uma "modalidade da educação escolar" e que as escolas devem se adequar ao educando com necessidades especiais e não o contrário. Por sua vez, o artigo 7º destaca que "o atendimento aos alunos com necessidades educacionais especiais deve ser realizado em classes comuns do ensino regular, em qualquer etapa ou modalidade da Educação Básica" (Brasil, 2001, p. 2).

Dessa forma, fica explícito que o documento norteador da organização da educação no Brasil vai ao encontro da Declaração de Salamanca, que reafirma

> [...] o compromisso para com a Educação para Todos, reconhecendo a necessidade e urgência do providenciamento de educação para as crianças, jovens e adultos com necessidades educacionais especiais dentro do sistema regular de ensino e reendossamos a Estrutura de Ação em Educação Especial, em que, pelo espírito de cujas provisões e recomendações governo e organizações sejam guiados [sic]. (Unesco, 1994, p. 1)

Jannuzzi (2012), em sua obra *A Educação do Deficiente no Brasil*, aborda diversos momentos históricos em relação à inclusão do deficiente no contexto educacional, mostrando também um grau de responsabilidade da sociedade neste processo.

A autora afirma que as primeiras iniciativas governamentais, em relação à inclusão do deficiente no contexto educativo no Brasil, se deram muito timidamente por volta dos anos de 1850, primeiro com o Instituto dos Meninos Cegos (IMC), posteriormente denominado Instituto Benjamim Constant (IBC). Alguns anos mais tarde, ainda na mesma década, o Instituto de Surdos e Mudos (ISM), que também passa a ser Nacional, Instituto Nacional dos Surdos e Mudos (INSN).

Quanto à deficiência mental, crianças com este comprometimento eram recolhidas em algumas instituições ou hospitais. A grande luta em favor destes deficientes foi pelo pesquisador de doenças mentais e nervosas infantis, Dr. Desiré Magloire Bourneville, médico francês que exerceu grande influência no Brasil, no final do século XIX. Aliás, foi notável a influência da medicina nas propostas educacionais para deficientes, não só pela atuação dos médicos, mas pelos ensinos fundamentados na área, bem como no campo de Serviço de Higiene e Saúde Pública. Os médicos, percebendo a importância da pedagogia no desenvolvimento do deficiente, criaram instituições escolares ligadas a hospitais psiquiátricos. "O médico combatendo os defeitos orgânicos e o pedagogo as taras mentais [...]" (Magalhães, 1913 apud Jannuzzi, 2012, p. 41).

Mesmo com a virada de século e após muitas décadas passadas, ainda de maneira tímida, no Brasil, em 1961, na primeira Lei de Diretrizes e Bases da Educação Nacional (LDB), Lei nº 4.024, os artigos 88 e 89 instituíram, respectivamente, que: "a educação de excepcionais, deve, no que for possível, enquadrar-se no sistema geral de educação, a fim de integrá-los na comunidade" e

> toda iniciativa privada considerada eficiente pelos conselhos estaduais de educação, e relativa à educação de excepcionais, receberá dos poderes públicos tratamento especial mediante bolsas de estudo, empréstimos e subvenções.

Porém, ao mesmo tempo em que previa integrar o deficiente na educação pública, havia incentivo às instituições privadas para o acolhimento destes mesmos alunos. Entendemos que isso seja contraditório a uma política pública de inclusão pois, para a rede privada havia o incentivo com bolsas, empréstimos e subvenções, e na rede pública seria incluir no que fosse possível. Tal condição caracteriza um interesse ainda restrito do Estado, porém não totalmente omitido.

Com a institucionalização da inclusão das pessoas com deficiência, as instituições educacionais passam por um processo de adaptação e revisão de seus currículos, e a Educação Física, por sua vez, também vivencia estas mudanças. Assim, surge a Educação Física Adaptada.

Educação Física Adaptada

Conforme Pedrinelli (1994 apud Cidade; Freitas, 2002b), o termo Educação Física Adaptada (EFA) surgiu na década de 1950 e foi definido pela *American Association for Health, Physical Education, Recreation and Dance (AAHPERD)* como sendo um programa diversificado de atividades desenvolvimentistas, jogos e ritmos adequados aos interesses, capacidades e limitações de estudantes com deficiências.

É importante ressaltar que a EFA, algumas vezes, é tratada de Atividade Física Adaptada (AFA), porém não são conceitos sinônimos.

Mauerberg-de-Castro (2011) nos esclarece que a AFA é dirigida para identificar e solucionar problemas psicomotores que limitam os movimentos do indivíduo. Ela é composta de várias áreas de conhecimento, sendo seus serviços executados por profissionais especialistas, inclusive por educadores. Por sua vez, a EFA está direcionada para o ensino em escolas.

Os focos da AFA e da EFA são muito parecidos; em síntese, podemos dizer que o termo AFA é mais comumente utilizado nas áreas de saúde e EFA na área educacional.

> A atividade física adaptada não deve categorizar os seres humanos como deficientes ou sem deficiência, como fazem muitos procedimentos clássicos de encaminhamento. Ao contrário, a atividade física adaptada deve analisar as

diferenças individuais associadas aos problemas no domínio psicomotor, e evitar que elas definam negativamente a identidade do aluno, de atleta, enfim, de pessoa. Tais diferenças são apenas uma parcela de um todo complexo que é o ser humano. Assim, a atividade física adaptada deve proporcionar serviços adequados às necessidades e às potencialidades desses indivíduos. (Mauerberg-de-Castro, 2011, p. 41)

Inicialmente, a EFA teve seu foco mais voltado para a prática esportiva, adaptando os esportes convencionais de acordo com o tipo de deficiência. Atualmente, sabemos que a Educação Física vai muito além do esporte, existem várias outras atividades pensadas exclusivamente para pessoas com deficiência e que integram a área da EFA. Porém, temos que ter em mente que as atividades a serem trabalhadas são as mesmas para todos os alunos, com ou sem deficiência, o que muda são os meios para permitir o acesso aos educandos com deficiência à mesma prática (Pedrinelli, 1994).

Inserir e incluir são palavras consideradas sinônimas, mas, no âmbito da inclusão e da EFA têm significados diferentes. Quando dizemos *inserir* é no sentido de colocar dentro, juntar, o que não basta para a educação do deficiente, ao passo que *incluir* gera um sentido de integrar, incorporar. Portanto, há de se ter a clareza de que na educação o sentido da palavra inclusão é o de fazer com que o aluno seja realmente integrado ao meio, objetivando a educação para todos.

É papel do professor de Educação Física, frente a este cenário, fazer com que as pessoas consigam superar seus limites, estabelecendo caminhos com graus de dificuldades variados, de acordo com a deficiência, além de proporcionar melhoria na qualidade de vida, pois a EFA tem como objetivos

> oferecer atendimento especializado aos educandos, respeitar suas diferenças individuais, proporcionar o desenvolvimento global, reconhecer as potencialidades do indivíduo e integrá-lo na sociedade. (Duarte; Werner, 1995 apud Cidade; Freitas, 2002b, p. 41)

Para que o professor de Educação Física possa atingir os objetivos propostos pela EFA, é importante que, na formação inicial, lhe sejam oferecidos subsídios que permitam atender às necessidades de seus alunos, preparando-se, assim, para o atendimento educacional num contexto inclusivo com alunos deficientes.

Formação inicial do professor de Educação Física

A formação do professor de Educação Física é de fundamental importância no processo de inclusão da pessoa deficiente, pois é necessário conhecimento e preparo para o planejamento e a prática pedagógica docente. Para tanto, abordaremos, a seguir, as implicações curriculares nos cursos de Educação Física, a fim de refletirmos como os cursos de graduação se organizaram para que os futuros profissionais obtivessem o suficiente preparo para atuar pedagogicamente com alunos que apresentam algum tipo de deficiência.

Não é intenção desta etapa do texto nos reportarmos aos primórdios da formação dos cursos de Educação Física, datados da década de 30, mas a uma das primeiras e mais significativas mudanças de currículo em nível superior em Educação Física, no ano de 1969, com a Resolução do Conselho Federal de Educação (CFE) nº 69/1969, que ampliou a carga horária dos cursos, instituiu matérias básicas e profissionais, e, ainda, atribuiu o título de Licenciatura Plena aos seus egressos. Anos mais tarde, após muitas discussões e críticas a este currículo que não mais condizia à demanda profissional, uma nova alteração ocorreu no currículo dos cursos de Educação Física, desta vez com um olhar voltado para um caráter humanístico da formação e atuação profissional. Tal mudança ocorreu em 1987, com a Resolução do Conselho Federal de Educação nº 03/87 que, em seu artigo 3º, estabelece que os currículos plenos para os cursos de graduação em Educação Física seriam compostos por duas partes:

a) Formação Geral (humanística e técnica)

b) Aprofundamento de Conhecimentos

§ 1º Na Formação Geral serão consideradas as seguintes áreas de conhecimento:

a) De cunho humanístico.

CONHECIMENTO FILOSÓFICO
- compreendido como conhecimento filosófico o resultado de reflexão sobre a realidade, seja no nível da práxis, a própria existência cotidiana do profissional de Educação Física, relacionada com eventos históricos, sociais, políticos, econômicos, seja no nível da teoria, apresentação rigorosa através das ciências dessa mesma práxis. O conhecimento filosófico deve consistir na articulação da práxis pedagógica com as teorias sobre o homem, a sociedade e a técnica.

CONHECIMENTO DO SER HUMANO
- entendido como o conjunto de conhecimentos sobre o ser humano, durante todo seu ciclo vital, no que concerne aos seus aspectos biológicos e psicológicos, bem como sua interação com o meio ambiente, face à presença ou ausência de atividades de Educação Física.

CONHECIMENTO DA SOCIEDADE
- entendido como a compreensão da natureza social das instituições, sistemas e processos, com vistas a uma efetiva contribuição da Educação Física para o desenvolvimento do indivíduo e da sociedade, considerando-se especificamente a realidade brasileira.

b) De cunho técnico (que deverá ser desenvolvido de forma articulada com os conhecimentos das áreas de cunho humanístico acima referidas).

CONHECIMENTO TÉCNICO
- entendido como o conjunto de conhecimentos e competências para planejar, executar, orientar e avaliar atividades da Educação Física, nos campos da Educação Escolar e Não–Escolar contribuindo para a geração e a transformação do próprio conhecimento técnico.

Vejamos que nesta resolução houve a preocupação para a mudança de um currículo no qual houvesse o desenvolvimento de um trabalho por área de conhecimento. Nos chama a atenção, principalmente, a área do Conhecimento do Ser Humano, parte integrante da Formação Geral, que direciona parte da matriz curricular ao ensino humanístico, se opondo, assim, à vertente tecnicista que predominava até o momento. Observamos, ainda, que não está explícito que o currículo deverá atentar obrigatoriamente para a inclusão do deficiente, porém foi o início de um processo que, implicitamente, apontou para a inserção da temática da inclusão nos cursos de Educação Física. A partir desta Resolução, as Instituições de Ensino Superior (IES) adquiriram maior autonomia para a organização dos seus projetos pedagógicos.

Silva e Drigo (2012) destacam que, em 1990, foi realizada uma pesquisa sobre a necessidade da oferta de uma disciplina específica que tratasse sobre Educação Física e Esportes Adaptados para deficientes nas IES no Brasil, visto a escassez de profissionais especializados para atuarem nesta área. Apesar de somente na década de 1990 se iniciarem os movimentos em prol de disciplina específica para a EFA nos cursos de Educação Física, algumas propostas já vinham sendo debatidas desde 1986, no Rio Grande do Sul, quanto à necessidade de formação de novos profissionais, incentivando as IES quanto às disciplinas e especialização em EFA, e apoio aos profissionais que já atuavam com pessoas deficientes com cursos de aperfeiçoamento e formação continuada. Ou seja, já havia ações educativas nesta área, a partir de projetos e/ou ações isoladas, preocupadas em diminuir as dificuldades existentes por parte dos profissionais que atuavam na área. Ainda antes da década de 1980, já se falava em ensino da educação física para deficientes, porém com poucos registros.

Por conseguinte, no ano de 2004, a Resolução CNE nº 07/04 institui as Diretrizes Curriculares Nacionais para os cursos de graduação em Educação Física, em nível superior de graduação plena, definindo, em seu artigo 7º, parágrafo 4º, que:

As questões pertinentes às peculiaridades regionais, às identidades culturais, à educação ambiental, ao trabalho, às necessidades das pessoas portadoras de deficiência e de grupos e comunidades especiais deverão ser abordadas no trato dos conhecimentos da formação do graduado em Educação Física.

Embora o documento contemple a formação do bacharel em Educação Física, o que a Resolução denomina "graduação", entendemos que a formação do licenciado também deve se orientar para atender alunos com deficiências.

Destacamos, ainda, que, dentre outros aspectos que abordam a resolução citada, no que tange à formação inicial do futuro profissional, verificamos que, de forma muito clara, foi contemplada uma formação específica para o atendimento ao deficiente.

Foi diante destas ações, institucionais e de pesquisas, que a EFA se organizou, no Brasil, nos cursos superiores da área, portanto, uma organização recente e que ainda requer maiores estudos para viabilizar, de fato, sua implementação e avaliação.

Partindo do pressuposto de que é na graduação, na formação inicial, que o profissional adquire fundamentação teórica e prática para que possa enfrentar os desafios que lhe serão colocados frente ao exercício da docência em Educação Física, a EFA vem trazer uma mudança de paradigmas nos currículos da área, bem como mudança de perfil deste profissional.

Assim, a disciplina e os conhecimentos e saberes oriundos dela devem romper com as concepções unicamente mecanicistas, esportivistas e tradicionais, dirigindo sua ação para uma concepção mais humanista, social, cultural. Por sua vez, o perfil profissional almejado que, antes, somente dominava técnicas específicas, métodos e procedimentos para ensinar, agora deve compreender a diversidade existente entre os alunos, para que assim, possa intervir.

Nesse sentido, com a reestruturação curricular nos cursos de Educação Física, no que diz respeito à inserção da EFA, questionamos: por que ainda os profissionais chegam às escolas despreparados para o exercício da Educação Física com deficientes? Estas disciplinas específicas na área da EFA reúnem conhecimentos conceituais e experiências com a realidade? O objetivo aqui não é responder a estes questionamentos, mas refletir sobre a questão, de maneira a pensar saídas para um currículo que abranja a inclusão e evidencie um processo de transformação e benefícios ao aluno deficiente.

Sem desconsiderar os avanços obtidos, de forma análoga ao pensamento de González e Fensterseifer (2009), quando afirmam que a Educação Física está entre o "não mais" e o "ainda não", podemos dizer que o "não mais" seria saber que o currículo nos cursos de Educação Física em relação à EFA deve ser alterado, pois não atende de forma satisfatória às questões relativas à diversidade, por outro lado, o "ainda não" é reconhecer que este processo de definição de um currículo que atinja, de fato, as necessidades do futuro profissional para atender às demandas de um contexto inclusivo educacional ainda não ocorreu efetivamente.

Ponderações e proposições

Tentamos aqui ilustrar de forma sucinta como a EFA foi abordada e inserida nos currículos dos cursos de Educação Física. Constatamos que, de maneira morosa, a legitimação de um currículo que contemplasse a inclusão de pessoas com deficiência nas aulas de educação física foi se estabelecendo e que não foi um processo simples, nem tampouco já se efetivou nos cursos de maneira eficaz e eficiente.

A partir de um levantamento inicial sobre os currículos dos cursos de Educação Física, no sistema eletrônico de acompanhamento dos processos que regulam a educação superior no Brasil, o e-MEC, analisamos a matriz curricular de dez IES do estado de Mato Grosso, públicas e privadas. Podemos afirmar, mediante esta análise, que 100% dos cursos oferecem, em seus currículos, no mínimo uma disciplina específica para a EFA, variando apenas a carga horária e a nomenclatura. Porém, como já mencionamos anteriormente, mediante a demanda de atendimento à diversidade de alunos com deficiência nas escolas, futuro campo de atuação do professor, consideramos que apenas uma disciplina direcionada a esta área não é suficiente para enfrentar os desafios e suprir as dificuldades que ali serão encontradas. Obviamente, precisamos relativizar a questão, pois é possível que outras disciplinas se ocupem de debater como pessoas com deficiência se comportam em esforço máximo, ou como aprendem uma ou outra habilidade motora. Contudo, sabemos que, historicamente, esta temática tem sido relegada a um segundo plano.

Neste sentido, é necessária e urgente uma nova organização da formação de professores para atender às demandas da inclusão, qualificando as futuras intervenções profissionais a partir de uma formação docente melhor.

Assim, entendemos que para que se possam suprir algumas lacunas nos currículos dos cursos de Educação Física, como apontadas anteriormente, uma das maneiras para que o futuro profissional tenha maiores subsídios para enfrentar os desafios da EFA, posteriormente, é que, além das disciplinas específicas, elementos curriculares relacionados à EFA poderiam perpassar por variadas disciplinas.

Incorporar às disciplinas que tratam do esporte, seja ele coletivo ou individual, aspectos relacionados a intervenções pedagógicas para pessoas com deficiência, como podemos listar: o vôlei sentado, o basquete em cadeira de rodas, o futebol de cinco, futebol para amputados, o *goalball*, o judô para cegos, a natação para pessoas com deficiências físicas, o atletismo de acordo com a classificação funcional, nas suas várias categorizações, ou seja, as variadas provas de atletismo para os vários tipos de deficiências, são possibilidades variadas e que enriqueceram o universo formativo e de intervenção profissional, pois, como ressaltam Almeida e Fensterseifer (2014, p. 23, grifos nossos):

[...] um dos principais objetivos da Educação Física, é o de oportunizar aos alunos a *apropriação das diferentes manifestações da cultura corporal de movimento* em benefício da construção de um corpo de conhecimentos que possam auxiliá-los a praticar, analisar, compreender, de maneira crítica e sensível, os temas/conteúdos produzidos e incorporados pela Educação Física ao longo de sua história *em benefício de sua constituição humana, de intervenção no mundo comum, buscando construir as condições de vida desejáveis.*

Dessa maneira, a Educação Física cumpre com a tarefa de formar indivíduos capazes de reconhecer e valorizar a diversidade de práticas e como cada um se manifesta a partir delas.

Outra possibilidade que vislumbramos está nas disciplinas relacionadas ao conhecimento do corpo humano com ênfase no aparelho locomotor, na sua organização e estrutura, tais como anatomia, biologia e fisiologia. É possível que estas disciplinas exponham/debatam como o corpo humano se comporta e se adapta a esta condição, e em qual aspecto seu funcionamento se diferencia de um corpo "normal". Por sua vez, a psicologia pode explicar como pessoas com diferentes tipos de deficiência lidam com sua condição e em que medida a Educação Física pode contribuir para a superação de tais problemas e, mesmo, como abordá-los em aula.

No âmbito do lazer e da recreação, propomos que disciplinas/conteúdos organizem atividades de vivência prática com grupos de pessoas com deficiência, tais como caminhadas em parques, gincanas, festivais de dança, de ginástica, demonstrando que, independente de qualquer forma ou tipo de deficiência, as relações humanas e sociais se apresentam como possibilidade de interação e de demonstração das potencialidades de cada um, dentro de suas limitações. Esses elementos de vivência devem indicar que cada um é capaz de realizar tarefas motoras diversas, individual ou coletivamente, ao seu modo, sem comparações ou formas "corretas" de se fazer.

Essas possibilidades não se esgotam com estes incipientes exemplos, mas dão a medida do que é possível realizar. Muitos deles são procedimentos simples e acessíveis, mas o estudante/futuro professor, se não conhecer as possibilidades de adaptação nas mais variadas atividades físicas, pode vir a se sentir impossibilitado de agir por meio deles com um aluno deficiente, de forma que este seja devidamente integrado ao meio como realmente o deve ser num processo inclusivo educacional.

Segundo Cruz, Pimentel e Basso (2002, p. 40),

> estar devidamente preparado, do ponto de vista da formação/preparação profissional, implica em considerarmos inicialmente que a formação profissional é um processo longe de se esgotar no ensino superior.

Sabemos que a busca por novos conhecimentos não se esgota, é preciso que todo profissional, seja da Educação Física ou de outra área qualquer, a partir das reflexões de sua prática, sinalize suas necessidades formativas além da formação inicial. Portanto, outra maneira que apontamos para que o profissional possa complementar seu aprendizado é a formação continuada, a fim de que o profissional busque, de acordo com a necessidade, resolver não somente um problema específico de sala de aula, mas firmar um compromisso com a educação numa perspectiva inclusiva.

Não podemos prever os desafios futuros na profissão docente, mas podemos nos munir de conhecimentos que irão corroborar o desenvolvimento das ações educativas, nas estratégias de ensino, na diversificação de atividades, para tornar as práticas pedagógicas acessíveis a todos e de qualidade.

Assim, temos a certeza de que a EFA é de suma importância para o desenvolvimento do deficiente na escola, em todas as suas dimensões. Portanto, incluir o aluno com deficiência nas aulas de educação física não é um ato de generosidade, mas, sim, de responsabilidade.

Referências

ALMEIDA, Luciano de; FENSTERSEIFER, Paulo Evaldo. A Relação Teoria-Prática na Educação Física Escolar: Desdobramentos para Pensar um "Programa Mínimo". **Revista Kinesis**, Santa Maria, ed. 32, v. 2, p. 19-35, jul./dez. 2014.

BRASIL. Ministério da Educação. Conselho Federal de Educação. **Resolução nº 03, de 16 de junho de 1987**. Fixa os mínimos de conteúdo e duração a serem observados nos cursos de graduação em Educação Física (Bacharelado e/ou Licenciatura Plena). Revoga a Resolução nº 69, de 6 de novembro de 1969. Brasília: MEC/CFE, 1987.

_____. Ministério da Educação. Conselho Federal de Educação. **Resolução nº 69, de 6 de novembro de 1969**. Brasília: MEC/CFE, 1969.

_____. Ministério da Educação. Conselho Nacional de Educação. Câmara de Educação Básica. **Resolução CNE/CEB nº 2, de 11 de setembro de 2001**. Institui Diretrizes Nacionais para a Educação Especial na Educação Básica. Brasília: DOU, 14 de setembro de 2001.

_____. Ministério da Educação. Conselho Nacional de Educação. Câmara de Educação Superior. **Resolução CNE/CEB nº 7, de 31 de março de 2004**. Institui as Diretrizes Curriculares Nacionais para os cursos de graduação em Educação Física, em nível superior de graduação plena. Brasília: DOU, 5 de abril de 2004.

_____. Ministério da Educação. **Instituições de Educação Superior e Cursos Cadastrados**. Brasília: MEC, 2015. Disponível em: <http://emec.mec.gov.br>. Acesso em: 3 jun. 2015.

_____. Ministério da Educação. Secretaria de Educação Fundamental. **Parâmetros curriculares nacionais**: Educação Física. Brasília: MEC/SEF, 1998.

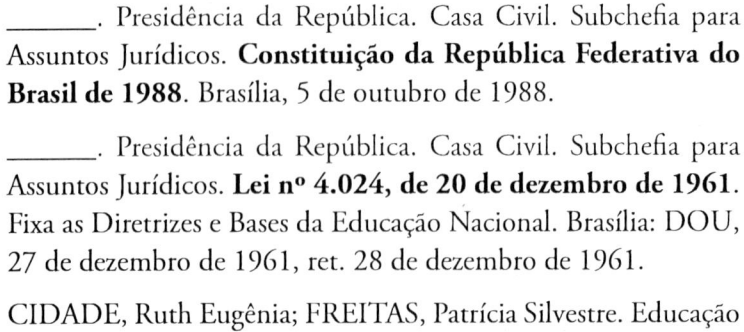

_____. Presidência da República. Casa Civil. Subchefia para Assuntos Jurídicos. **Constituição da República Federativa do Brasil de 1988.** Brasília, 5 de outubro de 1988.

_____. Presidência da República. Casa Civil. Subchefia para Assuntos Jurídicos. **Lei nº 4.024, de 20 de dezembro de 1961.** Fixa as Diretrizes e Bases da Educação Nacional. Brasília: DOU, 27 de dezembro de 1961, ret. 28 de dezembro de 1961.

CIDADE, Ruth Eugênia; FREITAS, Patrícia Silvestre. Educação física e inclusão: considerações para a prática pedagógica na escola. **Revista Integração**, Brasília, v. 14, edição especial, 2002a.

_____. **Introdução à educação física e ao desporto para pessoas portadoras de deficiência.** Curitiba: UFPR, 2002b.

CRUZ, Gilmar de Carvalho; PIMENTEL, Écliton dos Santos; BASSO, Luciano. Formação profissional do professor de Educação Física diante das necessidades educativas especiais de pessoas portadoras de Paralisia Cerebral. **Revista Integração**, Brasília, v. 14, edição especial, 2002.

GONZÁLEZ, Fernando Jaime; FENSTERSEIFER, Paulo Evaldo. Entre o "Não Mais" e o "Ainda Não": Pensando Saídas do Não--Lugar da EF Escolar I. **Cadernos de Formação RBCE**, Revista Brasileira de Ciências do Esporte, Porto Alegre, p. 9-24, set. 2009.

JANNUZZI, Gilberta Sampaio de Martinho. **A educação do deficiente no Brasil**: dos primórdios ao início do século XXI. 3. ed. rev. Campinas: Autores Associados, 2012.

MATO GROSSO. Secretaria de Educação. **Orientações curriculares e pedagógicas para a educação especial no Estado de Mato Grosso.** Cuiabá: Seduc-MT, 2012.

MAUERBERG-DE-CASTRO, Eliane. **Atividade física adaptada.** 2. ed. Ribeirão Preto: Novo Conceito, 2011.

PEDRINELLI, V. J. Pessoas portadoras de deficiência mental e a prática de atividades motoras. In: SESI-DN. **Educação Física e Desporto para Pessoas Portadoras de Deficiência**. Brasília: SESI-DN, 1994.

RIBEIRO, Sônia Maria. **O esporte adaptado e a inclusão de alunos com deficiências nas aulas de educação física**. 2009, 169f. Tese (Doutorado em Educação) – Faculdade de Ciências Humanas, Programa de Pós-Graduação em Educação, Universidade Metodista de Piracicaba, Piracicaba.

SILVA, Claudio Silvério da; DRIGO, Alexandre Janotta. **A educação física adaptada**: implicações curriculares e formação profissional. São Paulo: Cultura Acadêmica, 2012.

UNESCO. Declaração de Salamanca sobre Princípios, Política e Práticas na Área das Necessidades Educativas Especiais – NEE. In: _____. **Conferência Mundial sobre Necessidades Educativas Especiais**. Salamanca, Espanha: UNESCO, 1994. Disponível em: <http://portal.mec.gov.br/seesp/arquivos/pdf/salamanca.pdf>. Acesso em: 23 mar. 2015.

Capítulo 9
A FORMAÇÃO CONTINUADA DAS PROFESSORAS ALFABETIZADORAS[1] NOS MUNICÍPIOS DE CUIABÁ E VÁRZEA GRANDE DE 2000 A 2014

Kelly Katia Damasceno[2]

Este texto, de cunho teórico-bibliográfico, tem como objetivo apresentar um panorama histórico sobre a formação continuada das professoras alfabetizadoras nos últimos quatorze anos no Estado de Mato Grosso. Destaco que as experiências aqui registradas são presenciais, ou seja, não adentrarei ao contexto de formações continuadas na modalidade a distância.

O período em questão foi escolhido devido a ser o momento em que inicio, oficialmente, minha vida profissional docente na rede pública estadual, ocasião em que pude vivenciar grande parte dos programas e projetos dos quais irei relatar neste texto.

Os primeiros anos do século XXI foram marcados pelo interesse em investigações sobre a formação de professores entre diferentes estudiosos educacionais, internacionais e nacionais, num contexto de inovações tecnológica e social e da política neoliberal, o que influenciou diretamente os programas e projetos de formação docente, isto porque a educação não está à margem da sociedade.

Assim, o trabalho na escola ou em um sistema escolar requer novas e velhas concepções pedagógicas e uma nova cultura profissional forjada nos valores da colaboração e do processo social, considerado como transformação educativa e social, em que o professor é um profissional do ensino – como tal pensa, executa,

---
1. A opção por professoras alfabetizadoras se deu pelo fato de a maioria das profissionais que atuam nos anos iniciais do ensino fundamental ser do sexo feminino.
2. Professora da Rede Pública Estadual de Mato Grosso. Doutoranda do Programa de Pós-Graduação em Educação (PPGED/ICED/UFPA).

avalia etc., seu próprio trabalho pedagógico. Além disso, o saber do professor passa a fazer parte do corpo técnico, sendo considerado e aceito dentro da organização escolar e educativa.

Neste contexto, a possibilidade de inovação nas instituições educativas não pode ser proposta seriamente sem um novo conceito de profissionalidade do professor que deve romper com inércias e práticas do passado, assumidas passivamente como elementos intrínsecos à profissão.

Gostaria de deixar claro que o conceito de profissionalidade do professor ou profissionalidade docente, adotado neste trabalho, segundo Gimeno Sacristán (1995, p. 65), é "[...] o conjunto de comportamentos, conhecimentos, destrezas, atitudes e valores que constituem a especificidade de ser professor"; porém, ressalto que a definição de profissionalidade não é linear, envolve diferentes concepções e abordagens de ordem sociológica, antropológica, histórica, ideológica, enfim, diversos olhares.

O conceito de inovação aqui apresentado é o de elemento captador do movimento entre a prática cotidiana dos docentes e a interação com as mudanças ocorridas no contexto ou, como diz Farias (2006, p. 112):

> Entendo que é na relação que se estabelece entre os professores e as inovações em sua prática diária que a mudança acontece ou não, pois são os vínculos gerados, a partir dessa interação, que produzem significado e imprimem um sentido novo à prática docente, redesenhando as teorias e crenças que orientam seu agir profissional. A inovação foi tomada como elemento que permite captar esse movimento.

Assim, a partir destes dois conceitos, o professor e as condições de trabalho em que exerce sua profissão são o núcleo fundamental da inovação nas instituições educativas, tendo como objetivo primeiro da educação o de ajudar as pessoas a serem mais livres, menos dependentes das influências econômicas, políticas e sociais hegemônicas, rompendo com processos políticos, sociais e educativos, acumulados historicamente de "privilégios" para as classes dominantes, em detrimento das classes populares.

Para não se perpetuar essa prática, o professor não deveria ser um técnico que desenvolve ou implementa programas prescritivos, mas deveria se converter em um profissional que deve participar ativa e criticamente no verdadeiro processo de inovação e mudança, a partir de e em seu próprio contexto, em um processo dinâmico e flexível, numa perspectiva emancipatória, sem perder de vista a natureza teórica que compõe o pensamento e a construção das possibilidades de sua atuação profissional docente, no que tange à consciência mediadora da cultura e dos conhecimentos historicamente sistematizados pela humanidade.

Tudo isso envolve uma concepção de instituição e de formação como uma organização mais autônoma por todos que intervêm no processo educativo, com a intenção de melhorar globalmente como instituição, modificando os contextos sociais, profissionais e educativos.

Neste sentido, a formação continuada é um espaço profícuo e necessário no desenvolvimento profissional docente. A discussão sobre formação contínua, há alguns anos, não é privilégio só dos profissionais da educação, mas das diferentes profissões, devido à característica do mundo social (do trabalho) regido por altas tecnologias e preconizado pela edificação da sociedade do conhecimento e de um novo tipo de homem: *homo studiosus*.

A escola como instituição formadora, peça indispensável para a materialização de tal sociedade e de tal homem, não pode ficar fora deste cenário. São depositadas fortes esperanças na escola e no professor como os responsáveis pela instituição de práticas pedagógicas revolucionárias e inovadoras, que deem conta de responder aos chamados desta sociedade emergente, dita "pedagógica, educativa, do conhecimento" (Nunes, 2000, p. 7), que se apresenta neste início de século.

De fato, a profissão docente é uma das profissões que mais tem recebido solicitações para se manter atualizada, qualificada, em face desta realidade social. Para isto, o investimento na continuidade dos estudos dos professores, objetivando o seu desenvolvimento profissional, tem sido inquestionável e inevitável.

A partir das últimas décadas do século XX, as agências de financiamentos internacionais, tendo seu principal representante o Banco Mundial, vêm definindo a formação em serviço como prioridade, uma vez que, segundo eles, o investimento na formação inicial não teve os resultados esperados. Com o investimento em formação contínua, espera-se que a prática pedagógica seja transformada urgentemente, face a diversas críticas quanto à qualidade do ensino oferecido pela escola e à ineficiência em resolver determinados problemas pedagógicos (comuns ou não) no processo educativo.

Porém, é importante ressaltar que é temeroso esperar resultados em curto prazo desses investimentos, pois, conforme Nóvoa (1992, p. 22),

> a formação quase nunca conduz diretamente à ação inovadora, e é preciso ter consciência deste fato se não quisermos cair em mistificações que nos dificultam uma apropriação interveniente das realidades educacionais.

Oliveira e Mizukami (2002) fazem sua contribuição ao afirmarem, no texto, que não há dados conclusivos sobre a relação entre formação docente, desempenho docente e rendimento escolar; citando Torres (1998), apontam que:

> Não existe uma relação mecânica entre *conhecimento do professor e aprendizagem do aluno*, ou entre *capacitação do professor e rendimento escolar*. Não se pode esperar que cada ano de estudos, cada curso ou oficina de capacitação resulte imediata e necessariamente em quantidade mensuráveis de aprendizagem (melhoria) por parte do alunado. Esta visão corresponde a uma percepção da educação e da aprendizagem escolar

que equipara escola e fábrica e vê o ensino e a aprendizagem à luz do modelo fabril insumo-produto (inputs-outputs). Nesta concepção fabril do ensino, a escola é uma fábrica que produz objetos, mercadorias, não um espaço de produção de conhecimento, aprendizagem e socialização. (Oliveira; Mizukami, 2002, p. 175, grifos das autoras)

A autora chama a atenção, ainda, para a complexidade institucional que é o espaço escolar, em que se convive com diferentes pessoas em diferentes papéis, como os profissionais da escola (os professores, a direção, a coordenação pedagógica), os alunos e as famílias dos alunos. Oliveira e Mizukami (2002, p. 233):

> A escola está inserida num espaço físico e também num espaço social, num tempo cronológico e social, tempo das vivências coletivas e individuais entre contemporâneos e também num tempo histórico nas relações entre passado, o presente e o futuro. Portanto, as aprendizagens escolares acontecem em diferentes espaços e tempos que marcam a escola.

Ainda nessa linha de discussão, Nunes (2000, p. 49) expressa seu ponto de vista:

> [...] Tudo leva a crer que o investimento na continuidade do processo formativo do professor é condição fundamental para a melhoria da qualidade do ensino brasileiro, contudo, para o alcance desta finalidade, fazem-se necessárias profundas reformas (não só na formação do professor), mas também na estrutura, organização e financiamento da educação básica no Brasil.

Neste trabalho, a formação contínua é entendida como um processo educativo permanente de desconstrução de conceitos e práticas, para corresponder às exigências do trabalho e da profissão docente, inserindo-se não como substituição, negação, ou mesmo complementação da formação inicial, mas como um espaço de desenvolvimento ao longo da vida profissional do professor, comportando objetivos, conteúdos, formas organizativas diferentes daquela, e que têm seu campo de atuação em outro contexto; sendo assim,

> [...] a formação continuada trata da continuidade da formação profissional, proporcionando novas reflexões sobre a ação profissional e novos meios para desenvolver o trabalho pedagógico. Assim, considera-se a formação continuada como um processo de construção permanente do conhecimento e desenvolvimento profissional, a partir da formação inicial e vista como uma proposta mais ampla, de hominização, na qual o Homem Integral, produzindo-se a si mesmo, também se produz em interação com o coletivo. (Anfope, 1994 apud Nunes, 2000, p. 9)

Candau (1996) aponta para uma nova concepção de formação continuada, embora com diferentes perspectivas, porém, de forma geral, com princípios de consenso entre os profissionais da educação. Tais princípios se constituem em:

> - O lócus da formação a ser privilegiado é a própria escola; isto é, é preciso deslocar o lócus da formação continuada de professores da universidade para a própria escola de primeiro e segundo graus. (Atualmente Educação Básica).

> - Todo processo de formação tem de ter como referência fundamenta o saber docente, o reconhecimento e a valorização do saber docente.

> - Para um adequado desenvolvimento da formação continuada, é necessário ter presentes as diferentes etapas do desenvolvimento profissional do magistério; não se pode tratar do mesmo modo o professor em fase inicial do exercício profissional, aquele que já conquistou uma ampla experiência pedagógica e aquele que já se encaminha para a aposen-

tadoria; os problemas, necessidades e desafios são diferentes e os processos de formação continuada não podem ignorar essa realidade promovendo situações homogêneas e padronizadas, sem levar em consideração as diferentes etapas do desenvolvimento profissional. (Candau, 1996, p. 143)

Contribuindo, ainda, com o referencial, para Fusari (2004), a formação contínua, que vai além de uma concepção de complementação, tem enfatizado a formação permanente do professor como uma necessidade inerente à própria natureza dinâmica e contraditória do fazer pedagógico, a partir do pressuposto de quem é o professor que detém um conhecimento em primeira mão dos verdadeiros problemas da escola, e a escola (lugar de trabalho/ profissionalidade) é o *locus* privilegiado e polo desencadeador de formação contínua de professores.

Na perspectiva da escola como *locus* da formação contínua, Marcelo Garcia (1992, p. 54) contribui, ao dizer que

uma formação contínua centrada na actividade cotidiana da sala de aula, próxima dos problemas reais dos professores, tendo como referência central o trabalho das equipes docentes, assumindo, portanto uma dimensão participativa, flexível e activa/investigadora.

Conforme Damasceno (2006, p. 50), o modelo de formação contínua que privilegie somente a oferta de cursos com curta duração, oferecido pelas Instituições de Ensino Superior, ou por outras agências formadoras, tem sido criticado por não contribuir com a efetiva alteração das práticas pedagógicas.

Sob tal ótica, a escola passa a ser entendida como local de teoria e da prática, ambiente de produção do saber docente, e a formação docente como processo relacionado ao conceito de aprendizagem permanente, envolvendo os saberes e as competências docentes como resultados de aprendizagens realizadas ao longo da vida, dentro e fora da escola, considerando outros espaços de conhecimento.

Fusari (2004) concorda com a forte tendência atual de valorizar a escola como o *locus* da formação contínua. Entretanto, diz que algumas condições existentes na escola devem ser mantidas e outras ampliadas, tais como:

> [...] a estrutura da carreira, a forma de contrato, a jornada de trabalho, a estrutura e a gestão escolar podem facilitar ou dificultar a implantação e/ou implementação de projetos de formação contínua. [...] os professores da educação básica deveriam ser contratados (e, remunerados) para uma jornada de trabalho na qual teriam de atuar na docência (aulas), em **atividades pedagógico-administrativas, e em atividades de formação contínua em serviço na própria escola** (no coletivo) e fora dele. Além de grupos de formação, a escola poderia instituir modalidades de formação. Algumas são muito conhecidas, como ciclos de palestras e grupos de estudo. (Fusari, 2004, p. 18, grifo do autor)

Rocha (2010, p. 81) lembra que, na década de 90, a experiência de reuniões de estudos organizadas pelos professores da Escola Estadual Sagrado Coração de Jesus em Rondonópolis (MT) se destacou enquanto proposta de formação docente, tendo como *locus* a própria escola. Tal experiência é ampliada para toda a rede estadual de educação, criando-se, assim, pelo Decreto nº 2.007/97 (Mato Grosso/Seduc, 2010), os Centros de Formação e Atualização dos Profissionais da Educação Básica do Estado de Mato Grosso (Cefapros), para que promovam, assessorem e acompanhem os processos de formação continuada desenvolvidos nas escolas.

Os centros nascem a partir de uma proposta gestada na escola, aprimorada e ampliada para uma política de formação dos profissionais da rede estadual de Mato Grosso.

A princípio, foram criados três Cefapros: Cuiabá, Rondonópolis e Diamantino. Atualmente, o estado conta com quinze centros distribuídos estrategicamente por polos, tendo como referência a organização geográfica, numa tentativa de atender a maioria dos profissionais da educação que atuam na rede estadual. Fazem parte do quadro de profissionais dos centros aproximadamente 500 professores-formadores e técnicos, que atendem os 141 municípios, e 30 mil profissionais da Educação Básica. Neste contexto de formação continuada proposta pela Secretaria de Educação (SEDUC), o Cefapros, se integra à rede de formação dos profissionais da educação e, em parceria, principalmente, com o Ministério da Educação (MEC) que, nos últimos anos, seguindo determinações internacionais, oferta programas e projetos de formação no âmbito nacional, a partir dos estados, municípios e universidades; e desenvolve, junto aos profissionais da rede, diferentes programas e projetos de formação continuada, sendo que aqui destaco os que tinham/têm como objetivo atender as professoras alfabetizadoras.

Neste texto, as propostas de formação continuada, a seguir, foram apresentadas em ordem cronológica.

PROFA – Programa de Formação das Professoras Alfabetizadoras

Em 2000, a Secretaria de Estado de Educação de Mato Grosso (Seduc-MT), em parceria com o Ministério da Educação (MEC), oferece vagas para professores alfabetizadores de algumas escolas do estado, no Programa de Formação de Professores Alfabetizadores (Profa), com carga horária de 180 horas. Naquele momento histórico, o Estado estava implantando, por adesão, a organização por ciclos na rede estadual. Assim, participaram desta formação professoras do 1º ciclo, ou seja, os três primeiros anos do ensino fundamental, que, nesta proposta de organização escolar, já era de 9 anos e coordenadoras pedagógicas. Os encontros formativos aconteciam uma vez por semana, em uma sala de aula cedida por uma diretora de escola do polo, sob a responsabilidade de formadoras da própria Seduc, em conduzir os trabalhos e acompanhar algumas atividades desenvolvidas pelas professoras em suas respectivas escolas.

Tal programa de formação tinha como referência estudos das autoras Emília Ferreiro e Ana Teberoski, que tomaram como base teórica o construtivismo pautado em pesquisas de Jean Piaget. O Profa foi dividido em módulos de estudo que objetivaram a orientação do trabalho de ressignificação das práticas alfabetizadoras, a partir da *Psicogênese da Língua Escrita*, na busca pela compreensão da escrita dos alfabetizandos, ajudando-os a avançar nas hipóteses de escrita. O programa tinha como objetivo, também, contribuir com o professor na investigação diagnóstica como uma possibilidade de melhorar a intervenção pedagógica mais adequada nos processos de construção da aprendizagem.

Na proposta de formação estava presente o fortalecimento da perspectiva de alfabetização a partir de textos e não mais das famílias silábicas sendo representadas nas cartilhas de alfabetização. Perspectiva essa que se iniciará no Brasil nos anos 80, conforme apontam vários estudiosos, dentre eles: Weisz (2002) e Soares (2001).

GESTAR – Formação Continuada de Gestão Pedagógica da Escola

No ano de 2001, a proposta formativa para as professoras alfabetizadoras foi o Programa de Gestão da Aprendizagem (Gestar), com a carga horária de 200 horas, agora ampliado para todas as professoras que trabalhavam com os anos iniciais. O foco eram as disciplinas de Língua Portuguesa e Matemática. Numa primeira formatação do Gestar, professoras escolhidas por seus pares nas escolas participavam da formação organizada por coordenadores do programa na Seduc e com a presença de representantes do próprio Ministério da Educação. As professoras que haviam participado da formação eram responsáveis por organizar os estudos formativos com as demais professoras nas próprias escolas as quais faziam parte do quadro docente. O processo de acompanhamento dos trabalhos em sala de aula era da responsabilidade da coordenação pedagógica que também participava da primeira etapa de formação junto aos formadores da Seduc e MEC.

Após a primeira experiência do Gestar junto às professoras alfabetizadoras, o programa foi reorganizado e ampliado para os professores dos demais anos do Ensino Fundamental que atuavam na disciplina de Língua Portuguesa e Matemática.

Nos anos de 2005 e 2006, a Seduc contratou a consultoria de uma instituição privada para oferecer um curso de formação continuada em toda a rede estadual, junto aos professores que atuavam nas disciplinas de Língua Portuguesa e Matemática, no 3º ciclo do ensino fundamental, e os pedagogos que atuavam nos 1º e 2º ciclos do ensino fundamental.

Eterno Aprendiz

Em 2006, o governo de Mato Grosso, via Secretaria de Educação, assina um contrato com a Fundação Cesgranrio para desenvolver o projeto Eterno Aprendiz. O projeto objetivou avaliar os mais de 300 mil alunos do ensino fundamental das escolas estaduais, nas disciplinas de Matemática e Língua Portuguesa, e capacitar 5.800 professores efetivos em exercício das respectivas disciplinas, visando reverter os indicadores.

Tal projeto, a princípio, teria um prazo para ser desenvolvido em 14 meses, período em que seriam realizadas cinco avaliações, com o objetivo de diagnosticar a contribuição da formação no processo de ensino e da aprendizagem, bem como lacunas da formação, totalizando 100 horas de capacitação, divididas em cinco momentos para multiplicadores dos 13 Cefapros e outros quatro encontros presenciais com os professores.

O Eterno Aprendiz teve como foco uma perspectiva teórico--metodológica em que a valorização do saber do aluno e o estímulo da capacidade de aprender e compreender conduziria o processo de ensino e aprendizagem.

Para tanto, o acompanhamento das formações nas escolas seria realizado pelos formadores dos Cefapros que, naquele momento, estavam em 13 centros de formação.

O desenvolvimento total deste projeto ficou comprometido: dentre uma das causas apontadas pelos formadores dos Cefapros, na época, foi o quantitativo de professores nos momentos presenciais da formação, pois, somente no polo de Cuiabá, participaram da primeira formação cerca de mil e oitocentos professores (1,8 mil), além do número reduzido de formadores para acompanhar, posteriormente, o trabalho dos professores nas escolas.

Programa Circuito Campeão, Se Liga e Acelera

Ainda em 2006, a Secretaria de Educação assina uma parceria com o Instituto Ayrton Senna, entretanto, só no início de 2007 é que ocorre, em Cuiabá, a formação do Programa Circuito Campeão, com as formadoras alfabetizadoras dos Cefapros e com as coordenadoras pedagógicas responsáveis em acompanhar o desenvolvimento do programa nas escolas. O Circuito Campeão é desenvolvido na rede estadual de ensino, com atendimento a 28.722 alunos, durante os dois primeiros anos do ensino fundamental – o correspondente às antigas 1ª e 2ª séries. Nessa etapa, 383 escolas estaduais participam do projeto.

O Programa Circuito Campeão objetiva garantir o sucesso de todos os alunos nos dois primeiros anos do Ensino Fundamental, de maneira a atuar preventivamente para que as redes de ensino não "produzam" o fracasso e, consequentemente, alunos com distorção idade/série.

Houve um grande movimento nas escolas do 1º ciclo com a chegada do Programa Circuito Campeão, sobretudo no que tange à questão de sistematização das capacidades a serem atingidas pelas crianças ao final do ciclo.

A parceria com o Instituto Ayrton Senna, além do Programa Circuito Campeão, contou com os Programas Acelera e Se Liga. Tais programas objetivam a diminuição da distorção idade/ciclo na rede estadual de ensino.

Paralelo às formações mensais com as coordenadoras pedagógicas, cada grupo de formadoras alfabetizadoras dos Cefapros era responsável em oferecer formações continuadas às professoras alfabetizadoras. O polo Cuiabá contava com a presença de três formadoras que realizaram as formações com o objetivo de fortalecer a implementação da escola organizada por ciclos, os aspectos teórico-metodológicos da alfabetização numa perspectiva da alfabetização e letramento.

CEALE – Centro de Alfabetização, Leitura e Escrita

Em 2008, a Secretaria de Educação realiza uma parceria com a equipe responsável pelo Ceale. Segundo documentos oficiais do Centro de Alfabetização, Leitura e Escrita (Ceale), trata-se de um órgão complementar da Faculdade de Educação da UFMG, criado em 1990, com o objetivo de integrar grupos interinstitucionais voltados para a área da alfabetização e do ensino de Português.

Dois princípios orientam a integração de suas atividades: *compreender* o multifacetado fenômeno do ensino e da apropriação da língua escrita como parte integrante de um processo histórico, político e social; e *intervir* nesse processo, por meio da qualificação de professores das escolas públicas e da divulgação da produção científica sobre o letramento.

Buscando atender a esses princípios, o Ceale conta com a participação de professores de diferentes faculdades da UFMG, de outras instituições de Ensino Superior e de diferentes redes de ensino. O Centro desenvolve projetos nos campos de pesquisa, ação educacional, documentação e publicação.

Em Mato Grosso, houve uma primeira formação com as formadoras alfabetizadoras dos quinze Cefapros. Num segundo momento, a formação foi ampliada às professoras alfabetizadoras do 1º ciclo de toda a rede estadual, incluindo aquelas que atuavam na educação do campo.

Formações Específicas Ofertadas pelos Cefapros

No período de 2009 a 2011 foram oferecidas formações organizadas e planejadas a partir de levantamentos realizados junto às professoras alfabetizadoras em cada polo, incluindo as formações realizadas nos próprios municípios, sob a jurisdição de cada Cefapro.

No caso do Cefapro de Cuiabá que, neste período, passa a contar com mais três formadoras-alfabetizadoras, totalizando seis profissionais. As formações, tomando como referência as necessidades apontadas pelas professoras-alfabetizadoras, eram planejadas a partir da retomada de estudos dos materiais de programas já trabalhados anteriormente, a exemplo do Profa e Ceale, mas, pensado também num contexto de escola organizada por ciclos de formação humana. Esse foi um dos grandes desafios das formadoras-alfabetizadoras, pois trabalhar numa organização por ciclos requer romper com crenças construídas ao longo da história educacional, sobretudo do a brasileira, que está pautada numa concepção liberal de mundo.

Neste período também realizamos a experiência de efetuar as formações, não só no espaço físico do próprio Cefapro – Cuiabá, como também trabalhamos no espaço de duas escolas "polos" de Cuiabá e Várzea Grande. A opção desta estrutura organizacional foi na tentativa de melhor atender à demanda localizada na região do Coxipó e do grande Cristo Rei, em Várzea Grande.

Ao finalizar a carga horária proposta à formação, realizamos uma avaliação em que observamos que, diante das dificuldades encontradas quanto à infraestrutura física dos locais, essa experiência de formação, fora do espaço do Cefapro, foi suspensa e só retomada no ano de 2013, com as formações do PNAIC (Programa Nacional na Idade Certa), conforme veremos entre os itens a serem apresentados abaixo.

Implantação das Orientações Curriculares do Estado de Mato Grosso e do Sistema Integrado de Gestão da Aprendizagem

Em 2011, a formação trabalhada junto às professoras alfabetizadoras, polo Cuiabá, foi a implementação das Orientações Curriculares Estaduais (OCs) e do Sistema Integrado de Gestão da Aprendizagem (Siga). Essa formação teve como objetivo compreender a necessidade da implementação das Orientações Curriculares do 1º ciclo, como Política Pública para melhoria da qualidade da alfabetização/letramento, e entender o Siga como instrumento de auxílio nesse processo. E foi organizado a partir dos estudos da Política Pública de Educação para o Ensino Fundamental que se fundamenta na formação humana em suas dimensões psicológicas, biológicas e culturais e também na organização das Orientações Curriculares do Estado de Mato Grosso: Eixos estruturantes, Eixos articuladores, Capacidades, Descritores; Princípios Curriculares; Planejamento e Avaliação; Concepções e instrumentos (OCs e Siga).

A formação esteve sob a responsabilidade das formadoras alfabetizadoras do Cefapro – Cuiabá. A carga horária inicial foi de vinte (20) horas, com a proposta de continuidade no Projeto Sala de Educador de cada escola, com o acompanhamento dos coordenadores pedagógicos e formadores responsáveis por cada unidade escolar.

Qual a proposta das Orientações Curriculares?

A proposta do documento denominado Orientações Curriculares é suscitar novos diálogos e reelaborações, tornando-se, assim, instrumento para orientar os profissionais da Educação Básica na elaboração da proposta político-pedagógica da escola, bem como no planejamento das ações pedagógicas e curriculares, em consonância com a Política Educacional de Estado.

Neste sentido, a organização escolar é pensada, proposta e trabalhada a partir da contextualização e problematização da realidade, articulando as Áreas de Conhecimento e seus respectivos componentes curriculares com bases alicerçadas no entrelaçamento de três eixos estruturantes que se constituem como pilares filosóficos das OCs: *conhecimento, trabalho e cultura.*

Nessa perspectiva, busca-se a ressignificação dos tempos e espaços de aprendizagem dos envolvidos no processo e, respeitando a concepção de infância, adolescência, juventude e maturidade (adulto), serão consideradas características inerentes a essa fase de desenvolvimento humano.

Nas OCs, os eixos estruturantes se articulam dialeticamente no processo de elaboração de conhecimentos enquanto trabalho, neste sentido essas categorias são entendidas como instrumentos de emancipação humana que, ao se materializarem no processo histórico, são compreendidas como produção social e cultural.

Os eixos articuladores foram pensados considerando que as crianças, os pré-adolescentes e os adolescentes, possuem "identidades de classe, raça, etnia, gênero, território, campo, cidade, periferia" (Arroyo, 2006 apud OCs, 2010, p. 2), as quais são constituídas por valores e conhecimentos produzidos nos contextos de vivências e experiências mediadas pela linguagem nas relações estabelecidas socioculturalmente (OCs).

Os eixos articuladores, em cada área de conhecimento e entre as áreas, tendem a ser discutidos e reorganizados/reelaborados ou adaptados de acordo com a realidade local, de modo a assegurar que os saberes contextualizados, problematizados e ampliados possibilitem o desenvolvimento das capacidades cognitivas, procedimentais e atitudinais – pelos educandos, na construção do conhecimento através de um processo intrínseco e extrínseco na visão vygotskiana.

A opção por desenvolvimento de capacidades ocorreu no sentido de que o termo é amplo e pode ser definido, na perspectiva de Vigotski, como ações teórico-práticas que tomamos para estabelecer relações com e entre sujeitos e os objetos do conhecimento (situações, fatos, fenômenos), por meio da linguagem; uma vez que as funções cerebrais (psicológicas e mentais ou cognitivas) são constituídas mediante a internalização dos modos historicamente determinados e culturalmente organizados de operar informações.

Portanto, capacidades se referem ao conhecimento e aplicação de estratégias e técnicas apropriadas, relacionadas aos conteúdos apreendidos que o educando busca em suas experiências anteriores para analisar e resolver novos problemas (*práxis*).

Assim, as capacidades e eixos articuladores propostos para o 1º Ciclo do Ensino Fundamental sugerem o trabalho de Alfabetização-Letramento nas áreas do conhecimento, seguramente, numa concepção dialética.

No sentido de acompanhar o processo de desenvolvimento e aprendizagem dos educandos do 1º, 2º e 3º ciclos, as orientações curriculares trazem, em cada área de conhecimento, os *descritores* aqui definidos como evidências da construção de capacidades do(a)/no(a) estudante. Seu conjunto compõe o perfil em desenvolvimento, ou perfil de saída em cada ciclo.

A formação ainda teve, como discussão, a avaliação numa perspectiva da escola organizada por ciclos de formação humana, assim, é concebida como um processo dinâmico, um permanente aprendizado do educador sobre o educando. É a investigação de como este constrói seu conhecimento e de como se desenvolve a partir da Proposta Pedagógica Escolar, pois há de se levar em conta os objetivos propostos para o percurso do 1º ciclo, respectivamente.

Segundo Hoffmann (2003, p. 15), a avaliação é essencial à educação, permeia a metodologia, concebida como problematização, questionamento e reflexão sobre a ação. Tem caráter diagnóstico e formativo. Tem imbricamento na ação didático--pedagógica, como meio de desenvolvimento de capacidades planejadas ou não, é essencialmente processual. Para tal, é imprescindível a utilização de diferentes instrumentos avaliativos: caderno de campo, portfólio, prova, atividades individuais e coletivas, entre outros, bem como de diversas formas de registro.

Para subsidiar o fornecimento de dados avaliados no processo educativo, a Secretaria de Estado de Educação, em 2010 (projeto piloto), lança mão de um Sistema Integrado da Gestão da Aprendizagem (Siga), que integra o Sistema de Gestão da Educação (Sigeduca).

Sigeduca/Siga – Sistema Integrado de Gestão da Aprendizagem

O Siga é um sistema de gestão de acompanhamento do processo ensino e aprendizagem, portanto, reúne diagnósticos relevantes sobre vários aspectos que interferem e/ou favorecem neste processo. O que caracteriza o sistema como relevante são as decisões que deverão ser tomadas a partir desses diagnósticos, como é o caso da intervenção na aprendizagem do aluno e do levantamento da demanda de formação continuada para os profissionais envolvidos.

O Siga tem, como proposta/organização, os seguintes aspectos:

- **Instâncias envolvidas**: Aluno, professor, coordenador pedagógico, articulador, diretor, Formadores dos Cefapros, Assessoria Pedagógica, Equipe da Seduc/Sape.

Tabela 1: Indicadores e Metas para o 1º Ciclo

INDICADORES	METAS
Dias Letivos	200 dias/800 horas
Assiduidade do Aluno	100%
Assiduidade do Educador	100%
Participação do Educador	2 reuniões de planejamento por mês, 4 acompanhamentos em sala de aula do Coordenador Pedagógico por mês.
Aprendizagem do Aluno	Relação de aprendizagens realizadas/previstas (Eixos/Capacidades) = 100% + Quantidade de livros lidos = 30/ano + Tarefa realizada: 4 por semana = 98% de alunos alfabetizados no final do 1º ciclo.

Gestão de Serviços e Recursos	Organização dos registros escolares; Utilização adequada das instalações e equipamentos; A preservação do patrimônio escolar; Interação escola/comunidade; A captação e aplicação de recursos didáticos e financeiros.
Gestão Pedagógica	Desenvolvimento de prática pedagógica inovadora, considerando os ritmos de aprendizagem dos educandos, com vista à melhoria do processo de ensino e aprendizagem.

Fonte: Material de Formação – Cefapro/Cbá.

- *Princípios curriculares* se pautaram em: Ciclos/Orientações Curriculares; Projeto Político Pedagógico da Escola; Planejamento contemplando as áreas do conhecimento; Capacidades do Siga – Língua Portuguesa e Matemática.

- *Eixos Articuladores da Área de Linguagem/Língua Portuguesa*: Compreensão e Valorização da Cultura Escrita; Produção Leitura; Produção de Escrita e Oralidade.

- *Eixos Articuladores da Área de Ciências da Natureza/Matemática*: Números e Operações; Espaço e Forma; Tratamento de Informação e Grandezas e Medidas.

Os eixos articuladores têm como proposta o trabalho numa perspectiva da alfabetização e letramento.

Os materiais disponíveis para as escolas foram: (Impressos) Orientativo do Siga e Cartazes denominados como Mapa de frequência/tarefa e Mapa de Leitura, bem como o Sistema – Processamento de Informação de Dados (*on-line*), este sistema utiliza a mesma base do Sigeduca.

A proposta da Gestão da Aprendizagem ainda nos parece um tanto frágil, pois nem todas as instâncias que compõem o sistema compreenderam o objetivo fim do Siga, ou seja, o acompanhamento e, principalmente, o subsídio às intervenções no processo de ensino e aprendizagem, a partir dos diagnósticos fornecidos pelos próprios professores. O sistema, muitas vezes, acaba sendo preenchido como mais uma exigência burocrática da secretaria, o que não contribui de fato para a melhoria do fazer pedagógico.

Jornada pela Alfabetização – Alfabeletrare Projeto Trilhas

No ano de 2012, houve uma formação geral com os professores articuladores do 1º ciclo de Formação Humana da rede estadual. Essa formação teve como objetivo aprimorar os métodos no processo educativo em sala de aula, para o cumprimento da meta do Estado que é/era o de que todas as crianças de até 8 anos de idade saibam/soubessem ler e escrever.

A Jornada pela Alfabetização ocorreu sob a responsabilidade de equipes de trabalho da Superintendência de Formação (SUFP) e da Superintendência da Educação Básica/Coordenadoria de Ensino Fundamental (Sueb/CEF), com a participação das formadoras alfabetizadoras e de algumas formadoras de Matemática e Língua Portuguesa, dos quinze Cefapros do Estado.

A formação com as professoras articuladoras foi pensada a partir da organização de dois grupos de trabalho: metade ficou responsável por acompanhar os estudos e oficinas de Matemática, e a outra metade, responsável pelos estudos e oficinas de Língua Portuguesa (alfabetização e letramento).

A jornada foi elaborada com base em pressupostos teórico--metodológicos trabalhados em anos anteriores, como, por exemplo, o Ceale, anteriormente apresentado neste texto; o Pro-Letramento – Programa do Governo Federal que, embora não tenha sido diretamente trabalhado com os professores do estado, também tinha como perspectiva teórico-metodológica a alfabetização e o letramento.

Dentre os estudos realizados, o foco da formação se deu em Língua Portuguesa, na concepção de alfabetização e letramento, no ensino dos gêneros textuais, melhorias das dinâmicas de leitura, de construção das palavras, entre outros. E, em Matemática, as operações fundamentais, como: adição, subtração, multiplicação e divisão, tratamento de informação, entre outros.

A Jornada pela Alfabetização também articulou aspectos do Projeto Trilhas. Este projeto se trata de uma parceria entre o governo estadual, federal, Universidade Federal de Mato Grosso (UFMT), Instituto Natura e Comunidade Educativa (Cedac), e tem como propósito o fortalecimento das ações pedagógicas para leitura e escrita a partir da literatura como eixo propulsor para aquisição da cultura escrita. Em Mato Grosso, 367 escolas estaduais que ofertam 1º ciclo e 43 municípios do estado que apresentaram baixo Ideb (Índice de Desenvolvimento da Educação Básica) iniciaram o desenvolvimento do projeto. Para cada grupo de 80 estudantes a escola contemplada com o projeto deveria ter recebido um kit contendo: caderno de apresentação, caderno do diretor, cadernos de trilhas de jogos pedagógicos, cadernos de estudos, dez jogos de linguagem, conjunto de cartelas de ilustração e 20 livros infantis.

A formação do Projeto Trilhas, num primeiro momento, foi com as formadoras alfabetizadoras dos Cefapros, sob a responsabilidade de professoras da UFMT. Num segundo momento, a formação foi trabalhada com as professoras alfabetizadoras, coordenadores pedagógicos e diretores, sob a responsabilidade das formadoras alfabetizadoras em cada polo dos Cefapros.

Em entrevista dada, em 2012, ao site oficial da Seduc, a então coordenadora do Ensino Fundamental disse que

> o projeto contribui com as metas do nosso Plano Estadual de Educação que é o de fazer com que toda criança esteja lendo e escrevendo até os oito anos. Ele vem somar a nossa Jornada Alfabaletrar e também ao Siga. Nós não estamos falando de

mais proposta à concepção que permeia a base teórica, ao contrário, estamos querendo a interação. Não queremos que o aluno faça apenas a decodificação do texto, mas queremos a compreensão do que está lendo. (Jucelina Ferreira)

Segundo depoimento de uma formadora alfabetizadora do Cefapro de Cuiabá:

> todas as etapas de formação são apenas um dos caminhos da luta pela alfabetização das crianças. O papel do Estado é continuar ofertando formação continuada aos professores visando à alfabetização dos alunos, porém, para que haja a melhoria da qualidade do ensino deve haver empenho não somente do Estado, mas de toda a sociedade. Todo o contexto social está envolvido no processo de alfabetização e melhoria do ensino. (Soely Paes)

Mesmo que a Jornada pela Alfabetização não tenha sido trabalhada diretamente com as professoras alfabetizadoras, houve a intenção de contribuir com o trabalho das mesmas a partir da socialização dos estudos do encontro e material impresso que foi entregue no Projeto Sala de Educador.

PNAIC – Programa Nacional de Alfabetização na Idade Certa

Nos anos de 2013 e 2014, a formação das professoras alfabetizadoras se deu a partir do PNAIC. Este programa é um acordo firmado entre os governos das três esferas federativas (União, estados e municípios) e entidades que firmam o compromisso de alfabetizar todas as crianças em até, no máximo, 8 anos de idade, ao final do ciclo de alfabetização.

Segundo os documentos oficiais do PNAIC as ações do Pacto se apoiam em quatro eixos de atuação:

1. Formação continuada presencial para os professores alfabetizadores e seus orientadores de estudo;
2. Materiais didáticos, obras literárias, obras de apoio pedagógico, jogos e tecnologias educacionais;
3. Avaliações sistemáticas; e
4. Gestão, controle social e mobilização.

O programa foi elaborado contemplando as diferentes áreas do conhecimento: Linguagens e Códigos, Ciências da Natureza e Matemática, Ciências Humanas. Porém, as formações estão sendo organizadas em parte, ou seja, no ano de 2013, o foco foi a Linguagem, em que foram estudadas concepções de alfabetização; currículo no ciclo de alfabetização, interdisciplinaridade, avaliação da alfabetização, inclusão como princípio fundamental do processo educativo, o funcionamento do Sistema de Escrita Alfabética, entre outros.

No ano de 2014, o foco foi a Matemática, que contemplou os seguintes estudos: Quantificação, registros e agrupamentos; Construção do Sistema de Numeração Decimal; Operações na Resolução de Problemas; Geometria; Grandezas e Medidas; Educação Estatística; Saberes Matemáticos e Outros Campos do Saber.

Para o ano de 2015, eram previstos os estudos na área de Ciências da Natureza, entretanto, até o mês de maio ainda não havia nenhuma formação organizada pelos respectivos responsáveis para fomentar esta ação formativa junto às professoras alfabetizadoras.

Neste programa, as professoras alfabetizadoras receberam uma bolsa no valor de 200 reais, desde que estivessem cadastradas no Censo Escolar do ano anterior. Mesmo sem receber a bolsa, muitas professoras se propuseram em participar dos encontros formativos por ser, também, uma maneira de garantir no ano seguinte a vaga para atuarem no 1º ciclo – alfabetização.

Projeto Sala de Educador – um caso à parte

Neste texto apresentarei uma breve contextualização do Projeto Sala de Educador, por entender que este pode ser um espaço para o fortalecimento da formação continuada *in loco* dos profissionais que atuam na rede pública estadual e, em particular, das professoras alfabetizadoras, pois os estudos realizados em outros programas e projetos de formação continuada, dedicados às mesmas, em alguns casos, têm como prerrogativa a continuidade no momento dos estudos do projeto Sala de Educador.

Tal projeto já foi tema de pesquisa e apresentado em teses, dissertações, artigos em congressos e seminários nacionais, dentre outros meios de comunicação e socialização de pesquisas.

Historicamente, acreditou-se na ideia de que o profissional estaria pronto para exercer suas funções após a conclusão do Ensino Superior, entretanto, atualmente, com as intensas transformações no âmbito social, cultural, científico, entre outros, se instigam necessidades constantes de atualizações dos profissionais, sobretudo educadores, a fim de que estes possam refletir sobre sua prática e atuarem autonomamente diante dos desafios do contexto escolar.

Segundo Nóvoa (2002, p. 23), "[...] o aprender contínuo é essencial e se concentra em dois pilares: a própria pessoa, como agente, e a escola, como lugar de crescimento profissional permanente". Nesta perspectiva, o projeto anteriormente denominado Sala de Professor é implantado na rede estadual, em 2003, a partir de uma experiência iniciada por um grupo de professores de uma escola localizada em Rondonópolis (MT). Esse grupo utilizava momentos da hora-atividade para desenvolver estudos pertinentes ao fazer pedagógico.

Em 2003, a Secretaria de Estado de Educação implanta esta proposta em toda a rede estadual, numa tentativa de fortalecer a formação continuada *in loco* dos professores iniciantes e experientes, nos seguintes aspectos: inserção no trabalho profissional docente; construção da autonomia profissional; aperfeiçoamento, sistematização e socialização dos conhecimentos produzidos no fazer pedagógico.

A partir de 2011 o projeto Sala de Professor passa a ser denominado Sala de Educador. No Parecer Orientativo da SUFP/Seduc n° 001/2011, a Política de Formação dos Profissionais da Educação Básica de Mato Grosso (Seduc, 2010), com base na Lei Complementar nº 50/98, institui que todos os profissionais da escola têm o papel de educadores do coletivo e partilham do desafio de atuarem como tal.

Essa política está subsidiada pela Lei Federal nº 12.014/2009 (art. 1º) que considera como profissionais da educação básica três categorias de trabalhadores, quais sejam:

> I – professores habilitados em nível médio ou superior para a docência na educação infantil e nos ensinos fundamental e médio;
>
> II – trabalhadores em educação portadores de diploma de pedagogia, com habilitação em administração, planejamento, supervisão, inspeção e orientação educacional, bem como com títulos de mestrado ou doutorado nas mesmas áreas;
>
> III – trabalhadores em educação, portadores de diploma de curso técnico ou superior em área pedagógica ou afim.

Assim, a Secretaria de Estado de Educação, via Superintendência de Formação de Professores, orienta que o foco do investimento na formação docente se estenda também aos demais profissionais que atuam em cada unidade escolar da rede estadual.

Segundo a Lei Complementar nº 50/1998 (Art. 2º), em Mato Grosso,

> entende-se por Profissionais da Educação Básica o conjunto de professores que exercem atividades de docência ou suporte pedagógico direto a tais atividades, incluídas as de coordenação, assessoramento pedagógico e de direção escolar,

e funcionários Técnico Administrativo Educacional e Apoio Administrativo Educacional, que desempenham atividades nas unidades escolares e na administração central do Sistema Público de Educação Básica.

Neste contexto, a concepção de que todos que atuam na escola são educadores culmina de que o espaço educativo não deva se limitar à sala de aula, mas, ampliar-se aos demais ambientes nas múltiplas atividades desenvolvidas por todos que "fazem" a escola. Assim, além dos professores, participam, também, dos encontros formativos, a gestão escolar (direção e coordenação) e os demais funcionários que atuam na nutrição, administração, segurança e infraestrutura.

Ainda, segundo o Parecer Orientativo da SUFP/Seduc n° 001/2011, a elaboração do projeto Sala de Educador deve se pautar na articulação entre o diagnóstico das necessidades formativas levantadas pelo coletivo de cada unidade escolar, o Projeto Político Pedagógico, o Plano de Desenvolvimento da Escola (PPP/PDE), os instrumentos avaliativos do processo de ensino e aprendizagem, o Ideb (Índice de Desenvolvimento da Educação Básica) e os demais projetos desenvolvidos pela/na escola. E tem como objetivo promover a formação continuada dos profissionais da/na escola através de estudos e reflexões que visam contribuir para o crescimento pessoal e profissional, bem como sugere a implementação de novas metodologias de ensino; o fomento de projetos interdisciplinares e as práticas diferenciadas no interior das disciplinas.

Essas premissas são critérios tanto para a elaboração, por parte da escola, quanto para a análise e avaliação do projeto Sala de Educador pela equipe de formadores dos Cefapros. Esta equipe, dentre outras funções, assessora e acompanha todo o processo de elaboração e desenvolvimento do projeto de formação continuada no contexto da escola.

A proposta para os encontros formativos é de que ocorram a partir da troca de experiências, estudos e reflexões, tanto individuais quanto em grupos, como instrumentos do processo de desenvolvimento profissional. Este projeto, portanto, é construído socialmente, no âmbito das relações humanas, e tem por base o desenvolvimento do indivíduo como resultado de um processo sócio-histórico. Nessa perspectiva, o educador constrói sua própria formação e, de acordo com Nóvoa (1995), fortalece seu aprendizado, ora assumindo o papel de formador, ora de formando.

Neste contexto formativo é que alguns temas, estudados nos programas anteriormente expostos neste texto, são também temas de estudos no Projeto Sala de Educador.

Para finalizar

Com essa retrospectiva sobre a formação continuada das professoras alfabetizadoras nos últimos quatorze anos, percebe-se que, mesmo diante dos esforços, as propostas de formação continuada ainda não deram conta de responder às demandas e necessidades formativas das alfabetizadoras.

Farias (2006) diz, ainda, ser este um dos grandes paradoxos da mudança educacional: o ostracismo dos professores em relação às reformas de ensino e políticas que visam melhorar seu trabalho. Dessa forma, há uma dissonância entre as intenções de governo e o vivido pelos sujeitos que tornam concretas as intenções propostas.

O investimento em formação, seja ela inicial ou continuada, é um dos aspectos necessários à educação; entretanto, é de suma importância também investir em Plano de Cargo, Carreira e Salário, infraestrutura e segurança escolar, entre outros aspectos que, de fato, levarão o país a ser uma *"Pátria Educadora"*; caso contrário, continuaremos a presenciar propostas que se fragilizam ou ainda não se finalizam, por falta de credibilidade e demandas mais urgentes das quais os professores precisam dar conta dentro do espaço escolar.

É necessária, sim, uma articulação entre as instâncias formativas, para que não haja sobreposição de propostas que, muitas vezes, até se contradizem e acabam sobrecarregando desnecessariamente as professoras que estão em sala de aula, com a preocupação tão urgente sob sua responsabilidade, ou seja, alfabetizar no sentido amplo do conceito as crianças brasileiras.

Outro aspecto que é preciso ser considerado pelas equipes que compõem a Secretaria de Educação, é a condição de trabalho dos coordenadores pedagógicos, pois a função que lhes cabe é o acompanhamento e orientação do trabalho dos professores; entretanto, o que se percebe, inclusive em depoimento dos próprios coordenadores, é que este trabalho não é realizado de maneira satisfatória, considerando as demandas que acabam por desfocar a atenção desse profissional para o trabalho pedagógico realizado pelos professores, incluindo a possibilidade de dar continuidade às formações continuadas que aconteceram, conforme descritas neste texto.

Ainda sobre essa questão, na organização do PNAIC não foram contempladas oficialmente as coordenadoras pedagógicas; quando uma ou outra participa dos encontros formativos é como ouvinte, e isto significa que pode comprometer todo um trabalho formativo. Como elas poderão, muitas vezes, ter argumentos e sugestões no tocante à alfabetização, se desconhecem os estudos realizados na formação das alfabetizadoras? Como poderão atender e orientar o planejamento das professoras se, na maioria do tempo, estão realizando tarefas que não competem diretamente à sua função, mas que precisam ser realizadas? Por exemplo: separar brigas de alunos, abrir e fechar os portões da escola, pois não há o profissional para tal função, entre outros problemas enfrentados pelas coordenadoras pedagógicas os quais merecem futuras pesquisas.

Essas questões devem ser levadas, sim, em consideração, quando há a reflexão e elaboração de propostas de formação continuada aos professores de todas as etapas da educação básica, caso contrário, os investimentos em formação se parecerão mais com a metáfora do *"enxugar gelo"*; mesmo que se invista 10% do PIB (Produto Interno Bruto) em educação, conforme é a meta

20 do Plano Nacional de Educação, continuar-se-á persistindo em erros cometidos ao longo da história educacional deste país.

Referências

BRASIL. Ministério da Educação. Secretaria de Educação Básica. Diretoria de Apoio à Gestão Educacional. **Pacto Nacional pela Alfabetização na Idade Certa.** Brasília: MEC/SEB, 2014.

_____. Presidência da República. Casa Civil. Subchefia para Assuntos Jurídicos. **Lei nº 12.014, de 6 de agosto de 2009.** Altera o art. 61 da Lei nº 9.394, de 20 de dezembro de 1996, com a finalidade de discriminar as categorias de trabalhadores que se devem considerar profissionais da educação. Brasília: DOU, 7 de agosto de 2009.

CANDAU, Vera M. F. Formação continuada de professores: tendências atuais. In: MIZUKAMI, M. da Graça N.; REALI, A. M. R. **Formação de Professores**: Tendências Atuais. São Carlos: EdUFSCar, 1996.

CENTRO de Alfabetização, Leitura e Escrita (CEALE). **Coleção Instrumentos da Alfabetização.** Belo Horizonte: Ceale/ FaE/UFMG, 2005.

DAMASCENO, Kelly Katia. **A aprendizagem da docência de professoras que atuam no 1º e 2ºciclos do ensino fundamental.** 2006. Dissertação (Mestrado em Educação) – Instituto de Educação, Universidade Federal de Mato Grosso, Cuiabá.

FARIAS, Isabel Maria Sabino. **Inovação, mudança e cultura docente.** Brasília: Liber Livro, 2006.

FUSARI, José Cerchi. Formação contínua de educadores na escola e em outras situações. In: BRUNO, E.; ALMEIDA, Laurinda; CHRISTOV, Luiza (orgs.). **O coordenador pedagógico e a formação docente.** 5. ed. São Paulo: Edições Loyola, 2004.

GARCIA, C. Marcelo. A formação de professores: novas perspectivas baseada na investigação sobre o pensamento do professor. In: NÓVOA, António (coord.). **Os professores e sua formação**. Lisboa: Dom Quixote, 1992.

HOFFMANN, Jussara. **Práticas avaliativas e aprendizagens significativas**: em diferentes áreas do currículo. Porto Alegre: Mediação, 2003.

MATO GROSSO. Governo do Estado. Poder Executivo. **Lei Complementar nº 50, de 1º de outubro de 1998**. Dispõe sobre a Carreira dos Profissionais da Educação Básica de Mato Grosso. Cuiabá: D.O., 1º de outubro de 1998.

_____. Secretaria de Estado de Educação. **Orientações Curriculares do Estado de Mato Grosso**. Cuiabá: Seduc-MT, 2010.

_____. Secretaria de Estado de Educação. **Parecer Orientativo nº 001**. Cuiabá: Seduc-MT, 2011. (Mimeo).

_____. Secretaria de Estado de Educação. **Parecer Orientativo referente ao desenvolvimento do Projeto Sala de Educador para o ano de 2012**. Cuiabá: Seduc-MT, 2012. (Mimeo).

_____. Secretaria de Estado de Educação. **Política de Formação dos Profissionais da Educação Básica de Mato Grosso**. Cuiabá: Seduc-MT, junho de 2010.

NÓVOA, António (coord.). **Vidas de professores**. Porto: Porto Editora, 1992.

_____ (org.). **Profissão professor**. Porto: Porto Editora, 1995.

_____. Formação de Professores e Profissão Docente. In: _____ (coord.). **Os professores e a sua formação**. Lisboa: Publicações Dom Quixote; IIE, 2002.

NUNES, Cely do S. C. **Os sentidos da formação contínua de professores**: o mundo do trabalho e a formação de professores no Brasil. 2000. 152f. Tese (Doutorado em Educação) – Faculdade de Educação, Universidade Estadual de Campinas, Campinas.

OLIVEIRA, Rosa Maria M. A.; MIZUKAMI, Maria da Graça N. Na escola se aprende de tudo... In: MIZUKAMI, M. da G. N.; REALI, Aline M. de M. (orgs.). **Aprendizagem profissional da docência**: saberes, contextos e práticas. São Carlos: EdUFSCar, 2002.

ROCHA, Simone Albuquerque. **Formação de Professores em Mato Grosso**: trajetória de três décadas (1977-2007). Cuiabá: EdUFMT, 2010.

SACRISTÁN, José Gimeno. Consciência e ação sobre a prática como libertação profissional dos professores. In: NÓVOA, António (org.). **Profissão professor**. Porto: Porto Editora, 1995.

WEISZ, Telma. **O diálogo entre o ensino e a aprendizagem**. São Paulo: Editora Ática, 2000.

Sites

INSTITUTO AYRTON SENNA. Programa Circuito Campeão. Disponível em: <http://www.institutoayrtonsenna.org.br/como-atuamos/solucoes-educacionais/politicas-de-aprendizagem-escolar/>. Acesso em: 4 mar. 2015.

MATO GROSSO. Secretaria de Estado de Educação (Seduc). Disponível em: <http://www.seduc.mt.gov.br/Paginas/Novos-Olhares-%C3%A0-Forma%C3%A7%C3%A3o-Continuada.aspx>. Acesso em: 3 mar. 2015.

_____. Secretaria de Estado de Educação (Seduc). Disponível em: <http://www.seduc.mt.gov.br/Paginas/Seduc-divulga-novo-calend%C3%A1rio-de-forma%C3%A7%C3%A3o-para-o-Eterno-Aprendiz.aspx>. Acesso em: 3 mar. 2015.

PROGRAMA DE FORMAÇÃO DE PROFESSORES ALFABETIZADORES. Guia do Formador. Disponível em: <http://portal.mec.gov.br/seb/arquivos/pdf/Profa/guia_for_1.pdf>. Acesso em: 15 mar. 2015.

Capítulo 10
O DESENVOLVIMENTO PROFISSIONAL DE EDUCADORAS INFANTIS: NARRATIVAS SOBRE A FORMAÇÃO INICIAL – PROINFANTIL

Soely Aparecida Dias Paes[1]; Kelly Katia Damasceno[2]; Elizete Maria de Jesus[3]

Na busca de uma educação que atenda às novas diretrizes de um país redemocratizado, o Brasil, a partir da Constituição de 1988 e da promulgação da Lei de Diretrizes e Bases da Educação Nacional, nº 9.394/96, reorganiza alguns princípios da Educação Infantil que passa a integrar a educação básica brasileira. Opondo-se a um atendimento assistencialista, preocupado apenas em preparar as crianças para a manutenção da ordem social, as novas bases teóricas redefinem a política de atendimento à educação infantil tecida em uma perspectiva de educação integral à criança.

Em um movimento expansionista de acesso à educação pública, houve redefinições para a educação infantil e uma significativa ampliação nas formas de atendimento às crianças de 0 a 5 anos; paralelamente a este movimento, ocorria a discussão sobre a proposta educativa a ser adotada para esta faixa etária da população, que passa a ter o direito a ingressar na primeira etapa da educação básica. Nesse ensejo, é fundamental uma proposta de educação infantil que contemple os aspectos físico, psicológico, intelectual e social, complementando, assim, a ação educacional da família e da comunidade. Todavia, os desafios da construção de uma edu-

---

1. Mestre em Educação. Professora da rede pública estadual e municipal de Várzea Grande.
2. Mestre em Educação. Professora da rede pública estadual e municipal de Várzea Grande.
3. Especialista em Educação. Professora da rede pública estadual e municipal de Cuiabá.

cação infantil de qualidade vão além do amparo legal e teórico. Dentre estes, nos deparamos com questões relativas à infraestrutura precária, falta de recursos materiais e pedagógicos e de profissionais habilitados para atuarem com crianças, bem como a ausência de um plano de cargos e carreiras, entre outras questões.

O texto em tela abordará a questão da formação de profissionais para atuarem na primeira etapa da educação básica, a partir de algumas reflexões sobre o desenvolvimento profissional de educadoras[4] infantis, provenientes da formação inicial do Proinfantil[5]. Fizeram parte desta segunda[6] parte da pesquisa quatro professoras cursistas que participaram, nos anos de 2009 a 2011, da formação destinada a habilitar, para o magistério infantil, profissionais que atuavam na rede pública, mas não possuíam a formação mínima exigida.

No ano de 2014, cerca de três anos após concluírem sua formação no Proinfantil e seguirem sua trajetória profissional na Educação Infantil, as ex-professoras cursistas voltam a ser foco de pesquisa. Por meio das narrativas escritas, as professoras trazem importantes revelações sobre o seu desenvolvimento profissional a partir das seguintes questões norteadoras. De que modo a formação inicial do Proinfantil impactou sua atuação profissional? Como lida com os desafios da sua atuação profissional? Tais questões intentam refletir sobre o desenvolvimento profissional das cursistas em uma perspectiva teórico-metodológica de abordagem qualitativa, pautada na perspectiva da pesquisa narrativa, que se aproxima dos estudos de Clandinin e Connelly (2001; 2012), por entenderem que o estudo com narrativas é excelente

---

4. Optamos pelo gênero feminino por se tratar de uma pesquisa realizada com profissionais mulheres.
5. Programa de Formação Inicial para Professores em Exercício na Educação Infantil.
6. A primeira parte da pesquisa foi apresentada em Sessão de Comunicação Oral, no Semiedu – Seminário de Educação/UFMT/Cuiabá-MT, no ano de 2012.

recurso para que os professores reflitam e comuniquem seus saberes e experiências.

A redefinição da política educativa na Educação Infantil e o Cefapro[7]

No Brasil, nos últimos anos, atuações formativas, em parcerias entre as três esferas administrativas (União, Estados e Municípios), têm sido estratégias para chegar aos mais remotos lugares deste país com dimensão continental. Tais princípios buscam viabilizar formação continuada e inicial aos profissionais que atuam na educação. Nesse sentido, políticas e linhas de ações por meio de diferentes programas e projetos de formação, em todos os níveis e modalidades, vêm sendo desenvolvidos, abrangendo os aspectos organizacionais, conceituais e curriculares da ação educativa escolar.

No bojo das preocupações que essa perspectiva aponta, articuladas à política e linhas de ações formativas, o Estado de Mato Grosso, via Secretaria de Estado de Educação – Seduc, implanta os Centros de Formação e Atualização dos Profissionais da Educação Básica – Cefapro (atualmente quinze), distribuídos a partir de uma organização geográfica estratégica, por polos, para atender todo o Estado. Estes centros apresentam uma política de formação, atualização e habilitação docente, propiciando uma cultura profissional de educadores para a construção da *práxis* educativa.

Desse modo, o Cefapro, no ano de 2011, passa a integrar a rede de formação dos profissionais da educação, em parceria com o Ministério de Educação – MEC, Secretaria de Educação – Seduc e Secretarias Municipais de Educação, que implantaram o Programa de Formação Inicial para Professores em Exercício na Educação Infantil – Proinfantil, contribuindo com a formação inicial junto às instâncias federal, estadual e municipal. Essas

---

7. Centro de Formação e Atualização dos Profissionais de Educação Básica do Estado de Mato Grosso.

deveriam atuar de maneira integrada, com funções e responsabilidades específicas para desenvolver esse programa e demais programas que fazem parte das políticas públicas do governo, em regime de colaboração, conforme instituído no art. 211 da Constituição Federal e no art. 8º da Lei nº 9.394/96.

O Cefapro, junto a outras instâncias responsáveis (MEC e UFMT), se lançou a este programa formativo com os objetivos de implementar, acompanhar e monitorar o desenvolvimento das ações do Proinfantil.

A formação da Educadora Infantil: prática reflexiva

O Programa de Formação Inicial para Professores em Exercício na Educação Infantil (Proinfantil), em nível médio e na modalidade Normal, foi disponibilizado à formação de professores de Educação Infantil que atuavam em creches e pré-escolas e que não possuíam formação mínima exigida pela legislação. O Programa foi elaborado pelo MEC que disponibilizou este, em regime de parceria, aos estados e municípios interessados a desenvolverem a formação inicial, tanto de professores da rede pública quanto daqueles que atuam na rede privada sem fins lucrativos (como instituições filantrópicas, comunitárias ou confessionais, conveniadas ou não).

O programa Proinfantil teve como objetivos:

• habilitar em magistério para a Educação Infantil (EI) os professores em exercício, de acordo com a legislação vigente;

• elevar o nível de conhecimento e aprimorar a prática pedagógica dos docentes;

• valorizar o magistério, oferecendo condições de crescimento profissional e pessoal do professor;

• contribuir para a qualidade social da educação das crianças com idade entre 0 e 5 anos nas Instituições de Educação Infantil (IEI).

Este programa teve como amparo legal o artigo 62 da Lei nº 9.394/96, que estabelece:

> Art. 62: A formação de docentes para atuar na educação básica far-se-á em nível superior, em curso de licenciatura, de graduação plena, em universidades e institutos superiores de educação, admitida, *como formação mínima para o exercício do magistério na Educação Infantil* e nas quatro primeiras séries do Ensino Fundamental, *a oferecida em nível médio, na modalidade Normal*. (Brasil, 1996, grifos nossos)

Para esclarecer dúvidas a respeito da formação de professores, a Câmara de Educação Básica do Conselho Nacional de Educação se posicionou, por meio do Parecer nº 03/2003 e da Resolução nº 01/2003, a favor dos direitos dos profissionais da educação com formação de nível médio na modalidade Normal que atuam na educação infantil e nos anos iniciais do ensino fundamental.

O Parecer CNE/CEB 03/2003 esclarece que a redação do artigo 62 da LDBEN é clara e não deixa margem para dúvida. Aqueles que frequentam um curso normal de nível médio praticam um contrato válido com a instituição que o ministra. Atendidas as disposições legais pertinentes, a conclusão desse curso conduz ao diploma que, por ser fruto de ato jurídico perfeito, gera direito. No caso, o direito gerado é a prerrogativa do exercício profissional na educação infantil e nos anos iniciais do ensino fundamental.

A Resolução CNE/CEB 01/2003, em seu artigo 2º, dispõe que:

> Os sistemas de ensino realizaram programas de capacitação para todos os professores em exercício. Parágrafo 1º: Aos docentes da Educação Infantil e dos anos iniciais do Ensino Fundamental será oferecida formação em nível médio, na modalidade Normal, até que todos os docentes do sistema possuam, no mínimo, essa credencial.

Também o Plano Nacional de Educação (PNE/2001) reforçou em suas metas a responsabilidade da União, estados e municípios de habilitar os profissionais que atuam na educação infantil. Nos objetivos e metas relativos à educação infantil, a quinta meta, letra b, dispõe:

> 5ª. Estabelecer um Programa Nacional de Formação dos Profissionais de Educação Infantil, com a colaboração da União, Estados e Municípios, inclusive das universidades e institutos superiores de educação e organizações não governamentais, para que realizem as seguintes metas:
> b) em cinco anos, todos os professores tenham habilitação específica de nível médio e, em dez anos, 70% tenham formação específica de nível superior.

Além disso, a 6ª meta estabelece que, a partir da vigência do PNE, somente serão admitidos na docência da educação infantil os profissionais que possuam a titulação mínima em nível médio, modalidade normal, dando-se preferência à admissão de graduados em curso específico de nível superior.

Com base na legislação educacional brasileira é que se registra todo o processo de criação e desenvolvimento da formação docente do Proinfantil.

Este programa de formação inicial congregou os conhecimentos básicos, tanto das áreas de estudo do ensino médio quanto da área pedagógica, para o exercício do magistério na educação infantil. O Programa se valeu dos benefícios da formação em serviço, que tornou possível a reflexão teórica sobre a prática do professor cursista, considerando as características, as necessidades, os limites e as facilidades apresentados pela instituição em que atuam. Dessa forma, a própria instituição de educação infantil se torna o lugar privilegiado de formação do educador, com efeitos significativos sobre a sua prática pedagógica.

Imbernón (2000) apud Mizukami (2002, p. 22) apontam que

> o papel da formação inicial é fornecer as bases para construir um conhecimento pedagógico especializado, pois constitui-

-se, segundo ele, no começo da socialização profissional e da assunção de princípios e regras práticas.

Assim, o fornecimento das bases do conhecimento pedagógico contribui com a construção da profissionalidade docente, e pode ser fortalecido quando se pensa essa formação a partir de uma prática vivenciada cotidianamente pelos profissionais que já atuam na educação infantil.

Para tanto, o Programa Proinfantil teve, como currículo, a base da formação nas diretrizes curriculares para o ensino médio e as concepções teóricas que orientam a formação dos professores de educação infantil (Brasil, 2005).

A formação para o *ensino médio* se estruturou na *Base Nacional do Ensino Médio* e se organizou da seguinte maneira:

· Linguagens e códigos (Língua Portuguesa);
· Identidade, sociedade e cultura (Sociologia, Filosofia, História e Geografia);
· Matemática e lógica (Matemática);
· Vida e Natureza (Biologia, Física e Química).

E a *formação pedagógica* teve o seguinte formato:

· Fundamentos da educação (Sociologia, Filosofia da Educação, Antropologia e Psicologia);
· Organização do Trabalho Pedagógico e Metodologia.
Essa formatação curricular é acrescida de:
· Língua estrangeira (no caso de Mato Grosso optou-se por Língua Espanhola);
· Eixos integradores (espaço de interdisciplinaridade em que os conteúdos das disciplinas das diferentes áreas são articulados em torno das experiências dos professores cursistas, funcionando como elemento agregador de todas as áreas);

• Eixos temáticos (grandes temas que permeiam as áreas temáticas referentes à formação pedagógica);
• Projeto de estudo (atividade de pesquisa e/ou ação pedagógica sobre algum aspecto – social, histórico, cultural, ecológico, etc. – de sua realidade local).

Sabemos que a formação inicial não esgota a necessidade da continuidade na busca pelo saber, ou seja, partimos do princípio de que a construção da profissionalidade do educador é permeada por um processo *continuum* de desenvolvimento profissional. Logo,

> aprender a ensinar é um processo que continua ao longo da carreira docente e que, não obstante a qualidade do que fizemos nos nossos programas de formação de professores, na melhor das hipóteses só poderemos preparar os professores para começarem a ensinar. (Zeichner, 1993 apud Mizukami, 2002, p. 22)

Nesta perspectiva, o Cefapro promoveu a formação inicial, em nível médio, aos profissionais da educação infantil que já atuavam na rede pública, no sentido de fortalecer e melhorar a qualidade no atendimento da educação infantil, condição *sine qua non* do século XXI. Segundo Veenman (1988 apud Mizukami, 2002, p. 22), a formação inicial "[...] é capaz de proporcionar um bom suporte, a fim de preparar o professor para atuar na profissão". Dessa forma, a formação inicial contribui com o desenvolvimento profissional do educador, que será ao longo da profissão apenas um dos suportes para o seu percurso formativo.

Para Contreras (2002, p. 74), a profissionalidade está ligada às

> qualidades da prática profissional dos professores em função do que requer o trabalho educativo [...] não só descrever o desempenho do trabalho de ensinar, mas também expressar valores e pretensões que se deseja alcançar e desenvolver nessa profissão.

Dessas reflexões emergem questões que suscitam a necessidades formativas, em todos os níveis e etapas, uma vez que estas perpassam o entrecruzamento de transformações sociopolíticas, fundantes de uma perspectiva inclusiva para a educação brasileira. Para contemplar questões emergentes e os atuais conceitos adotados a partir da LDB 9.394/96, busca-se, no tripé educar-cuidar--brincar, indicativos para uma nova atuação do educador infantil.

Logo, o cuidar não é a parte mais nobre ou mal necessário do fazer docente na educação infantil. É, portanto, tão imprescindível quanto a educação. Cuidar e educar se constituem como ações imbricadas na relação educador-criança.

Para Didonet (2003, p. 15),

> Não há um conteúdo "educativo" na creche desvinculado dos gestos de cuidar. Não há um "ensino", seja um conhecimento ou um hábito, que utilize uma via diferente da atenção afetuosa, alegre, disponível e promotora da progressiva autonomia da criança. Os conteúdos educativos da proposta pedagógica, por sua vez, não são objetos abstratos de conhecimento, desvinculados de situações de vida, nem são elaborados pela criança pela via da transmissão oral, do ensino formal. Em vez disso, são interiorizados como construção da criança em um processo interativo com os outros em que entram em jogo a iniciativa, a ação e a reação, a pergunta e a dúvida, a busca de entendimento. Conforme Vygotsky, ao referir-se à ação, primeiro esta é interindividual e depois intra-individual. Antes, existe a relação, depois o "eu"; primeiro, o gesto de acolhimento e carinho, depois o sentimento de segurança e confiança; antes, a palavra, depois o pensamento; primeiro, a mediação e, em seguida, o novo patamar de entendimento e ação.

Outra questão ser considerada no contexto da educação infantil é o brincar, pois a brincadeira é uma prática cultural que faz parte da própria infância, por meio da qual a criança se apropria do mundo e reelabora as ações humanas. Segundo Lima (2003, p. 5), por meio da brincadeira

> a criança se humaniza, apropriando-se das formas humanas de comunicação e familiarizando-se com os processos de interação social: ela aprende a ouvir, a esperar sua vez, a negociar, a defender seu ponto de vista, a rir com as outras crianças a criar.

Ainda conforme a autora, brincar envolve emoção e humor, dimensões importantes na relação entre as pessoas.

Corroborando essa ideia, Assis (2009, p. 44) pontua que "ao cuidar e educar, intregra-se o brincar, pois a brincadeira é concebida como uma atividade social do ser humano, por meio da qual a criança se apropria do mundo reproduzindo ações humanas".

Nesta perspectiva, ao se considerar a especificidade de ser criança, o brincar, na educação infantil, deve ser entendido não apenas como uma estratégia metodológica aplicada para a aprendizagem, mas no sentido mais abrangente, que contemple a finalidade da educação infantil, ou seja, a de possibilitar a socialização e o desenvolvimento cultural, atrelada ao desenvolvimento da autonomia pessoal, contribuindo para a formação integral da criança.

O cuidar, o educar e o brincar devem estar imbricados na organização do trabalho pedagógico das instituições de educação infantil. E, para tal, é necessário que os profissionais busquem referenciais teórico-metodológicos que contribuam para o fortalecimento e a ressignificação dos conceitos que têm permeado a educação infantil atualmente, culminando com o desenvolvimento da profissionalidade do educador infantil.

Assim, as ações formativas desenvolvidas pelo Cefapro – Cuiabá, a partir do Proinfantil, tomam como referência concepções teórico-metodológicas que hoje integram a compreensão da criança como sujeito integral, ao considerar que o desenvolvimento físico está intimamente integrado ao desenvolvimento psicológico e cultural; nesta perspectiva, a criança é concebida enquanto sujeito desde a primeira infância.

Atentos a essas perspectivas da educação infantil, o Cefapro – Cuiabá e o programa Proinfantil viabilizaram um trabalho formativo configurando atividades e ações de acompanhamento pedagógico, orientações e monitoramento de apoio à aprendizagem ao professor cursista. Estas atividades e ações formativas foram desenvolvidas de maneira sistemática a partir de atividades presenciais e a distância, assim organizadas:

1) Fase Presencial – momento de informação e orientação ao professor cursista para o desenvolvimento dos estudos e das reflexões acerca das temáticas, referentes a cada um dos quatro módulos.

2) Fase Intermediária – período de encontro com os professores do Cefapro, responsáveis pelas áreas do conhecimento, para retomada dos temas de estudos trabalhados e tira-dúvidas.

3) Encontro Quinzenal – encontro do tutor responsável para acompanhar o desenvolvimento da aprendizagem do grupo de cursistas, a partir dos registros do portfólio (memorial, planejamento e registro reflexivo da prática), cadernos de atividades e esclarecer dúvidas.

4) Plantões pedagógicos – se caracterizou como um momento de tira-dúvidas da unidade em estudo, organizados em encontros presenciais semanais em que o cursista se deslocava até o Cefapro, ou, ainda, recebia as orientações a distância, realizadas a partir da comunicação online e/ou via telefone.

Para viabilizar o desenvolvimento do programa Proinfantil, o Cefapro – Cuiabá disponibilizou seis professores formadores que atuavam nas áreas temáticas, uma articuladora pedagógica e uma coordenadora. Esta equipe atuou de maneira conjunta na implementação e acompanhamento do programa.

De acordo com habilitação específica, cada professor formador atuou no programa cumprindo as normas legais e pedagógicas emanadas da coordenação nacional do Proinfantil nas áreas de Matriz Curricular – Base Nacional do Ensino Médio.

A Apei – Articuladora Pedagógica da Educação Infantil desenvolveu várias atribuições, dentre elas, a promoção de reuniões, grupo de estudo, contribuição com a organização das fases presenciais, análise do desempenho dos professores cursistas, entre outras. A coordenadora teve atribuições diversas, entre elas, aspectos ligados ao pedagógico e à administração do programa em sua área de abrangência.

Tais funções, estabelecidas pelo MEC, permitiam que os diferentes profissionais atuassem de maneira colaborativa para o desenvolvimento do programa junto às instituições das quais as cursistas eram integrantes, bem como junto às secretarias municipais de educação, pois a maioria dos cursistas desempenhavam suas funções profissionais na rede municipal de educação, esfera responsável em oferecer vagas para a educação infantil e ensino fundamental aos anos iniciais, apoiada pelas demais esferas administrativas.

Considerando a estrutura organizativa do programa e a dialética formativa suscitada em toda extensão deste trabalho, os formadores responsáveis pelo Proinfantil, no Cefapro – Cuiabá, viabilizavam uma formação inicial que ganhou nova dimensão, ao tomar como referência do trabalho pedagógico com o professor cursista, não só o que estava previamente definido no currículo do programa, mas, também, os aspectos emergentes do contexto das práticas educativas da educação infantil a partir dos registros escritos e orais. Registros estes institucionalizados pelo programa e desenvolvidos pelos professores cursistas (memorial, planejamento e registro reflexivo da prática e cadernos de atividades), e dos relatos orais registrados durante os plantões tira-dúvidas, fase presencial e intermediária, encontros quinzenais, acompanhamento das práticas pedagógicas.

A análise destes registros desvelou algumas temáticas a serem desenvolvidas junto aos professores cursistas, tais como: educação especial, jogos e brincadeiras, a literatura na educação infantil, a família e a instituição educativa, a matemática e a ciência na educação infantil. Para tanto, essas temáticas indicaram proposições de ordem teórico-metodológica que motivaram a superação de ações formativas padronizadas pela organização nacional do programa, provocando aos formadores, à Apei e à coordenadora, o desafio de desenvolverem ações que pudessem contribuir para a construção da profissionalidade destes educadores infantis. Dinâmica esta desenvolvida durante os dois anos de formação, o que exigiu aos formadores deste centro momentos de estudos e reflexões que dinamizavam e fortaleciam a reestruturação e reorganização do planejamento dos encontros formativos.

As narrativas aqui apresentadas pelas professoras participantes desta pesquisa nos permitem conhecer um pouco mais sobre seus pontos de vista, suas experiências e singularidades, perspectiva metodológica forjada pelo princípio da pesquisa qualitativa que se aproxima do campo teórico das narrativas. Uma maneira de conhecer e (re)conhecer as inconclusões humanas.

A abordagem metodológica da pesquisa narrativa: empoderamento e resistência na atuação profissional

Por entender que o estudo com narrativas é excelente recurso para que os professores reflitam e comuniquem seus saberes e experiências, a abordagem metodológica, adotada nesta pesquisa, constitui narrativas de si, e aponta um dispositivo valoroso para a compreensão da própria trajetória docente. Para tal compreensão, é fundamental refletir narrativamente o que pressupõe considerar os meandros dessas experiências de modo tridimensional: a temporalidade, a sociabilidade e o lugar, elementos que compõem o cenário formativo dessa professora alfabetizadora, conforme apontam Clandinin e Connelly (2012).

Comunga do potencial da narrativa Souza (2014), ao destacar que ela possibilita o empoderamento e a resistência, pelo processo de narrar sobre si, como aspecto de afirmar-se, expor-se. Esse empoderamento se constitui pela ação pessoal de organizar sua própria existência, portanto, de sua subjetividade diante das suas experiências, afirmando a singularidade da trajetória do desenvolvimento profissional. Nesse sentido, narrar é espaço de resistência, ao possibilitar evocar sentidos, numa visão de si diante dos fatos.

As significações e sentidos das narrativas apresentam um importante instrumento formativo, uma vez que, ao narrar o fato vivido, o narrador revisita suas próprias experiências, trazendo a este novo significado, o que possibilita olhar novamente, em momento posterior, refletir/ressignificar as experiências, como discorre Pineau (2003), ao expor que o tempo cronológico, o tempo das emoções, o tempo alma são elementos que devem ser considerados para o aprendizado da vida, o que configura situação oportuna para o autoexame, com vistas ao criar, planejar, implementar, analisar e compreender suas experiências docentes:

> Na época já atuava. [...] eventualmente me chamavam para trabalhar em um lugar e outro. Sempre para substituir professoras que faltavam no trabalho. Mas não possuía formação, e isso não era tranquilo pra mim. Então, quando vi que o curso ia começar foi maravilhoso. (Dina[8])

> Quanto soube que poderia participar de um curso que me garantia passar a ser de fato professora, foi muito bom. Minha família participou comigo desse desejo. (Vera)

> No início não tinha certeza de que iria ser professora, mas depois de alguns meses já comecei a sentir que era o caminho mais certo. Foi importante ter a chance de fazer o Proinfantil. (Fabi)

---

8. Optamos por nomes fictícios para preservar a identidade das professoras colaboradoras desta pesquisa.

Era tudo que eu queria... Fazer um curso que pudesse contribuir com o que eu já fazia há muito tempo. Eu já atuava em creches, mas não tinha formação, não tinha o curso. Então não tinha certeza de que era professora mesmo. (Vivi)

As narrativas permitem ao participante da pesquisa mergulhar em suas primeiras expectativas de formação inicial. E, ao retomar suas experiências, seu olhar se distancia do agora e transita entre suas primeiras e últimas experiências, materializando em escrita o seu percurso, suas vivências de ansiedades, valores, angústias, fragilidades, reelaboração, reflexões, entre outros.

O impacto na vida pessoal e profissional destas professoras cursistas, na formação do Proinfantil, ocorreu a partir da própria confirmação de que elas iriam fazer parte desta formação. Algumas certezas se reafirmaram diante desta oportunidade; atuar sem ser habilitada mostra-se como uma frágil situação a ser superada, considerando sua inclusão na lista de futuras cursistas.

Relatos de influências e contribuições do Proinfantil na vida das ex-cursistas

Ao narrarem sobre a formação do Proinfantil, as professoras participantes desta pesquisa dispõem sobre experiências que perpassam a vida pessoal e profissional, entendendo suas singularidades e complementariedade. Consideram que a participação na formação do Proinfantil contribuiu para que pudessem dar continuidade aos estudos acadêmicos, ou projetarem este desejo:

> A formação do Proinfantil contribuiu não só com minha formação profissional, penso que também com minha formação pessoal. Foram dois anos. Tenho uma visão mais ampla do processo de ensino com a criança. E isso facilita o trabalho com as crianças hoje. Quero dar continuidade nos meus estudos. (Dina)

Foi uma formação importante. Ela exigiu de mim superar a timidez. Era muito tímida. Tantas apresentações, debate e trabalhos. Foi um curso que me ajudou. Sou uma profissional melhor, eu acredito nisso. (Vera)

A formação do Proinfantil foi uma qualificação rica. Ela tem um papel fundamental na minha formação profissional. Por exemplo, quando faço meu planejamento da aula, sempre lembro das atividades que tínhamos que fazer no curso. Permaneço na educação e penso que foi esta a formação que mais me ajudou. Vejo também que o curso também me ajudou até na participação das formações aqui nesta creche e penso em voltar a estudar, fazer uma faculdade. (Fabi)

E uma formação que deixou saudades. Os temas de estudos me ajudam hoje na faculdade. Muito da história da infantil que tinha visto no Proinfantil, depois na faculdade era como se eu tivesse tendo uma revisão do conteúdo. O curso do Proinfantil foi e é importante. Abriu as portas para o meu crescimento. Quanto fui para o estágio estava segura, não tive dificuldades. (Vivi)

As narrativas expõem, ainda, como estas profissionais lidam com os desafios na sua atuação docente:

Todo ano são novas experiências. Toda turma é diferenciada, é heterogênea. Sempre bate um medo. Tenho muitas dificuldades! Penso, como vou trabalhar com essa turma? Então acho que tenho que pesquisar, estudar. Propor métodos diferentes, e trocar ideias com colegas, para poder avançar em algumas propostas com meus alunos e contribuir para obter êxito no final do ano letivo. E participar da formação do Proinfantil me ajuda nisso, foram dois anos, e lá trabalhávamos sempre em grupo. Tinha muitas colegas da mesma unidade e que ainda trabalhamos juntas até hoje. (Vivi)

Eu sempre fui de buscar quando não sabia como fazer. Converso bastante com meus colegas, pergunto. Assim vou indo. Tenho uns livros em casa, do curso inicial, tô sempre consultando. Tem coisas importantes, faço adaptações também. (Fabi)

Motivações para a continuidade da formação docente...

Eu procuro fazer um planejamento bem diferenciado. Trabalho com crianças, né? Faço leituras, passo filmes, jogos e brincadeiras. Resolvi que deveria mudar minhas práticas. Então falo bastante com a coordenadora e a diretora para me providenciar os materiais. E os resultados são surpreendentes, fico feliz com o resultado. Participo de cursos de formação continuada aqui também, sei que vou aprendendo com tudo. Acredito que toda formação contribui. (Fabi)

Estou estudando, fazendo curso superior. Então tudo isso ajuda a pensar novos planejamentos, a fazer diferente. E até isso, fazer a pedagogia, foi provocado depois que terminei o curso do Proinfantil. Os colegas iam fazer, então resolvi fazer também. Além disso, tem a formação continuada, os encontros são para estudos e trocas de experiências. (Vivi)

Tais narrativas apontam a necessidade de se reinventar na docência, profissão que exige busca contínua, permanente, e que a resistência a esta condição da natureza profissional esvazia de sentido social, caracterizando-se de uma ineficácia geradora de descrédito (Garcia, 1999). Tal busca apresenta o trabalho em grupo, a pesquisa e o diálogo com os colegas como um importante mecanismo de fortalecimento da prática reflexiva do educador.

Segundo Gonçalves (1999, p. 147 apud Nóvoa, 2002), o desenvolvimento da carreira docente toma como referência duas dimensões complementares: a individual, centrada na natureza do seu *eu*, construído a nível consciente e inconsciente, e a grupal, ou coletiva, construída sobre as representações do campo escolar, influenciando e determinando aquelas. Tal perspectiva é evidenciada nas narrativas das professoras Fabi e Vivi, que se apoiam em uma dimensão de que o desenvolvimento profissional ocorre em consonância entre o pessoal e o coletivo, apontando a riqueza das experiências coletivas, geradas no espaço escolar, para a aprendizagem profissional e a superação dos desafios encontrados.

A provisoriedade do saber docente

As narrativas das docentes constituem a experimentação pessoal, e apontam para uma valorosa trama acerca do percurso formativo que elas vêm desenvolvendo. Neste sentido, ao narrar sobre si se desvela saberes, interações, crenças, frustações, lugares, aspectos, que salientam a provisoriedade do desenvolvimento profissional e compõem um cenário formativo pessoal e profissional, imbricando nuances reveladoras da dinâmica de ser docente, como apontam Clandinin e Connelly (2001; 2012). Tramas do passado que ganham novas projeções, novos significados a cada narrativa, a cada olhar.

A provisoriedade do saber, das certezas temporárias são aspectos inerentes do desafio da profissão docente, e que, segundo Nóvoa (1992, p. 16), a partir da questão: "como é que cada um se tornou no professor que é hoje?" se desvelam pelas narrativas das professoras, assumindo as certezas são temporárias e que precisam ser revistas. Condição que ganha novas conotações nos diferentes contextos formativos, aspecto que reafirma a não linearidade, a incerteza e a temporariedade da constituição professoral. Estas são reveladas pelas experiências narradas pelas professoras participantes desta pesquisa. Suas falas são reveladoras de que é fundamental ampliar e ressignificar seus saberes, seus modos de promover a aprendizagem do aluno, o que requer sua própria aprendizagem. A tônica das narrativas indica uma perspectiva formativa permanente, ou seja, processual. Considera-se uma demarcação forte, enquanto, no início na carreira, quando, de fato, as profissionais iniciam sua formação inicial e, assim, após o término do curso se consideram oficialmente profissionais da educação. Sua característica processual é indicada pela continuidade formativa, ao participarem de formações continuadas e reafirmarem como fundamental a necessidade de prosseguirem, tanto na formação acadêmica quanto nas formações continuadas, para que possam melhor lidar com os desafios da carreira. Nessa provisoriedade do saber, apesar de considerarem a formação do Proinfantil como importante para que, legalmente, pudessem assegurar e abrir as portas da carreira enquanto educadoras infantis, as profissionais têm clareza do desafio que a profissão lhes coloca, ensejo que provoca a continuidade da sua própria formação a partir de estudos, pesquisas e da participação em formação continuada.

Apontamentos para a continuidade da formação das educadoras infantis

Este estudo visa apresentar algumas reflexões sobre o desenvolvimento profissional de educadoras infantis a partir da formação inicial do Proinfantil, ocorrida em 2009.

Ao narrarem suas experiências formativas, as professoras participantes desta pesquisa indicaram que suas experiências profissionais são fomentadas pelos saberes, interações, crenças, frustrações, tempos e lugares, aspectos que mostram a provisoriedade e, por isso, o *continuum* do desenvolvimento profissional dos docentes pesquisados (Clandinin; Connelly, 2001). Tramas que convergem o pessoal e profissional, possibilitando as (re)significações das experiências ocorridas nos diferentes contextos da vida; tal perspectiva torna as experiências palco de (re)construção, portanto, nicho de continuidade de novas descobertas, de novas aprendizagens, desde que tomada como lugar de ser e estar, portanto, de um lugar de retorno reflexivo.

A oportunidade maior desse empreendimento formativo foi poder observar as certezas provisórias e dúvidas temporárias de educadores(as) e, num processo de mediação, intervenção, ajudando-os(as) a avançar na aprendizagem de conteúdos científicos, sociais e culturais, de forma cada vez mais profissional. Além disso, visamos a não perpetuidade de um sistema de reprovação ou de abandono do aluno à própria sorte, como ainda ocorre na educação pública do ensino fundamental. Os esforços foram empreendidos com participação maciça dos professores cursistas que, diante de tantos descasos que se desdobram no barateamento de seu trabalho, e parcos recursos destinados a investimentos na sua formação e nos espaços em que atuam, não mediram esforços, ao participarem das discussões, em produzirem seus textos, em relatarem, sempre abertos a superarem os desafios ao longo de dois anos de formação.

Nessa experiência de formação inicial, destacamos, ainda, por parte dos cursistas participantes desta formação inicial, as angústias que passaram por terem que romper com as certezas, em buscarem a cada tema de estudos, ou desafio emanado da sua prática educativa, um novo olhar, uma percepção de que a formação numa perspectiva de *continuum* poderá contribuir ao longo do desenvolvimento profissional docente.

Nesse contexto, as ações e atividades propostas pelo Cefapro – Cuiabá se pautaram numa perspectiva em que o fazer pedagógico na educação infantil perpassa pelo reconhecimento de que é fundamental ter ações educativas pautadas pelo tripé cuidar-educar-brincar, atentos à formação integral da criança, agregando à sua condição de direito a qualidade do exercício profissional do educador infantil, o que, para as cursistas desta pesquisa, possibilitou a elas se referendarem a esta formação como importante à sua formação inicial.

Logo, não basta oferecer a educação garantida em lei, é fundamental que, ao implementá-la, o façamos enquanto profissionais comprometidos com a qualidade que está diretamente ligada aos princípios legais, teóricos e metodológicos, atentos ao diálogo com os desafios presentes na vida profissional das próprias cursistas.

Assim, o Cefapro, ao executar projetos e programas elaborados para atendimento nacional, enquanto parceiro na rede de formação profissional docente, atuou para além do previsto no currículo do Proinfantil, apontando ações formativas de ordem teórico-metodológica, rompendo, assim, a superação de ações formativas cristalizadas ao longo do tempo na educação, ou seja, formações "fechadas" sem considerar o contexto de atuação dos profissionais que dela faziam parte.

Deste modo, consideramos que a rede de formação de professores vem se fortalecendo em diferentes vertentes, visando à ampliação e à melhoria da qualidade da educação em todas as etapas e níveis oferecidos à população brasileira. Portanto, o desenvolvimento profissional do educador infantil vai além da formação inicial e, para tanto, é imprescindível a ampliação e continuidade de políticas públicas que fomentem estratégias de formação inicial e continuada consistente a estes profissionais.

Acreditamos, ainda, que as parcerias são de suma importância, uma vez que os desafios postos na atuação da educação infantil perpassam por diferentes aspectos; neste sentido, reafirmamos a importância da parceria com as universidades federais, Secretarias de educação e demais instâncias formativas.

Assim, a Lei nº 13.005/2014, que aprovou o Plano Nacional de Educação (2014/2024), reiterou a necessidade de parceria em suas metas, a responsabilidade da União, estados e municípios em oferecer formação aos profissionais que atuam na Educação Infantil. Dispõe, nas metas 1 e 16:

> Meta 1: universalizar, até 2016, a educação infantil na pré-escola para as crianças de 4 (quatro) a 5 (cinco) anos de idade e ampliar a oferta de educação infantil em creches de forma a atender, no mínimo, 50% (cinquenta por cento) das crianças de até 3 (três) anos até o final da vigência deste PNE.
> Estratégia:
> 1.8) promover a formação inicial e continuada dos (as) profissionais da educação infantil, garantindo, progressivamente, o atendimento por profissionais com formação superior;

Meta 16: formar, em nível de pós-graduação, 50% (cinquenta por cento) dos professores da educação básica, até o último ano de vigência deste PNE, e garantir a todos (as) os (as) profissionais da educação básica formação continuada em sua área de atuação, considerando as necessidades, demandas e contextualizações dos sistemas de ensino.
Estratégia:
16.2) consolidar política nacional de formação de professores e professoras da educação básica, definindo diretrizes nacionais, áreas prioritárias, instituições formadoras e processos de certificação das atividades formativas.

As contribuições apontadas à formação inicial do Proinfantil, pelas professoras cursistas, são percepções e experiências, portanto, emanam de subjetivações, escritas de si, expostas em narrativas que, *a priori*, ressoam de uma trajetória que fez com que essas quatro professoras, participantes desta pesquisa, fossem convidadas a narrar suas experiências profissionais a partir da formação inicial do Proinfantil. Neste sentido, a experiência humana é pensada na singularidade, segundo os lugares e experiências vividas, pois os significados são múltiplos. Cada narrativa, portanto, expõe o sentido único, o que pode, também, nos indicar, a partir de outros pontos de vista, tantos outros aspectos a serem considerados nesta mesma formação proposta.

Desse modo, entendemos que a Política de Formação Docente deve primar pela continuidade de ações formativas, inicial e continuada, que, assim como o Proinfantil, venham contribuir para a melhoria da formação profissional com vistas à qualidade da educação infantil.

Referências

ASSIS, Muriane Sirlene Silva. Ama, Guardiã, Crecheira, Pajem, Auxiliar... em busca da profissionalização do educador da educação infantil. In: ANGOTTI, Maristela (org.). **Educação infantil**: da condição de direito à condição de qualidade no atendimento. Campinas: Editora Alínea, 2009.

BRASIL. Ministério da Educação. Conselho Nacional de Educação. Câmara de Educação Básica. **Parecer CNE/CEB n° 03, de 11 de março de 2003**. Brasília: DOU, 4 de agosto de 2003.

_____. Ministério da Educação. Conselho Nacional de Educação. Câmara de Educação Básica. **Resolução CNE/CEB n° 01, de 20 de agosto de 2003**. Dispõe sobre os direitos dos profissionais da educação com formação de nível médio, na modalidade Normal, em relação à prerrogativa do exercício da docência, em vista do disposto na lei 9294/96, e dá outras providências. Brasília: DOU, 22 de agosto de 2003.

_____. Ministério da Educação. Secretaria de Educação Básica. **PROINFANTIL**: Programa de Formação Inicial para Professores em Exercício na Educação Infantil: guia geral 2005. Brasília: MEC/SEB, 2005.

_____. Presidência da República. Casa Civil. Subchefia para Assuntos Jurídicos. **Constituição da República Federativa do Brasil de 1988**. Brasília: Assembléia Nacional Constituinte, 5 de outubro de 1988.

_____. Presidência da República. Casa Civil. Subchefia para Assuntos Jurídicos. **Lei n° 9.394, de 20 de dezembro de 1996**. Estabelece as diretrizes e bases da educação nacional. Brasília: DOU, 23 de dezembro de 1996.

_____. Presidência da República. Casa Civil. Subchefia para Assuntos Jurídicos. **Lei n° 10.172, de 9 de janeiro de 2001**. Aprova o Plano Nacional de Educação e dá outras providências. Brasília: DOU, 10 de janeiro de 2001.

_____. Presidência da República. Casa Civil. Subchefia para Assuntos Jurídicos. **Lei nº 13.005, de 25 de junho de 2014.** Aprova o Plano Nacional de Educação – PNE e dá outras providências. Brasília: DOU, 26 de junho de 2014. Disponível em: <http://www.planalto.gov.br/CCIVIL_03/_Ato2011-2014/2014/Lei/L13005.htm≥. Acesso em: 20 abr. 2015.

CLANDININ, D. Jean; CONNELY, F. Michael. **Pesquisa Narrativa**: Experiências e Histórias na Pesquisa Qualitativa. Tradução do Grupo de Pesquisa Narrativa e Educação de Professores ILEEI/UFU. Uberlândia: EDUFU, 2012. Disponível em: <http://periodicoscientificos.ufmt.br/ojs/index.php/educacaopublica/article/view/864>. Acesso em: 16 dez. 2013.

_____. Potentials and possibilities for narrative inquiry. In: CAMPBELL, M.; THOMPSON, L. (eds.). **Issues of identity in music education**: Narratives and practice advances in music education. Tradução de Eladyr Maria Norberto da Silva. Charlotte: Information Age Publishing, 2001. p. 1-11.

CONTRERAS, José. **A autonomia de professores**. São Paulo: Cortez, 2002.

DIDONET, Vital. Não há educação sem cuidado. **Revista Pátio** [on-line] – Educação Infantil, ano I, n. 1, 2003. Disponível em: <http://www.revistapatio.com.br/sumario_conteudo.aspx?id=1≥. Acesso em: 11 ago. 2010.

GARCIA, C. Marcelo. **Formação de Professores**: para uma mudança educativa. Porto: Editora Porto, 1999.

IMBERNÓN, F. **Formação docente e profissional**: forma-se para a mudança e a incerteza. 4. ed. São Paulo: Cortez, 2000.

LIMA, Elvira Souza. **Brincar para quê?** São Paulo: Editora Inter Alia, 2003.

MIZUKAMI, M. da Graça N.; et al. **Escola e aprendizagem da docência**: processos de investigação e formação. São Carlos: EdUFSCar, 2002.

NÓVOA, António. Formação de Professores e Profissão Docente. In: NÓVOA, António. (coord.). **Os professores e a sua formação**. Lisboa: Publicações Dom Quixote; IIE, 2002.

_____. **Vidas de professores**. Porto: Porto Editora, 1992.

PINEAU, Gaston. **Temporalidades na formação**: rumo a novos sincronizadores. Tradução de Lúcia P. de Souza. São Paulo: Triem, 2003.

SOUZA, Elizeu Clementino de. Imagens e narrativas sobre (auto) biografias, resistência e empoderamento: diálogos iniciais. In: SOUZA, Clementino de Souza; BALASSIANO, Ana Luiza Grillo; OLIVEIRA, Anne-Marie Milon (orgs.). **Escrita de si, resistência e empoderamento**. 1. ed. Curitiba: CRV, 2014. p. 13-23.

Capítulo 11
UM EXPERIENCIAR DAS NARRATIVAS DE SI: O DESENVOLVIMENTO FORMATIVO DE UMA APRENDIZ DE PROFESSORA FORMADORA

Soely Aparecida Dias Paes[1]

Narrar a si mesmo: espaço de autorreflexão formativa

Caro leitor e leitora, proponho-me, nesta investigação, lançar luz à própria vivência pessoal e profissional para experienciar o que alguns autores, com os quais tenho dialogado, vêm me provocado a (re)elaborar sobre o desenvolvimento profissional e, mais precisamente, sobre o que tange à formação docente.

Apresento, nas reflexões de autoformação a seguir, provisórias tessituras de experiências pessoais e profissionais, continuamente elaboradas, no ensejo de compor novos sentidos a partir do protagonismo, hora mais, hora menos, pelos melindres singulares com que a vida sinuosamente se desdobra ao longo da minha. O que não significa aprender solitariamente.

Considero que alguns desses construtos sobre a formação docente têm se tornado tão intensos em minhas reflexões, a ponto de fazer desta uma investigação sobre a minha própria experiência, a fim de que este experienciar me capacite a compreender melhor a experiência do outro, em uma posição de escuta na perspectiva de diálogo vivo que se aproxima da versão gadameriana (Gadamer, 2014, p. 80-102). Para tal propositura de investigação é fundante tornar a própria experiência foco da narrativização, uma vez que esta suscita a composição de novos sentidos.

---

1. Mestre em Educação pela UFMT. Professora das redes públicas estadual de Mato Grosso e municipal de Várzea Grande. E-mail: soelypaes@hotmail.com.

Para esta empreitada de escuta sensível, é fundamental ao pesquisador construir estreita relação de respeito à escuta do outro, e isso não é tarefa fácil, pois, segundo o Gadamer, exige a capacidade de escuta recíproca. Ensejos que me inspiram e exigem, pela essência desta propositura, diligenciar a própria vivência para narrativizá-la, como propõem Clandinin e Connelly (2011, p. 98), ao refletirem que ao pesquisador é imprescindível "esse confrontar de nós próprios em nosso passado narrativo torna-nos vulneráveis como pesquisadores, pois transforma histórias secretas em histórias públicas".

Esse experienciar reafirma o objetivo de investigação desta pesquisa, que se guia pelas seguintes questões: que novos sentidos poderiam compor as narrativas materializadas em um memorial descritivo, para a autorreflexão desta professora e pesquisadora? Como tal experiência poderia potencializar a escuta da experiência do outro? Tais questões comporão alguns dos sentidos para esta investigação sobre a experiência formativa materializada em memorial descritivo, marcada por algumas vivências pessoais e profissionais tomadas como objeto de reflexão, visto seu potencial na composição de novos sentidos às histórias narradas.

Alguns momentos são marcantes à pesquisadora/narradora que toma, inicialmente, o desejo de narrar, contar e partilhar suas experiências para expô-las enquanto objeto de investigação. Ensejo que vislumbra não os fatos cronologicamente formatados, mas que, apesar de assim o apresentar, o fato ocorre pela opção do registro em memorial descritivo, visto que este foi inicialmente elaborado como parte dos requisitos exigido aos candidatos ao mestrado em uma universidade pública. Longe de considerar que esta formatação deva se impor a este tipo de investigação, uma vez que constitui uma das essências desta metodologia e, também, deste fenômeno (Clandinin; Connelly, 2011, p. 48) de investigação, a liberdade narrativa, na qual o sujeito não deva se prender às questões rigidamente estabelecidas pelo pesquisador, por entender que, na pesquisa narrativa, deva prevalecer um tratamento essencialmente relacional, e não meramente de coleta de informações rigidamente definidas, como pressupõe os ideais positivistas de investigação.

Apresentando algumas explicitações, as narrativas a seguir demarcam fatos da vida, mergulhos que rememoram momentos da infância à vida adulta, para tencionar a subjetivação, a singularidade dos significados que componho sobre tais experiências. Lanço maior foco às experiências formativas de aprendiz de professora formadora em um Centro de Formação e Atualização dos Profissionais de Educação Básica (Cefapro), por considerar que tais narrativas têm um forte caráter potencializador do desenvolvimento profissional, por comunicar as mais longínquas experiências pessoais e profissionais e possibilitar um diálogo vivo, com você, leitor e leitora, sobre o que dialoga comigo, e possibilitar a exposição subjetiva (Gadamer, 2014) de processos reflexivos singulares, mas que podem trazer à tona, também, a experiência do próprio leitor sobre as suas experiências, pois, quem se propõe a ouvir e a (re)pensar sobre as experiências do outro, também se envolve em uma alquimia fecunda, junto à composição de novos sentidos às suas próprias experiências, passíveis de serem evidenciadas e (re)significadas pelos envolvidos neste diálogo vivo.

Contação de si

> O narrador retira da experiência o que ele conta: sua própria experiência ou a relatada pelos outros. E incorpora as coisas narradas à experiência dos seus ouvintes.
> (Walter Benjamin)

A reflexão sobre a própria trajetória profissional possibilita ao pesquisador, inicialmente, iluminar seu próprio processo formativo e o memorial descritivo se mostra como um dispositivo valoroso para esta compreensão. Saber sobre si favorece a reflexão sobre o outro, na medida em que o pesquisador, ao falar sobre si, mergulha, reflete, retoma. Premissa que pressupõe ser protagonista da sua história, ao mergulhar em seus significados, e (re)construir a tensão do passado no presente, seus sentidos a partir da organização dessas experiências, o que Gadamer (2014, p. 80) nomeia de diálogo vivo, pelo destaque com que os participantes deste diálogo se inteiram, constituindo, nesse encontro, um espaço de excelência da experiência social, desde que resguardando alguns princípios.

Na excelência gadameriana, o espaço do diálogo pode suscitar o entendimento e o saber renovado, por permitir aos interlocutores, mais do que compreender a opinião do outro, "[...] mais ainda refletí-la, ou seja, tomá-la como espelho; pois nele a pessoa é lançada de volta a si mesma e obrigada a reavaliar suas convicções anteriores" (Gadamer, 2014, p. 84). Disposição que permite a reflexão tanto a quem narra quanto a quem atentamente ouve, pela complementaridade exigida mediante o diálogo vivo entre os interlocutores.

Esse princípio da narrativa corrobora o contar, o reviver e o experienciar a si mesmo, em um trâmite interior que permite ao profissional tomar consciência de suas experiências e seus processos de aprendiz, o que torna possível comunicar alguns aspectos sobre os percursos da experiência formativa, ensejo que se inscreve na escrita de si, materializada a partir de um espaço de existência, de (re)elaboração de si e do mundo, e que possibilita uma singular condição ao desenvolvimento formativo.

Olhar para si mesmo, em um tempo, em um dado lugar, potencializa esquadrinhar e esmiuçar cada recuo, as lutas, os sentimentos, e identificar onde, quem e como atuou. Diante de sua própria trama historiada, a autorreflexão possibilita um olhar sensível (Maffesoli, s.d.), que descortina e promove o desenvolvimento profissional, pois, ao narrar o fato vivido, o narrador revisita suas próprias experiências, atribui novos significados, ressignificando-as, pois o tempo cronológico, o tempo das emoções, o tempo da alma compõe, no momento das narrativas, substratos que alimentam o aprendizado da vida (Pineau, 2003).

As narrativas descritas no memorial descritivo, apresentadas a seguir, revelam que os contextos de vivência acabam por constituir dimensões significativas de natureza temporal, social e de lugar (Clandinin; Connelly, 2011), compondo-se elementos de excelência na construção entretecida da identidade docente, ao fomentar um caráter experiencial a quem deseja e sabe que precisa aprender sempre e que retoma suas próprias experiências.

História de Sonhação: narrativas de uma menina se tornando professora

> Na verdade, o inacabamento do ser ou sua inconclusão é próprio da experiência vital. Onde há vida, há inacabamento. (Freire, 2003, p. 55)

Primogênita de três irmãs, filha de duas mães e um pai-avô, vivi a pouca idade já com muita responsabilidade e pouca ludicidade, em uma pequena casa de dois quartos, com fluxo de mais de quinze pessoas oscilando entre as voltas e reviravoltas da vida; partilhavam, além das três camas, o espaço da sala-cozinha para acomodar todos durante as longas noites e os tumultuados dias. A pouca idade me amedrontava, a ponto de achar que o mundo acabava depois da mercearia do "japonês", local onde comprávamos querosene, banha de porco e pão doce, esporadicamente, pois o dinheiro era novidade a visitar em tempos especiais.

Neste panorama social, escola não era, para a nossa família, algo que pudesse projetar nenhum diferencial na vida de alguém. E, mergulhada nesta projeção dos mais velhos, ir para a escola, no entanto, não agregava muito no domínio das reais necessidades mais urgentes. Para que buscar os saberes escolarizados? Para minha mãe havia coisas mais importantes a serem realizadas – a labuta diária, o serviço braçal, físico que se desdobrava nos proventos, mesmo que precários e, para a alimentação, era isso, sim, prioritário.

Quiçá, sei que muito dessa vida tenha me marcado tão fortemente e me ensinado a buscar sempre um outro caminho, outra resposta: a de ser protagonista do enredo da minha vida. A trama disforme me ensinou, logo cedo, a perceber que era mais urgente criar um texto fictício para inculcar à minha avó o domínio da leitura, do que, de fato, dominar tal capacidade. Era preciso, ainda, mais que prover alimentos e o pagamento de algumas contas com onze anos. A leitura de mundo, já em muito, estava em vantagem, pois já lia nos portões fechados das casas dos vizinhos, que não me permitiam partilhar os brinquedos dos seus filhos e, na falta de um bom sapato no pé, que precisava elaborar um acesso através do direito à dignidade para ser respeitada enquanto pessoa. Lia os olhares de desprezo por parte dos vizinhos, que viam em mim o destoar do que seria para eles o modelo familiar correto, leituras enviesadas de uma comunidade impregnada de conceitos que pairavam fortemente na década de 1970.

A visão que hoje projeto da minha trajetória pessoal e profissional me conforta ao pinçar na memória algumas reflexões oriundas de Freire (2003), que me permitiram parafraseá-lo enquanto um ser inconcluso. E, nessa inconclusão, venho me constituindo no decorrer da minha existência.

Por mais que a memória insistisse em esconder as experiências vivenciadas, ao percorrer os labirintos da minha história, ia recuperando as vagas lembranças desta teia que a memória insistiu em obscurecer, mas que a insistência advinda dos flashes que vinham à tona, aos poucos foram se desvelando. Nesse ensejo, tomo as palavras de Nóvoa (2009), ao considerar que:

> Educar é conseguir que a criança ultrapasse as fronteiras que, tantas vezes, lhes foram traçadas como destino pelo nascimento, pela família ou pela sociedade. Hoje, a realidade da escola obriga-nos a ir além da escola. Comunicar com o público, intervir no espaço público da educação, faz parte do ethos profissional docente. (Nóvoa, 2009, p. 31)

Nestas breves palavras, Nóvoa (2009) significa a tessitura do meu memorial, que tem como objetivo discorrer sobre o meu percurso acadêmico, profissional e pessoal, formações elaboradas e reelaboradas pelas/nas relações sociocultural e histórica. Essa trajetória se compõe dialeticamente e, na medida em que mergulho em minhas memórias, emanam novos significados. Entre as fronteiras ultrapassadas, conforme aponta o autor nesta citação, há inúmeras que permanecem incólumes, e estas se tornam símbolos que evidenciam que ainda há muito por fazer.

Para romper as cercas é preciso ultrapassar, superar... E creio que esse poder de superação se revela como um dos principais talentos do ser humano que, em face dos obstáculos, luta de modo incansável para transpô-los. Essa crença que hoje ilumina e orienta os caminhos de minha existência nasceu da certeza de que, apesar dos cerceamentos impostos pela dura realidade, é possível enfrentar os desafios e desfrutar a sensação da liberdade ao conseguir superá-los. Não desejo me ater aos cerceamentos, porém não nego que conheci intimamente muitos deles e suas diversas formas de manifestação: o prato vazio, a infância negada, a discriminação cuja raiz estava em minha origem social – tão diversa de um modelo padrão de família! E a hostilidade que se seguia e que tanto feria... Quantas barreiras... Mas, também, quanta determinação e coragem para transpor as barreiras!

Entre as vitórias alcançadas, destaco a importância do acesso ao universo do ler e escrever. Tal conquista inundou de luz os segredos guardados entre as letras do alfabeto, o que, naquele momento de minha vida, significou a possibilidade de "ser livre" para desvendar o mistério de coisas simples, até então inacessíveis à minha compreensão: a leitura da bula de um medicamento, a identificação dos valores das contas de água e luz, a produção de um recado, o reconhecimento do destino do ônibus. Além do acesso às informações práticas, a leitura para mim significou, sobretudo, a possibilidade de adentrar no universo dos sonhos, no encantamento dos textos poéticos, nos registros dos segredos pessoais... Enfim, um refrigério diante do mundo cinza que se apresentava. Assim, era possível sonhar com um futuro melhor, seguir rumo ao crescimento interior que o mundo da cultura me possibilitaria.

Tempos depois, mediante o domínio da leitura e da escrita, que me capacitou a registrar minhas reflexões e memórias, tive a oportunidade de realizar pesquisas para adentrar, finalmente, nos meios acadêmicos. E, a cada conquista pessoal, distanciava-me daquele caos, aproveitando de todas as chances que a vida me oferecia para me constituir no que sou hoje.

Neste ensejo, aos primeiros anos de escolarização comecei a romper algumas fronteiras que insistiam em me destituir do direito à escola. As dificuldades reincidentes por dois anos consecutivos, desembocando em reprovações, tentavam imprimir em mim e na própria família a crença de que estudar não é para todos. Mas, quem poderá romper os desdobramentos da cultura de uma escola seriada, que interdita e lança para fora dos muros tantas outras crianças que não conseguem ultrapassar tais barreiras? O apoio de um funcionário da escola que realiza a matrícula da criança, mesmo que nenhum adulto da família apareça para confirmá-la, pode contribuir. Um colega de sala que doa ou empresta, discretamente, uma folha de caderno e um lápis, colabora. A merenda da escola, que garante a refeição do dia, reanima as forças. Assim, havia sempre algo de bom, entremeado às situações menos favoráveis, pois pessoas generosas contribuíram e possibilitaram o alargamento do "funil social" que tentavam imprimir em mim.

Os dissabores experimentados em meus inícios escolares me trouxeram grandes inquietudes e, entre estas, a sensação de que aquele lugar somente me aprisionava, me "enformava", ao exigir sempre o que eu não podia dar. Assim, o brilho em minha alma sonhadora aos poucos se perdia e se traduzia em baixa autoestima, impulsionando-me a me envolver em brigas dentro e fora da escola; além disso, insinuava-se, em meu íntimo, um desejo crescente e persistente de não mais prosseguir os estudos.

Se, inicialmente, estava sedenta em acessar um lugar de muito prestígio social, ansiando alcançar as aprendizagens próprias dos primeiros anos de escolarização e, ainda, ganhar a aprovação das professoras e, talvez, a alegria e a admiração da minha avó e de minha mãe, aos poucos, a escola se tornava apenas uma prisão. Do desejo em aprender a ler à minha transformação em uma aluna rebelde foi algo avassalador.

Assim, a pequena menina, já privada de tantos outros acessos sociais, não conseguia romper as barreiras para penetrar na cultura do "templo" escolar, e esta sensação provocava uma miscelânea de conflitos pessoais guardados na "caixinha do coração" e nos olhos curiosos e atentos da menina que amadurecia rapidamente. Com a perda do meu pai/avô e, em seguida, da minha avó, poucas coisas sobravam em um mundo tão singular.

Da experiência escolar de leituras fragmentadas, empregadas no meu processo de aprendizagem, vertem lembranças de uma obediência cega à professora que exigia que eu repetisse, em alta voz, as letras e sílabas sem sentido e mutiladas. Por horas fazia o treino do texto e vigiada, ora pelos olhos reprovadores da professora na escola, e outras, pelos gritos impacientes da minha mãe em casa, só recordo de seus semblantes endurecidos a assinalar negativamente com a cabeça. E suas vozes que expressavam palavras desestimuladoras e indicavam minha provável incapacidade de aprender. Para mim, as horas dedicadas a oralizar em alta voz aqueles sons, repetidamente, pareciam intermináveis. De tempos em tempos, era preciso repetir, aos algozes da tarefa, o ritual da leitura do texto "de cor e salteado", mesmo que não houvesse nenhum sentido para a recitante, ou seja, para mim.

Superados os difíceis tempos da alfabetização, a continuidade dos estudos não ocorreu de modo diferente em relação às dificuldades a serem rompidas ao longo do processo de escolarização, no tocante à aprendizagem. Contudo, as vitórias ganham maior significado quando se tem sonhos e se investe neles, e, aos poucos, pude romper e arranhar o que, aos olhos de muitos, parecia estar determinado por um destino imutável.

Nesse período escolar, comungava das obrigações da escola com as atividades profissionais de babá, manicure e doméstica, e posteriormente principiar no universo escolar ao atuar como "professora de apoio" dos alunos que tinham dificuldades em realizar as tarefas encaminhadas pela escola.

Findo o ensino fundamental, à época denominado primeiro grau, novos conflitos, novas aprendizagens...

Trilhando caminhos sinuosos, consolidei minha atuação na educação, baseada no respeito ao outro, pela gratidão aos que contribuíram com as importantes vitórias pessoais e profissionais, e pela constante reflexão quando em face dos desafios. Por essa via, minha trajetória se tornou luz a iluminar a tantos quantos tive a oportunidade de conviver. Retomo a epígrafe em Nóvoa (2009), para ressaltar o papel da escola em contribuir para que a criança ultrapasse as fronteiras, pois creio que estas palavras são símbolos do sucesso possível de ser conquistado.

Como poeticamente afirma Paulo Freire (2002, p. 23), "gosto de ser gente porque, como tal, percebo afinal que a construção de minha presença no mundo, não se faz no isolamento, isenta da influência das forças sociais [....]" antes, constitui-se pela e na convivência com o outro.

Sonhação: faz de conta que... Agora ela é professora

Após passar por dois cursos de ensino médio, me senti mais apta em disputar uma vaga na Universidade Pública; em 1994 me inscrevi no vestibular. Aprovada, passei a cursar licenciatura plena em Pedagogia, pela Universidade Federal de Mato Grosso. Nesse período, atuava na secretaria de uma universidade particular. Em 1996, através de um concurso público, me efetivei na Secretaria Municipal de Educação de Várzea Grande e, no ano de 2000, conquistei, também via concurso público, uma cadeira na Secretaria Estadual de Educação deste estado, ambos como docente do ensino fundamental, fatos que contribuíram para que a vida acadêmica ganhasse mais significado e a vida profissional se consolidasse. Ao longo do período em que atuei nas escolas, exerci cargos na docência e na coordenação pedagógica.

A atuação em duas escolas públicas, seguida da maternidade, foram condições que atuaram de modo importante para que conciliasse tanto os locais de trabalhos quanto a escola em que meu filho estudava, em bairros próximos, o que favorecia o contato e o estreitamento dos laços afetivos com os alunos e familiares. Conhecer a rotina de meus alunos me trazia importantes dados sobre o cotidiano e os desafios enfrentados por aquela comunidade, o que me permitia potencializar os trabalhos em sala de aula a partir das suas experiências, para ampliá-los, pois o processo de ensino e aprendizagem envolve mais do que o domínio dos saberes historicamente elaborados pelas diferentes áreas de conhecimentos, eles estão imbricados sócio e historicamente.

Apesar de não haver, nesse período, uma cultura formativa tanto na rede municipal quanto na estadual, procurava ler, refletir, participar de seminários e congressos, e ouvir as comunidades com as quais trabalhava, para compor minha atuação profissional. Intuitivamente, busquei trazer à sala de aula novidades que pudessem responder aos desafios de conduzir uma aula atrativa aos alunos. Este diferencial, aos poucos, se consolidou pelas conquistas alcançadas durante a formação acadêmica.

Na medida em que consolidava a atuação profissional, maiores pareciam ser os mistérios envoltos no processo educativo. Ansiosa por mais conhecimento, desejava adquirir ferramentas que permitissem potencializar meu trabalho na sala de aula. Foi neste ensejo que cursei a especialização em Psicopedagogia pelo Instituto Varzeagrandense de Ensino e Cultura (2001), formação que contribuiu para que eu pudesse desenvolver projetos interdisciplinares que envolvessem a comunidade escolar, estimulando-a a contribuir com os trabalhos em várias frentes e, assim, enriquecer a aula, promover projetos de apoio aos alunos com dificuldades de aprendizagens, propor aulas dinâmicas evocando outros espaços físicos da escola.

Paralelamente ao crescimento de meu filho, multiplicavam-se os desafios à minha atuação docente, e a especialização me capacitou a buscar respostas, com maior profundidade, mediante a investigação. Durante esta formação pude elaborar e desenvolver uma pesquisa sobre distúrbios de aprendizagens. Na oportunidade, a anamnésia de uma aluna especial, com quem já havia atuado, me pareceu desafio importante. O objetivo da anamnésia é apresentar um ponto inicial do diagnóstico de uma doença. Para tanto, utilizamos a entrevista com os responsáveis e a própria aluna para subsidiar os dados, além dos laudos médicos. A disciplina propunha a análise dos dados a partir de arcabouços teóricos que pudessem colaborar com os possíveis encaminhamentos pedagógicos relativos ao processo de aprendizagem da citada aluna.

Esta experiência, ocorrida durante a especialização, ganha outra referência significativa com a apresentação do trabalho final e das reflexões suscitadas a partir das contribuições da teoria sociointeracionista de Vigotski para o processo de ensino e aprendizagem. Trabalho que, até hoje, inspira as metodologias propostas no processo de ensino e aprendizagem, por apresentar uma rica fonte teórica.

Como o tempo não para, flui também um contínuo desejo de aperfeiçoamento profissional, e foi por essa via que adentrei no Mestrado em Educação pela Universidade Federal de Mato Grosso, em 2006, inserindo-me com maior profundidade no universo da pesquisa acadêmica. Valiosas leituras e o desenvolvimento da pesquisa intitulada *Biblioteca Pública Estadual "Estevão de Mendonça": espaço de letramento do leitor* me lançaram ao universo da produção de pesquisas e da participação em seminários e congressos. Paralelamente, desenvolvi trabalhos no ensino superior regular e na pós-graduação, na modalidade de ensino a distância, para coordenadores pedagógicos das escolas públicas de educação básica. Tal atuação estimulou reflexões com maior profundidade acerca das políticas públicas educacionais, gestão administrativa e pedagógica, projetos, currículo, bem como proporcionou o desenvolvimento de propostas pedagógicas desenvolvidas nos espaços educacionais.

O trabalho junto à especialização na modalidade *on-line* exigiu a superação de meus limites pessoais, pois, nesse período, tinha pouca familiaridade com as ferramentas utilizadas nas salas ambientes. Assim, para romper os medos ligados ao uso da plataforma, me dediquei a participar de formações destinadas à exploração do ambiente virtual e, com proposição de melhor me familiarizar com a plataforma, me inscrevi em cursos on-line.

Nesse período, meu olhar se afinou às discussões sobre a modalidade de ensino a distância e, para subsidiar as reflexões desse novo universo de aprendizagem pessoal e profissional, busquei participar de momentos que pudessem contribuir com leituras, observações, e reflexões sobre EaD. Conjuntamente a estas buscas, recorria ao apoio de uma amiga, que prontamente me orientava, o que me possibilitou avançar no uso das ferramentas tecnológicas. Constituíram estas reflexões um rico quadro, no qual reconhecemos as reflexões de que as aprendizagens da docência narradas revelam que os diferentes contextos socioculturais constituem dimensões ricas para a constituição da identidade docente. Convergem, para esta aprendizagem da docência, dimensões subjetivas, pessoais e coletivas, entrelaçamento experiencial, que têm como nascedouro os próprios sentidos elaborados e reelaborados pela própria docente.

Sonhação aprendendo a ser formadora: a mágica jamais se acaba

Em 2007, a partir de um concurso interno realizado pela Secretaria de Educação do Estado de Mato Grosso, passei a integrar o quadro de professora formadora no Cefapro-MT – Centro de Formação e Atualização dos Profissionais da Educação. Tal perfil profissional demandava desenvolver ações voltadas à formação inicial e continuada, emanadas das Políticas Públicas Estaduais, no que tange à: formação inicial e continuada dos profissionais da educação, das parcerias com as Secretarias Municipais de Educação deste estado, e do Ministério da Educação e Cultura/MEC.

Tal contexto que me proporcionou participar de conferências valorosas, ministradas pelos mais proeminentes estudiosos sobre formação continuada, dentre eles Antônio Nóvoa, e assumir demandas formativas que exigiram o diálogo com as diferentes áreas de conhecimento, a fim de compor uma maior tessitura na compreensão do novo quadro profissional que se forjava.

Ensejo que demandou debruçar em estudos e pesquisas, a fim de idealizar ações formativas que pudessem contribuir com o fazer pedagógico no âmbito educativo. Urgências que exigiram adentrar em discussões pouco familiares, como: políticas públicas, aspectos teórico-metodológicos voltados às especificidades disciplinares e, inversamente, desenvolver, a partir destes estudos, ações de abordagem interdisciplinar, compondo um fazer mais integrador nessas áreas de conhecimento, saberes voltados às relações afetivas emocionais de natureza intrapessoal e interpessoal, e mais temas que exigiam abordagem profunda sobre as diferentes fases do seu desenvolvimento humano, bem como discutir, elaborar e fomentar projetos no interior da escola a partir de sistemático diagnóstico. Quanta angústia, medo... Era como estar no vazio, senti que me derrotavam, temporariamente. Estudos, pesquisas e a alegria diante da nova trilha profissional mesclavam as agitações experienciadas nesse momento.

As formações fomentadas e promovidas me possibilitavam atuar, ainda, com os diferentes segmentos profissionais da educação, além do compromisso em acompanhar e desenvolver ações formativas voltadas à especificidade da alfabetização, os professores alfabetizadores, articuladores e coordenadores pedagógicos.

A dinamicidade proveniente destes labores, bem como dos estudos e reflexões deles advindos, me permitiu romper com aos saberes pragmáticos, aprisionados em distintas caixinhas, e tecer saberes mais integrados. Investir em tempos de estudos e pesquisas, em momentos individuais e coletivos, junto aos demais formadores.

Outra experiência que favoreceu minha aprendizagem enquanto formadora foi estar junto ao fazer cotidiano da escola, o que se deu pelo assessoramento e acompanhamento do desenvolvimento do projeto formativo "Sala de Educador", projeto idealizado pela Superintendência de Formação da Secretaria Estadual de Educação do Mato Grosso. Presença que me permitia ouvir as queixas, partilhar os desafios e ajudá-los a compor novos caminhos, para mim uma experiência valorosa e desafiadora. Fato que também trazia angústias e a sensação de impotência. No entanto, tais sentimentos ficavam represados para que pudessem transmitir otimismo, força e encaminhamentos.

Em face dos desafios profissionais que impõem inúmeros obstáculos, mas, sobretudo, instigam à busca constante de superação, inicio a me debruçar e a participar de grupos de estudos e pesquisas sobre a construção de saberes básicos no campo da Educação, voltados às políticas públicas, formação inicial e continuada, educação a distância, processos de ensino e aprendizagem da alfabetização e letramento, epistemologia do conhecimento e metodologia do trabalho científico.

Insere-se, nesse contexto profissional, o diálogo constante com teóricos que discutem a vertente da participação coletiva, emancipatória, de responsabilidade social e inclusiva, a partir de análises e reflexões nascidas da observação do contexto sócio, político e cultural, conjuntamente com os diferentes segmentos sociais, e a proposição de uma formação continuada primada pela vertente do diálogo, da troca de saberes e da pesquisa. Para tanto, cito as contribuições de autores, como: Nóvoa, Marcelo Garcia, Gimeno Sacristán, Pérez-Gómez, Perrenoud, Mizukami, Imbernón, Contreras, entre outros, ao longo dos sete anos de atuação junto à formação continuada.

A arquitetura pessoal e profissional aqui expressa, como discorre Freire (2002, p. 59), se insere em uma coletividade, pois

> a construção de minha presença no mundo, não se faz no isolamento, isenta da influência das forças sociais, que não se compreende fora da tensão entre o que herdo genetica-

mente e o que herdo social, cultural e historicamente, tem muito a ver comigo mesmo.

Apesar de a presente narrativa reportar ao tempo escolar da minha infância, retratando momentos da escola da década de 70, ainda hoje é possível observar a permanência de muitas das práticas pedagógicas; por isso, assessorar e acompanhar, enquanto professora formadora, a "Sala de Educador", é canal de observação das práticas desenvolvidas nos espaços escolares, tornando-se dado para pauta de reflexões e desenvolvimento de estudos para elaboração de formações.

Neste estar junto à escola foi possível observar que as dificuldades vividas nos meus primeiros anos de escolarização, muitas delas extrínsecas à minha pessoa, pelas condições desfavoráveis à aprendizagem, estavam presentes no fazer pedagógico da professora, por se utilizar de prática provavelmente subsidiada por teorias ultrapassadas.

Assim, observar, pesquisar e aprofundar, solitariamente ou no coletivo, participar de grupos de estudos, seminários, congressos, entre outros, possibilitou rica alquimia formativa da minha vida profissional que, entretecida à trama da vida acadêmica e pessoal, me conduziu a ser o que sou. Quiçá possa, então, reafirmar que tal trama não tenha sido resultado somente de esforços pessoais e do apoio de tantas outras pessoas, dos espaços percorridos e do tempo experienciado. Certamente o sobrenatural tem grande parte na minha constituição, na figura do Espírito Santo de Deus, me olhando com muito, muito carinho.

Portanto, em meio aos enredos e "desenredos" postos em minha existência, tem-me sido possibilitado acreditar que educar é fazer com que o sujeito ultrapasse as fronteiras que, tantas vezes, lhe foram previamente traçadas e estabelecidas como o único caminho a percorrer. Pois, embora tendo superado tantas dificuldades pessoais, advindas de uma história familiar de pouca celebração às novidades da vida escolar e acadêmica, meu olhar é capaz de captar as dificuldades de quem está em construção de um saber. De modo que os contextos vividos colaboram por me constituir, uma vez que a formação pressupõe a gênese das dimensões subjetivas e pessoais, seu entorno histórico, social, político e espiritual. Além de suscitar aspectos de natureza política e filosófica, dentre tantas mais, dada a natureza holística do ser humano (Day, 2004).

No processo de aprender a ser formadora de professores, de compreender melhor alguns preceitos sobre a pesquisa narrativa, enquanto uma metodologia, procurei me aproximar dos estudos apresentados por Clandinin e Connelly (2011), e compor novos sentidos, no que tange ao desenvolvimento docente. Tal proposição investigativa fundamentada vem contornando um diferente olhar, tanto quanto método, quanto instrumento de pesquisa, por ser potencializador da formação docente, portanto, do desenvolvimento profissional.

Na tônica da autoformação, e de participar do grupo de estudos no Cefapro, que se debruça em reflexões voltadas às Políticas Públicas de Formação, aspectos teóricos do processo de ensino e aprendizagem para o ensino fundamental e sobre a formação continuada, busquei ampliar o tempo de estudos, à medida que os desafios profissionais indicavam a necessidade de compreender mais e mais amplamente os saberes que envolvem também o ensino médio.

Para consolidar os referenciais de pesquisa e estudos, busquei fomentar as questões pertinentes ao fazer no Centro de Formação, junto aos estudos realizados no grupo de estudo e pesquisa em Política e Formação, e Práticas Pedagógicas da linha de pesquisa Organização Escolar, Formação e Práticas Pedagógicas, em 2011, da Universidade Federal de Mato Grosso. Os eventos me conduziram, nos anos subsequentes, a centrar no próprio trabalho maiores mergulhos, fundamentalmente por atender alguns municípios no interior do estado; assim, mesmo que a distância no desencontro mais efetivo com o grupo de estudos seguisse com menor frequência, não havia menor entusiasmo nos encontros na Universidade.

Recompondo o foco formativo e profissional, retomei presencialmente, nos anos de 2013 a dias atuais, o grupo de estudos na Universidade Federal Mato Grosso, agora com maior maturidade leitora e seduzida pelas narrativas, como possibilidade de refletir sobre as experiências pessoais e profissionais, mergulho em reflexões, estudos e pesquisas que me possibilitam compor um novo parâmetro de olhar o desenvolvimento profissional.

Os calorosos momentos de estudos e reflexões com o grupo me provocam, nesse período, a realizar alguns ensaios junto às professoras alfabetizadoras cursistas das formações propostas no Cefapro, com pesquisas e estudos que me proporcionaram melhor compreensão sobre as narrativas e o desenvolvimento profissional. Propositura que tem sido companheira nas proposições da escuta, do acompanhar da autoria das participantes das formações e, também, da minha trajetória pessoal. Logo, à medida que mergulho na vida do outro, os meandros pessoais e profissionais trazem trajetórias de tessituras, de encantos, lutas, pessoas e desejos, delineando aspectos profundos e raros do desenvolvimento pessoal e profissional. Tal prática, ao revelar sobre o outro, desvela a mim mesma, por abarcar diferentes dimensões, conforme fundamenta Souza (2014), reafirmando a trama da constituição profissional que, longe de se constituir pela unilateralidade, congrega as mais variadas dimensões, envolvendo não só a pessoal, como também a social. Nessa dimensão humana, social, portanto holística, há a evidência do caráter provisório do saber, parada que deve ser tímida por aguardar o novo, o diferente e, por isso, temporário, para com ele reelaborar novos significados pessoais e profissionais.

Subjetivação: resistência e empoderamento

A narrativa de si tem uma natureza expositiva, espaço-lugar de existência e reconstrução de experiências. Cada narrativa toma "[...] nesse contexto, o lugar da ação de ordenar o mundo, evocar sentidos, numa visão de si e do outro" (Souza, 2014, p. 14). Por isso, na constituição do eu que narra uma subjetivação, há um olhar singular da experiência que o empodera ao construir, através dos seus registros, aprendizagens sobre a vida.

Esse empoderamento se constitui pela ação pessoal de organizar sua própria existência, portanto, de sua subjetividade diante das suas experiências, afirmando a singularidade da trajetória do desenvolvimento profissional. Nesse sentido, narrar é espaço de resistência, ao possibilitar evocar sentidos, numa visão de si diante dos fatos. Comunga do potencial da narrativa Souza (2014), ao destacar que ela possibilita o empoderamento e a resistência que se materializa através de uma escrita consciente; processo que expõe e constitui movimento de enfrentamento das experiências vividas, ressignificando-as através da escrita.

A tessitura de histórias de pessoas comuns expõe, muitas vezes, não marcas históricas de rastros titânicos, mas enredos que podem permitir um olhar singular e, assim, partilhar um lugar aparentemente comum, mas único na minuciosidade de quem compõe subjetivamente sua experiência; tal perspectiva configura uma importante fonte para conhecer trajetos inconclusos. "É uma cartografia, que vai se fazendo como um território, de acordo com as linhas que se vai traçando" (Abramowicz, 2014, p. 57-58).

Tal experimentação de narrar a própria experiência formativa me permite trazer significados, compor subjetivações da trajetória pessoal, lançando a cada palavra sentidos que retratam a versão pessoal e que expõem impasses, desvelam segredos e fomentam caminhos um tanto comuns, mas pouco expostos muitas vezes. Não se trata aqui de uma sensibilização barata, mas da nudez em apresentar tramas frágeis de uma experiência.

A Pesquisa Narrativa, devido às possibilidades de (re)significação, suscita no ser que narra a subjetivação, ou seja, uma pesquisa-ação. Atribuindo novos significados aos fatos já vividos, as experiências ganham novas dimensões, significados, pois o tempo cronológico, o tempo das emoções, o tempo da alma são elementos importantes e que corroboram esse aprendizado da vida (Pineau, 2003).

As aprendizagens da docência, narradas neste memorial, revelam que os contextos de vivência acabam por constituir dimensões significativas da identidade docente. Do entrelaçamento experiencial resulta a provisoriedade de saberes pessoais e da docência, que tendem a tomar novas dimensões, na medida em que me proponho a buscar novos sentidos, continuamente.

Algumas considerações: Sonhação chora, mas acredita que o sol nasce mais reluzente amanhã

As narrativas se apresentam como um dispositivo valoroso para a compreensão da própria trajetória docente, logo, falar/escrever de si desvela crenças, convívios, sonhos, valores, frustrações, individualidade, coletividade, seu entorno social, dentre outros aspectos. Tramas do passado que ganham projeções futuras, estas muitas vezes contrárias ao seu percurso inicial, reafirmando a não linearidade, a incerteza e a temporariedade da constituição humana. Para tal compreensão, é fundamental refletir narrativamente sobre o que pressupõe considerar os meandros dessas experiências de modo tridimensional: a temporalidade, a sociabilidade e o lugar, elementos que compõem o cenário formativo dessa professora alfabetizadora, conforme apontam Clandinin e Connelly (2011). Assim, a narrativa apresentada capta significações e apresenta sentidos novos ao serem narrados, configurando importante instrumento formativo, uma vez que, ao narrar o fato vivido, o narrador revisita suas próprias experiências, trazendo a este um novo significado, por possibilitar um mergulho na sua própria trajetória. Aspecto de estreita ligação atemporal que permite um olhar maduro, profundo à sua própria trajetória pessoal e profissional.

Este olhar, novamente, em momento posterior, traz à tona um potencial momento de refletir/ressignificar as experiências, como discorre Pineau (2003), ao apontar que o tempo cronológico, o tempo das emoções, o tempo alma são elementos que devem ser considerados para o aprendizado da vida, o que se configura mediante dialética. Situação oportuna para o autoexame, com vistas ao criar, planejar, implementar, analisar e compreender seu desenvolvimento profissional.

Tais experiências revelam o comprometimento do próprio percurso formativo enquanto objetivo pessoal, que se consolida pelo envolvimento e constituição de um tempo/espaço para estudos e reflexões, mesmo que tenha que ocorrer para além do tempo do trabalho docente. Logo, distanciar-se do agora e transitar entre as primeiras e últimas experiências docentes, materializando-as pela escrita, desvela percursos, ansiedades, valores, angústias, fragilidades, reelaboração, reflexões, etc. Provisoriedades temporais que podem ser notadas a partir das construções perenes ocorridas ao longo do percurso formativo e da própria vida pessoal, por serem fenômenos imbricados.

Os percursos apresentados desvelam o entrelaçamento de experiências desde a tenra idade às buscas pessoais e profissionais, com um caráter sedento em responder, mesmo que temporário, aos desafios pessoais e profissionais. Entre busca pessoal, coletiva, apresentam esforços tecidos entre o individual e o coletivo, na proposição de refletir sobre seus anseios e desafios e buscar caminhos.

Tais narrativas expõem um exercício autorreflexivo produzido no caminho, sabedoras de que é preciso buscar respostas. Logo, enquanto se constitui em sua jornada de aprendiz, tais memoriais comunicam fatos, locais, pessoas, tempos e reflexões (Day, 2001). Corroboram a investigação sobre o desenvolvimento profissional ao indicarem que a temporalidade, a sociabilidade e o lugar de trabalho podem ser potencializadores de uma trajetória profissional, ou não.

Ou podem, ainda, contrariamente, serem opressores e frustrantes, na medida em que as tramas orquestradas, de ausência de uma política pública de carreira, podem impulsionar e dar condições para que seu desenvolvimento profissional ocorra, revelando a escassa oportunidade da promoção do seu desenvolvimento pessoal e profissional, aspecto que diverge das reflexões sobre desenvolvimento profissional defendidas por autores como Day (2001), Marcelo Garcia (1999) e Nóvoa (1992; 2002), ao enfatizarem que ela deve ser proposta de maneira colaborativa.

Há de se considerar, também, sobre os inúmeros profissionais que se sentem desmotivados a realizar qualquer tipo de investimento pessoal ou profissional, devido à ausência de oportunidades ou mesmo de incentivos intrínsecos (Day, 2004), o que gera uma perspectiva de que o desenvolvimento profissional do professor depende, muitas vezes, das interpretações que ele realiza sobre os dilemas da sua prática, de como a repensa e possibilita sua (re)criação, sua avaliação e seu (re)planejamento.

Por isso, ganham magnitude as trocas de experiência, o momento da indagação partilhado, a busca de resposta no coletivo. Fomento que traz ao espaço escolar, e aos profissionais que ali atuam, a dinamicidade que só o trabalho coletivo proporciona. Assim, faz-se necessário que gestores educacionais, nas diversas instâncias, se atentem no sentido de promover a construção de um paradigma colaborativo entre os docentes, pois o modo como os professores elaboram, utilizam, transformam, interpretam as relações no espaço educativo e as integram nas estratégias que utilizam para resolução dos desafios da prática pedagógica são excelência para constituir o desenvolvimento profissional.

Diante do exposto, considero, a partir da questão, também apresentada por Nóvoa (1995, p. 16): "como é que cada um se tornou no professor que é hoje?", que minha trajetória pessoal e profissional se imbricam a uma integralidade humana na qual espaços e lugares, tempos e pessoas contribuíram fortemente com o que sou hoje, uma vez que a sede pessoal nos diferentes tempos, lugares e pessoas fizeram e fazem com que uma gota, uma contribuição, uma voz, uma luz. Sejam plausíveis para a aprendizagem pessoal e profissional, ensejo que evoca sentir-me em desenvolvimento permanente, olhar sensível para colher e (re)plantar todo tempo.

São as experiências pessoais e profissionais que remetem a saberes inúmeros, (re)elaborados, nunca solitariamente, mas entre as fontes emanadas de acalorados debates, com inúmeros acervos de pesquisa, colegas de trabalho e desafios da atuação docente; em meio à trama da vida social e ao se surpreender pelas possibilidades que o (re)construir, a partir do vivido, a densidade que as experiências podem proporcionar. Condição que reafirma a não linearidade, a incerteza e a temporariedade da constituição do desenvolvimento docente. Experiência tecida, ainda, por um componente extremamente subjetivo, singular, que possibilita a retomada dos trajetos realizados e construir outros significados, extraindo dela a essência de um ideal do vivido, que permite ao narrador e, ainda, ao que dela partilha, revisitar tal experiência e aprender a partir dela em uma perspectiva de (re)construção de si e do outro, em um mapeamento inconcluso, de modo que os contextos vividos na vida pessoal e profissional colaborem por constituir o docente. Logo, ser burilado e transformado ao longo da vida pelas experiências entretecidas pelas dimensões subjetivas, seu entorno histórico, profissional, social, político e espiritual, além de suscitar aspectos de natureza filosófica, dentre tantos mais, dada a natureza holística do ser humano, favorece o desenvolvimento profissional quanto se está atento a experienciá-lo.

Referências

ABRAMOWICZ, Anete. Guerra e infância: entre o holocausto e a ditadura militar. In: SOUZA, Elizeu Clementino de Souza; BALASSIANO, Ana Luiza Grillo; OLIVEIRA, Anne-Marie Milon (orgs.). **Escrita de si, resistência e empoderamento**. 1. ed. Curitiba: CRV, 2014. p. 55-23.

CHARTIER, Anne Marie; HÉBRARD Jean. **Discursos sobre a leitura** – 1880-1980. Tradução de Osvaldo Biato e Sérgio Bath. São Paulo: Ática, 1995.

CLANDININ, D. Jean; CONNELY, F. Michael. **Pesquisa Narrativa**: Experiências e Histórias na Pesquisa Qualitativa. Tradução do Grupo de Pesquisa Narrativa e Educação de Professores – ILEEI/UFU. Uberlândia: EDUFU, 2011.

DAY, Christopher. **A Paixão pelo Ensino**. Tradução de Assunção Flores e Elodie Martins. Porto: Porto Editora, 2004.

_____. **Desenvolvimento Profissional de Professores**: Os desafios da aprendizagem permanente. Tradução de Maria Assunção Flores. Porto: Porto Editora, 2001.

FREIRE, Paulo. Criando métodos de pesquisa alternativa: aprendendo a fazê-lo melhor através da ação. In: BRANDÃO, Carlos R. (org.). **Pesquisa-Participar**. São Paulo: Brasiliense, 1982.

_____. **Educação como prática da liberdade**. Rio de Janeiro: Paz e Terra, 2002.

_____. **Pedagogia da autonomia**: saberes necessários à pratica educativa. 23. ed. São Paulo: Paz e Terra, 2003.

GADAMER, Hans-Georg Flickiner. **Gadamer & a Educação**. Belo Horizonte: Autêntica, 2014. (Coleção Pensadores e a Educação).

IMBERT, Francis. **Formação docente e profissional**: forma-se para a mudança e a incerteza. 4. ed. São Paulo: Cortez, 2004.

_____. **Para uma práxis pedagógica**. Brasília: Plano Editora, 2003.

MAFFESOLI, Michel. **O conhecimento do quotidiano**: para uma sociologia da compreensão. Lisboa: Veja, s.d.

MARCELO GARCIA, C. **Formação de Professores**: para uma mudança educativa. Porto: Editora Porto, 1999.

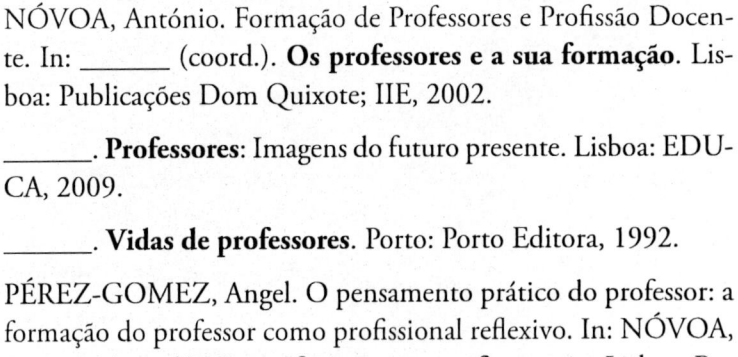

NÓVOA, António. Formação de Professores e Profissão Docente. In: _____ (coord.). **Os professores e a sua formação**. Lisboa: Publicações Dom Quixote; IIE, 2002.

_____. **Professores**: Imagens do futuro presente. Lisboa: EDUCA, 2009.

_____. **Vidas de professores**. Porto: Porto Editora, 1992.

PÉREZ-GOMEZ, Angel. O pensamento prático do professor: a formação do professor como profissional reflexivo. In: NÓVOA, António (coord.). **Os professores e a sua formação**. Lisboa: Publicações Dom Quixote, 1992.

PINEAU, Gaston. **Temporalidades na formação**: rumo a novos sincronizadores. Tradução de Lúcia P. de Souza. São Paulo: Triem, 2003.

SACRISTÁN, J. Gimeno. Consciência e ação sobre a prática como libertação profissional dos professores. In: NÓVOA, Antônio (org.). **Profissão professor**. Porto: Porto Editora, 1995.

SOUZA, Elizeu Clementino de. Imagens e narrativas sobre (auto) biografias, resistência e empoderamento: diálogos iniciais. In: SOUZA, Elizeu Clementino de Souza; BALASSIANO, Ana Luiza Grillo; OLIVEIRA, Anne-Marie Milon (orgs.). **Escrita de si, resistência e empoderamento**. 1. ed. Curitiba: CRV, 2014. p. 13-23.

Capítulo 12
EXPERIENCIANDO ENCONTROS NO CEFAPRO-MT

Marcia Regina Gobatto[1]; *Daniela Franco Carvalho*[2]

Quem não tem ferramentas de pensar, inventa.
(Manoel de Barros)

A dança...

Dançar/cantar com a experiência, criar a música, o ritmo, os passos. Experimentar, pois como diz Jorge Larrosa (2014, p. 13), "a experiência é algo que pertence aos próprios fundamentos da vida". A vida vibra com a experiência. A vida dança com a experiência, pois criar é singularizar. Viver. Dançar. Cantar. Estar no meio. *Experienciar Encontros*. Ousamos começar pelo meio, descrevendo os encontros/desencontros vivenciados no palco deste estudo, o Centro de Formação e Atualização dos Profissionais da Educação Básica do estado de Mato Grosso (Cefapro-MT), polo de Diamantino.

Queremos conduzir a narração como uma dança em fuga. Neste palco viemos dançando/ensaiando, afetando e sendo afetadas, pois os "afectos atravessam o corpo como flechas, são armas de guerra"[3], portanto experiências/vivências dançadas na coletividade/individualidade. Para tal tarefa recolhemos fragmentos[4]

---

1. Professora-Formadora do Cefapro-MT, polo de Diamantino. Doutoranda do Programa de Pós-Graduação em Educação da Universidade Federal de Uberlândia.
2. Docente do Programa de Pós-Graduação em Educação da Universidade Federal de Uberlândia.
3. Deleuze e Guattari (1997, v. 5, p. 18).
4. Fragmentos aqui não se compõem como lacunas, como partes de uma totalidade, mas como rupturas, dobras, um gesto de produção a começar, rompendo com o dominante, com o padrão, marcando uma nova ordem das coisas, uma nova constelação.

de alguns autores que nos fizeram pensar no percorrer deste caminho, tais como: Friedrich Nietzsche, Gilles Deleuze, Félix Guattari e Michel Foucault, além das(os) leitoras(es) destes. Assim como fragmentos dos encontros com as(os) professoras(es) formadoras(es)[5], que atuam no referido centro de formação.

O objetivo deste estudo é analisar o caminho formativo/experimentativo das(os) professoras(es) formadoras(es) do Cefapro-MT, polo de Diamantino, no intuito de compreender como se chegou *a ser o que se é* e quais implicações desse processo concentram-se nas ações do centro de formação. Queremos enfatizar que uma das narradoras/escritoras/dançarinas desse texto também faz parte da coreografia, pois é professora formadora do Cefapro-MT; a outra colabora, cartografa, orienta a escrita/dança/narração.

A proposta metodológica se constitui em uma perspectiva cartográfica de *como se chega a ser o que se é*, por meio de encontros formativos/experimentativos, concretizados na forma de rizoma[6]. As(os) participantes desta pesquisa são 12 professoras(es) formadoras(es), atuantes no Cefapro-MT, polo de Diamantino, em diferentes áreas do conhecimento: Linguagens, Códigos e suas Tecnologias (Língua Portuguesa, Língua Estrangeira); Ciências Humanas e suas Tecnologias (História, Geografia, Filosofia), Ciências da Natureza, Matemática e suas Tecnologias (Biologia), Alfabetização (Pedagogia), além das modalidades/especificidades de Educação de Jovens e Adultos, Educação do Campo, Tecnologia Educacional e Diversidade na Educação Básica. Quero sa-

---

5. Professor(a) formador(a) é a denominação atribuída aos profissionais, das diferentes áreas do conhecimento, que atuam na formação continuada dos profissionais da educação básica no Cefapro-MT.
6. Sistemas acentrados, redes de autômatos finitos, nos quais a comunicação se faz de um vizinho a um vizinho qualquer, onde as hastes ou canais não preexistem, nos quais os indivíduos são todos intercambiáveis, se definem somente por um *estado* a tal momento, de tal maneira que as operações locais se coordenam e o resultado final global se sincroniza independentemente de uma instância central (Deleuze; Guattari, 1995, v. 1, p. 37).

lientar que todas/os acordamos em nos desnudar, portanto não há nomes ou acontecimentos fictícios. Todas as pessoas citadas/envolvidas/encantadas por nossos encontros são composições de vida. Composições de experiências.

O palco...

Como política de Estado, o Cefapro-MT advém de uma situação ímpar, por isso importante de ser destacada; *nasce* em 1997, através do Decreto Estadual nº 2.007/1997, a partir da incorporação de uma experiência de formação em uma escola pública[7] da rede estadual, com o objetivo de "auxiliar os professores da rede pública de ensino a refletirem sobre a repercussão social de sua prática" (Mato Grosso, 1998, p. 3). A incorporação de tal experiência coloca o Cefapro-MT como espaço de territorialização, mas também de desterritorialização, pois os espaços fronteiriços são espaços de tensões e conflitos, onde "a ciência nômade exerce uma pressão sobre a ciência de Estado, e onde, inversamente, a ciência de Estado se apropria e transforma os dados da ciência nômade"[8]. É no meio, entre o liso e o estriado, que as experimentações acontecem. O Cefapro-MT está no meio. Nós, parte das(os) artistas que o compõe, professoras(es) formadoras(es), estamos no meio.

O palco se constitui como espaço fronteiriço, organizado em quinze unidades descentralizadas, porém muito diferentes entre si, cada uma apresenta sua dança de forma singular, pois possuem artistas que se constituem em suas diferenças. O Cefapro-MT é o órgão responsável pela política de formação, sistematização e execução de projetos e programas da Secretaria de Estado de Educação (Seduc-MT), bem como pelo desenvolvimento de parcerias

---

7. Escola Estadual Sagrado Coração de Jesus, localizada no município de Rondonópolis-MT.
8. Deleuze e Guattari (1997, v. 5, p. 27).

com o Ministério de Educação (MEC), Secretarias Municipais de Educação (SME) e Instituições de Ensino Superior (IES), além de ser responsável pela efetivação da Política Educacional do Estado no que se refere à formação continuada e inclusão digital das(os) profissionais da educação básica que atuam na rede pública estadual de Mato Grosso, ou seja, está no "controle", territorializando os espaços de formação continuada. Mas como espaço fronteiriço

> a tentativa de controle social, através da produção de subjetividade em escala planetária, se choca com fatores de resistência consideráveis, processos de diferenciação permanente que eu chamaria de "revolução molecular". Mas o nome pouco importa. (Guattari; Rolnik, 1986, p. 45)

Isto porque a singularidade da gestação de suas ações caminha por conexões sempre novas, sempre próprias, apesar da tentativa de cooptação através das normas e modelos instituídos. O Estado, neste contexto, contribui com uma autonomia ilusória, que tira a potência de seus membros, o que segundo Deleuze e Guattari, "não impede que o mesmo encontre dificuldades com esse corpo de intelectuais que ele mesmo engendrou, e que, no entanto esgrime novas pretensões nomádicas e políticas" (1997, v. 5, p. 35). Devido a esse contexto o trabalho do Cefapro-MT é sempre na fronteira, na procura de linhas de fuga ou cumprindo as ações especificadas pelo Estado. Sempre contido nas Resistências. Resiliências. Escapes.

O palco Cefapro-MT é um lugar de inquietação formativa/experimentativa. Lugar de nossa atuação (professoras(es) formadoras(es)). Nós as(os) professoras(es) formadoras(es) somos profissionais responsáveis pelos objetivos da instituição formativa, portanto, as/os protagonistas da dança, se é que existe protagonismo. De modo geral, somos profissionais da rede básica pública estadual, com regime de trabalho de 40 horas semanais, com experiência mínima de 3 anos como servidor(a) pública(o) efetivo(a). Estamos na função de professor(a) formador(a) depois de um processo seletivo promovido pela Seduc-MT em parceria com as IES públicas do Estado.

Na estrutura organizacional e pedagógica do Cefapro-MT a(o) professor(a) formador(a) se caracteriza como elemento central para a concretização de seus objetivos. As ações de formação realizadas pelas(os) professoras(es) formadoras(es) incluem a organização e acompanhamento do projeto Sala de Educador[9] nas escolas, até formações mais pontuais, como cursos e palestras, de acordo com as demandas advindas das escolas. Incluem também atuação em programas nacionais de formação coordenados pelo MEC, entre outros.

A cartografia...

A proposta é uma escrita rizomática, naquilo que Deleuze e Guattari (2012) entendem como rizoma. Uma escrita em rizoma demanda sempre estar no meio de um acontecimento, pois está sempre conectado com algo ou alguém, ou seja, em encontros, em devires. Cartografando.

A cartografia se constitui em um plano de intervenção, devido ao seu caráter processual, pois é uma análise/intervenção, já que o estar no meio permite dizer que a intervenção não se dá em um único sentido, mas atualizando as existências. Segundo Passos e seus colaboradores, o sentido da cartografia é o "acompanhamento de percursos, implicação de processos de produção, conexão de redes ou rizomas" (2012, p. 10). Assim a cartografia foi escolhida para o acompanhamento/descrição/intervenção de nossos encontros no Cefapro-MT, polo de Diamantino, a qual

---

9. Projeto criado com o objetivo de formação de grupo de estudos em cada unidade escolar. Esse grupo deve se organizar de forma coletiva para tratar especificidades de todos os profissionais da educação e da escola com, no mínimo, 80 horas de estudo, que serão transformadas em pontuação no processo de atribuição de aula anual.

acolheu nossas angústias, desejos, ilusões, inquietações, realizações. Nossas experiências.

A realidade cartografada se apresenta como mapa móvel, de tal maneira que tudo aquilo que tem aparência de "o mesmo" não passa de um concentrado de significação, de saber e de poder, que pode, por vezes, ter a pretensão ilegítima de ser centro de organização do rizoma. Entretanto, rizoma não tem centro. (Passos et al., 2012, p. 10)

O que movimenta estes caminhos investigativos é a convicção de que o conhecimento deriva da experiência, como concebe Larrosa (2002), ou seja, é "aquilo que nos passa, aquilo que nos acontece, aquilo que nos toca" e nos torna/transforma de alguma maneira.

A experiência também pode ser entendida como uma expedição em que se pode escutar o "inaudito" e em que se pode ler o não-lido, isto é, um convite para romper com os sistemas de educação que dão ao mundo já interpretado, já configurado de uma determinada maneira, já lido e, portanto, ilegível. (Larrosa, 2013, p. 10)

Nesse sentido, utilizamos a *metáfora da dança*, no entendimento de que a constituição de nossos encontros converta-se em um *voltar-se a si mesma/o* ou em uma dança íntima consigo mesma(o) de dentro/fora/fora/dentro. Nossos *encontros* são passos de dança para a coreografia escolhida, por isso mesmo se constituem em dispositivos[10]. Dispositivos estes acionados para a construção de uma *escrita de si*, que nos conecta a sentimentos não ativados de outra forma.

Nossos encontros formativos/experimentativos, e suas implicações em nosso trabalho no Cefapro-MT, tem o sentido de bus-

---

10. Conjunto de estratégias de relações de força que condicionam certos tipos de saber e por ele são condicionados (Foucault apud Agamben, 2009, p. 28).

ca de quais desejos movimentaram essas ações, buscando-se a si mesma(o), querendo ultrapassar o já descrito, o já vivido, o já lido na expectativa do novo diante do mesmo. Assim, a pesquisa se deu/dá através do envolvimento coletivo das(os) professoras(es) formadoras(es), querendo um enovelar-se, um buscar-se, um construir-se. Um devir coletivo. Envolver-se com minhas/meus companheiras(os) de trabalho em um processo de desejo coletivo de buscar-se a si mesma(o), em um constante afastar-se e encontrar-se, como uma música que eleva seus tons e abaixa novamente em um leve sussurro, ou o sol que esquenta ao meio-dia e esconde-se ao entardecer, ou ao movimento do corpo ouvindo a música, promovendo um expressar-se e um esconder-se coletivo. Não é tarefa simples. Se constitui em um pensar *com*. Uma dança coletiva que tem a possibilidade de um transformar-se e ser transformada(o), que inclui nossas ações no Cefapro-MT, na tentativa de construir, colaborativamente, desejos novos.

O *palcopolo* de Diamantino-MT é o local de onde narramos nossos encontros formativos/experimentativos, na perspectiva de um *buscar-se a si mesma/o*. Foi um exercício do conter-se. Do não julgar. Do não significar. Do des-cindir. Simplesmente deixar acontecer. Deixar o imprevisível acontecer. Diferenças aflorarem. Miudezas perversas. Um trabalho do transformar o saber em sabor. Saborear o encontro. Estar no meio. Estar no jogo. Presente. Agora. Uma construção não linear, mas que revela acontecimentos experimentados. Portanto, a narração está constituída de acontecimentos. Acontecimentos experimentados, produzidos em nossos encontros. Acontecimentos que puderam responder minha/nossa pergunta: como me torno o que sou?

Os encontros...

Encontrar-se. Encontrar a(o) outra(o). Encontrar alguém. Resistir. Reexistir. Decidir. Des-cindir. É preciso primeiro viver, para depois significar. Primeiro parar. Re-parar para depois agir.

O corpo avança com as ações, com o olhar. É preciso ficar nua. Quebrar. Quebrar-se. Catar os cacos. Catar os cacos de gente. Montar gente. Montar-se. O único saber do encontro, a única certeza é o afeto. Saber que afetamos e somos afetados. Afetar-se. Afetar a(o) outra(o). Não há razão. Não há culpadas(os). Ou

> se há alguma razão no encontro, não é a das causas e a dos sensos, mas a razão – o *ratio* – das distâncias que o *com-põe* enquanto modulação distributiva de diferenças dinâmicas, autônomas porque codependentes. É este tipo de "razão" que aparece quando nos envolvemos na estimativa das variantes em jogo, no cálculo infinitesimal dos encaixes e das proporções suficientes. (Fiadeiro; Eugénio, 2013, p. 12)

Experimentamos juntas(os). Nós. Professoras(es) formadoras (es) à espreita do afeto. Vivenciados no tempo e no espaço existente entre nossas velocidades e lentidões. Vivenciado na dor e no medo de cair/recair no hábito, nas respostas prontas. No significar pronto. No medo e na vontade de saciar o não saber. Não sabia. Não sei. Caminho precário. Entre. Meio. Rizoma. Incontrolável.

Nietzsche diz em *Ecce Homo* (2008) que a crença no ideal não é um erro, uma cegueira, erro é covardia, mas cada conquista, cada passo adiante no conhecimento é consequência da coragem, da dureza consigo, da limpeza consigo. Sendo assim, a expressão/exposição de nossos encontros/danças/cantos é um ato de coragem. Coragem de expor quem somos ou o como se chega a ser o que se é.

No ritmo dos encontros dançamos. Rimos. Choramos. Zombamos de nós mesmas(os), de nossas próprias misérias. A alegria do encontro potencializou as ações. Saímos dos encontros mais potentes. Mais alegres. Nos superamos!

O que pretendemos com nossos encontros é provocar desvios por desvãos e não procurar respostas, histórias lineares, caminhos já trilhados, conceituações. A pergunta forte continua sendo uma pergunta, não pode ter resposta, pois a resposta mataria a intensidade da pergunta. Assim, desejamos perambular por labirintos, pelas margens, pelas bordas, longe da tranquilidade em que reina a razão ou o conhecimento puramente racional. Gostamos das misturas. Das multiplicidades. Como diz nosso agora anjo da guarda, "quem anda no trilho é trem de ferro, eu sou água. Liberdade caça jeito" (Manoel de Barros, 2010).

Partimos para uma aventura. Uma dança. Um espetáculo que se estende além e aquém das fronteiras e limites da linearidade, do modelo, da cópia, do silêncio. Somos todas(os) excluídos que cavoucam seus próprios buracos, suas tocas, remexem, perturbam forças e controles... Que procuram o caos e o nomadismo. Transeuntes. Guerreiras(os). Por isso desnaturalizamos a linguagem acadêmica, a norma e partimos para o riso, pois

> o riso mostra a realidade de outro ponto de vista [...] O riso questiona os hábitos e os lugares comuns da linguagem. E, no limite, o riso transporta a suspeita de que toda linguagem direta é falsa, de que toda vestimenta, inclusive toda pele, é máscara. (Larrosa, 2013, p. 178)

Assim, utilizamo-nos do perigo do riso. Daquele perigo que salva a própria vida que quer ser vivida por almas sem pátria. Por loucas(os). Mero devir... Narramos os encontros, que poderiam ser com qualquer um/a ou com ninguém. Com um(a) deus(a) ou com um(a) louca(o). Narramos os meus/nossos encontros, com nosso olhar, pois quando narramos, narramos para nós mesmas(os), já que o meu/seu talvez seja mera repetição de outros encontros, em outras paragens... Devido a isso, nos encontros realizados me/nos senti/sentimos incomodadas(os) com a narração das(os) outras(os) isto porque, muitas vezes era o meu/nosso encontro que estava sendo narrado. Era inevitável um pé balançando, uma mão suada/tremulas/sem lugar, uma careta, uma saída, uma volta, uma revolta... Estávamos todas(os) inquietas(os). E talvez esse incômodo nos faça/fez perceber algum traço daquilo que somos/fomos ou queremos ser em algum momento.

Os encontros narrados transcendem todos os nossos próprios encontros cotidianos, vai para além e aquém de nossos encontros de viagens, dos encontros didáticos, dos encontros sentimentais, dos encontros da delinquência, dos encontros disciplinares, dos encontros com a loucura, do encontro com o divino... Sendo assim, consultemos a biblioteca, pois a "fidelidade às palavras é não deixar que as palavras se solidifiquem e nos solidifiquem, é manter aberto o espaço líquido da metamorfose" (Larrosa, 2013, p. 40). Que consigamos ser fiéis às palavras, que agora tomam nossa forma... Sem solidez, mas com muita fluidez... Em um grande espaço aberto metamórfico.

"Venho da roça, venho do garimpo..." (Luiza). Venho do interior, sou/somos do interior, estamos todas(os) em Diamantino-MT, trabalhamos como professoras(es) formadoras(es) no Cefapro-MT. Trago minhas/nossas confissões, diálogos, sonhos, desilusões, meus/nossos risos... Tramas entrelaçadas, danças ensaiadas e improvisadas... Nossas mães/pais não têm formação acadêmica, apenas os valores do ser gente. Ser gente aprendemos com elas(es). Dançar/viver iniciamos com elas(es). Escolas precárias. Leituras precárias. Somente o mundo nos servia para leitura. Parafraseando Nietzsche, fizemos a leitura do silêncio, do vazio, que nos transforma/transformou, que deixa o mundo em aberto. Nós...

Somos mulheres e homens que nos jogamos na vida para nos tornarmos o que somos, somente por "não-saber e saber de seu não-saber"[11]. Aprendemos a dançar a dança improvisada da vida, do devir... Metamorfose pura. Apesar da singularidade, todas(os) nós, professoras(es) formadoras(es) do Cefapro-MT, polo de Diamantino, viemos do sertão, das mãos de pessoas que sobreviveram/sobrevivem da natureza, da terra, das riquezas da terra... Com pais sem formação acadêmica, sem possibilidades de

---

11. Nietzsche, 2012, p. 55.

terem, mas que pensaram/possibilitaram outros caminhos para suas(seus) filhas(os). Caminhos estes que possibilitassem melhor qualidade de vida, pois

> a gestão da economia mundial hoje conduz centenas e milhares de pessoas à fome, ao desespero, a um modo de vida inteiramente impossível, apesar dos progressos tecnológicos e das capacidades produtivas extraordinárias que estão se desenvolvendo nas revoluções tecnológicas atuais. (Guattari; Rolnik, 1986, p. 21)

Somos fruto dessa economia, somos fruto da classe trabalhadora, explorada pelas elites do poder, seja econômico ou subjetivo. "Eu penso que as dificuldades que a gente teve, que nós tivemos, é a realidade de toda classe trabalhadora, e a gente sabe dessa realidade na pele..." (Hermógenes). Sobre os signos de uma escrita dançarina sofrida, angustiada, massacrada, morre-se. Vida. Desgraça. Acidente. Ferida. Levanta-te no silêncio da vida sofrida. Eis que surge, não sei de onde você/nós. Não é fácil viver, comprometer-se, esquecer-se...

> A resposta, é claro, é, a um só tempo, pessoal e coletiva. Não se pode permanecer na vida, a não ser na velocidade conquistada. A subjetividade precisa de movimentos, de vetores que a portem, de ritmos... (Lins, 2013, p. 63)

Somos fruto do que conseguimos ser, fruto de nossas velocidades e lentidões conquistadas, daquilo que não nos deixamos aprisionar, daquilo que acreditamos, daquilo que experienciamos. Somos únicas(os). Singulares como um beijo. Surpreendentes como o amor ao chegar. Mas quantas vezes morremos? Todos os dias!

> Cada um de nós conduz nossas dores de uma forma, mas em algumas pessoas essas dores influenciam diretamente o profissional, o percurso formativo... Outros não, conseguem deixar aquilo meio que de lado, machuca menos. (Rosi)

Independente das possibilidades de cada um(a) de nós de lidar/superar suas dores, dói... "Eu acho que precisava isso mesmo... Além de contribuir com a pesquisa da Márcia, estamos aprendendo sobre nós" (Bia).

> Nós nos encontramos todos os dias, mas não sabemos que cada um tem uma realidade, uma história de vida diferente... Se a gente se aprofunda nessa história a gente acaba até chorando e fazendo os outros chorarem. (Osvaldo)

"As pessoas vão falar que você é menos porque é negro, porque é mulher, porque é gay... E se você acreditar, você cai no jogo deles" (Anderson). Acontecimentos que nos põem a pensar através de Encontros... Encontros com nós mesma(o)... Um voltar-se a si mesma/o para ser o que se é... Sem se suspeitar o que se é...

> Pensar é simultaneamente afirmar o princípio diferencial dos seres, seus modos individuantes, e criar modos de ser que, a partir de uma postura acolhedora dos devires ativos ou dos afetos potencializadores que nos atravessam, conduzam a vida a ultrapassar suas próprias configurações existenciais e finitas – conquista do infinito a cada instante presente, dilatação da espessura mínima desse presente como fonte inesgotável do próprio devir e do ser do devir. (Fuganti, 2008, p. 126)

"Nunca pensei em ser professor..." (Hermógenes). "Eu desejava ser jornalista..." (Osvaldo). "Eu desejava fazer Farmácia" (Márcia). "Eu não queria ser professora de jeito nenhum, eu queria fazer Odontologia" (Rosi). "Eu também queria fazer Odonto, mas quando fiz vestibular meu pai teve um problema no coração e não deu" (Doya). "Nunca pensei em fazer magistério, queria ser secretária" (Elza). "Eu nunca imaginei em fazer uma faculdade" (Rosirene). Porém agora somos todas(os) professoras(es). Professoras(es) formadoras(es). Professoras(es) formadoras(es) no

Cefapro-MT, polo de Diamantino. "Como é difícil ser professor. Eu nunca pensei que fosse tão difícil..." (Anderson).

O homem se faz ao se desfazer: não há mais do que risco, o desconhecido que volta a começar. O homem se diz ao se desdizer: no gesto de apagar o que acaba de ser dito, para que a página continue em branco. (Larrosa, 2013, p. 41)

Só o vazio, a página em branco é capaz de nos fazer criar, avançar para a vida... Nú(a). Crú(a)... Silêncio! "Silêncio para não sufocar a forma-silêncio, a intensidade da forma-silêncio, a possível fecundidade da forma-silêncio" (Larrosa, 2013, p. 49). Um silêncio que nos faz encontrar nossa própria maneira de caminhar, de ver/ler as coisas, o mundo... Um silêncio que nos faz singular, que nos faz ser o que somos... Não sem antes ser muitas coisas, não sem perder-se, não sem encontrar-se a si mesma(o). Com todas as dores e delícias...

"Meu caminho formativo foi muito complicado... A gente vem daquela pobreza... E como essa pobreza influencia em nossa formação!" (Doya). "O que a leitura faz com a gente... Eu considero que avancei muito, pois vir de onde eu vim, passar no vestibular, no concurso... Foi muita ousadia!" (Rosirene). "Quando eu fui fazer magistério eu já tinha três filhos" (Luiza). "Quando a gente fala de história de vida, percurso formativo, o meu é muito dolorido... Eu sei das minhas limitações, que por razões ou circunstâncias, que ficaram lá atrás... Sou isso..." (Osvaldo). "Fiz faculdade já com um filho pequeno, tinha que levar uma babá junto" (Bia). "Antes de terminar o ensino médio eu me casei. Foi minha perdição, porque eu queria continuar a estudar e ele não me deixava. Só voltei já com dois filhos" (Sirley).

A experiência formativa seria então aquilo que nos acontece no caminho que escolhemos ou que tivemos a possibilidade de trilhar. A velocidade ou a lentidão conquistada. A experiência seria aquilo que tem força suficiente para nos formar e/ou nos transformar. Força o suficiente para nos fazer dançar. Dançar conosco mesmo. Com nossas misérias. Com nossas riquezas. Conosco. Com as(os) outras(os).

A experiência formativa, da mesma maneira que a experiência estética, é uma chamada que não é transitiva. E, justamente por isso, não suporta o imperativo, não pode nunca intimidar, não pode pretender dominar aquele que aprende, capturá-lo, apoderar-se dele. O que essa relação produz não pode nunca estar previsto. (Larrosa, 2013, p. 53)

Nosso caminho formativo, nossos encontros com a formação, nossa dança com a vida, nosso espetáculo... Quando nos chama é impossível recusar. Desejo é algo irresistível. Imprevisto. Estremecedor. Musical. Confiável. É quando você entende que é hora de dançar. É hora do espetáculo. Agora! Entre. No meio.

Tudo o que importa ou gera valor e sentido se passa entre o que vive em nós e aquilo que nos faz viver – horizonte a um só tempo móvel, absolutamente singular, diferente e diferencial de si mesmo e imanente ao ser comum de cada modo de realização. É a visão de algo absoluto e necessário no que acontece enquanto acontece. (Fuganti, 2008, p. 125)

Falar de nós. Falar para nós. Falar conosco. Encontros. Foram muitas emoções contidas, extrapoladas, expressadas... Raivas. Alegrias. Sonhos cortados/controlados/mortos... Sobrevivemos às misérias da Vida. Sobrevivemos aos encontros.

"Eu vim para o Cefapro porque achei que alguma coisa não estava certa lá na escola e eu achava que poderia ajudar. Isso foi minha frustração porque eu vi que não podia ajudar como pretendia" (Sirley). "Eu vim no susto, não me programei para vir para o Cefapro" (Elza). "Eu vim para o Cefapro por um acidente de percurso, mas hoje eu gosto... A visão da gente muda. Aqui é um espaço de aprendizagem" (Hermógenes). "Vim pelo desafio"

(Bia). "Vim porque já trabalhava no NTE (Núcleo de Tecnologia Educacional), que foi incorporado pelo Cefapro" (Osvaldo). "Vim pelas minhas inquietações" (Rosirene). "Vim porque queria trabalhar com formação continuada, porque minha trajetória vinha da formação de professoras/es" (Márcia). Viemos todas(os) por motivos muito particulares/singulares demais para serem expressos com palavras. Necessidades! Essa pergunta nos fez pensar sobre... Conectou nossas multiplicidades. Rizoma. E um rizoma, segundo Deleuze e Guattarri, "não pode ser justificado por nenhum modelo estrutural ou gerativo" (1995, v. 1, p. 29). Estamos vivenciando nossas experiências no Cefapro-MT. Estamos afetando e sendo afetadas(os). Nos encontrando entre velocidades e lentidões. Procurando linhas de fugas, saídas que não estejam bloqueadas. Desejos... Sempre com cuidado. Atentas(os), pois eles

> deixarão que vocês vivam e falem, com a condição de impedir qualquer saída. Quando um rizoma é fechado, arborificado, acabou, do desejo nada mais passa; porque é sempre por rizoma que o desejo se move e produz. Toda vez que o desejo segue uma árvore acontecem as quedas internas que o fazem declinar e o conduzem à morte; mas rizoma opera sempre sobre o desejo por impulsões exteriores e produtivas. (Deleuze; Guattarri, 1995, v. 1, p. 32)

Conexões.

O que me toca no caminho formativo é aquilo que me faz alcançar novos caminhos. Nossa vida é feita de caminhos. Toda formação é um percurso e esses percursos jamais vão se repetir, então a gente sempre caminha, mais e mais e mais em busca do novo. Acho que é isso que me toca na formação – essa certeza de que nunca será a mesma coisa. Que eu sempre vou procurar e encontrar coisas novas. (Anderson)

Há algo naquilo que fazemos, que não sabemos bem o que é, mas nos silencia, nos faz ter vontade de continuar fazendo...

Assim insistirei [...] que não se pode pedagogizar, nem didatizar, nem programar, nem produzir a experiência; que a experiência não pode fundamentar nenhuma técnica, nenhuma prática, nenhuma metodologia; que a experiência é algo que pertence aos próprios fundamentos da vida, quando a vida treme, ou se quebra, ou desfalece; e em que a experiência, que não sabemos o que é, às vezes canta. (Larrosa, 2014, p. 13)

E se canta, dança... Dançamos! "Tem coisas que estavam tão silenciadas dentro de mim, mas que eu nem sabia o que era, mas queria..." (Rosirene). "Eu experiencio com a nossa convivência, seja ela nos momentos formativos, nossos encontros, estudos. O nosso experimentar é um desafio, um aprendizado" (Bia). Meio. Estar no meio. Viver em rizoma.

Um rizoma não começa nem conclui, ele se encontra sempre no meio, entre as coisas, inter-ser, *intermezzo*. A árvore é filiação, mas o rizoma é aliança, unicamente aliança. A árvore impõe o verbo "ser", mas o rizoma tem como tecido a conjunção "e... e... e...". Há nesta conjunção força suficiente para sacudir e desenraizar o verbo ser. Para onde vai você? De onde você vem? Aonde quer chegar? São questões inúteis. Fazer tabula rasa, partir ou repartir de zero, buscar um começo, ou um fundamento, implicam uma falsa concepção da viagem e do movimento (metodológico, pedagógico, iniciático, simbólico...). (Deleuze; Guattari, 1995, v. 1, p. 48)

Esse caminho formativo para nós hoje, aqui no Cefapro, não é uma questão de busca pessoal. É uma questão mesmo de... Não seria nem uma formação profunda, mas são questões de tarefas. A gente tem que ler muito, mas superficialmente, para que a gente possa dar conta de algumas questões abrasivas. (Rosi)

Eu vejo que aqui no Cefapro, por mais que a gente *apaga fogo* o tempo todo, mas obriga a gente a ser pesquisador também. Mesmo que eu não estude profundamente as teorias, mas me obriga a buscar, ser pesquisadora de alguma forma para que você possa atender a escola. (Luiza)

E agora esse desafio que a gente tem em estudar... Porque, às vezes, a gente vira tarefeiro... (Bia)

Cada um(a) de nós, em seus encontros formativos, no Cefapro-MT ou fora dele, construiu seu próprio caminhar, pois não somos iguais, somos multiplicidades. Pelas experiências somos expostos. Querendo ou não, o Cefapro-MT se caracteriza por um desses lugares paradoxais onde as coisas acontecem ou nos paralisam. Pois muitas vezes estamos aceleradas(os), mas sem acontecimentos, sem experimentos, sem desejos.

> Uma enorme inflação de conhecimentos objetivos, uma enorme abundancia de artefatos técnicos e uma enorme pobreza dessas formas de conhecimento que atuavam na vida humana, nela inserindo-se e transformando-a. A vida humana se faz pobre e necessitada, e o conhecimento moderno já não é o saber ativo que alimentava, iluminava e guiava a existência dos homens, mas algo que flutua no ar, estéril e desligado dessa vida em que já não pode encarnar-se. (Larrosa, 2014, p. 34)

Muitas vezes estamos atarefadas(os), mas não experienciamos nada. "Às vezes está todo mundo indo e eu sinto que também tenho que ir, mas será que já é hora de ir?" (Anderson). "Eu experimento e não sei o que vai acontecer comigo, mas aí eu vou para a escola e quero que as pessoas pensem igual a gente. Será que muitas vezes a gente não quer ser o espetáculo?" (Eliane). "Eu tenho que estudar mais, eu sei que preciso. Fico o tempo todo me martirizando por isso. Será que é preguiça?" (Sirley). "Talvez essa correria do dia a dia nos sufoque e nos afogue. Porque a gente sai daqui, no fim do dia, sugados de tantas coisas a organizar, a fazer... E sem a sensação de dever cumprido" (Rosi). "Às vezes as tarefas são tantas que a gente não dá conta" (Luiza). "Eu gostaria de ter mais tempo, deixar de ser tarefeira e ter mais tempo para estudar mesmo... Ir mais longe" (Doya). Como espaço paradoxal, o Cefapro-MT é lugar de luta. Resistência. Precisamos cavar nosso próprio buraco. Criar nossas próprias linhas de fuga. Criar possibilidades para a criação. A criação não permite a angústia, a culpa... Nos angustiamos porque não estamos vivenciando o agora. O presente. Estamos pensando no passado – que já foi – nas coisas que não fizemos. Ou estamos pensando no futuro – naquilo que ainda não veio. Viver o agora. Experienciar isso, eis o desafio! Nos utilizando de Nietzsche, quando diz que a doença pode possibilitar novos olhares... O paradoxal também pode! Isso torna o centro de formação um espaço privilegiado para criações e possibilidades... Para encontros que nos potencializem.

> Tudo o que a vida e o acaso exigem de nós é que sejamos fortes, isto é, que saibamos selecionar nossos encontros e produzir, a partir de nós mesmos, os agenciamentos que nos fortaleçam para que sejamos dignos da beleza desse universo, para que possamos jogar com desenvoltura e liberdade e criar novas constelações, novos calidoscópios, novas diferenças, novos brinquedos. (Fuganti, 2008, p. 90)

Precisamos de uma máquina de guerra, pois o enfrentamento é inevitável, já que o tempo tem sido utilizado, na sociedade moderna, como mercadoria, fabricando sujeitos que não podem "perder tempo", que aceleram e "por essa obsessão, por seguir o curso acelerado do tempo, este sujeito já não tem tempo" (Larrosa, 2014, p. 23). Se desejarmos estar no meio, precisamos agir como matilha, como multiplicidades.

É esse parar e pensar. Pensar o que eu estou fazendo com o meu tempo e como eu o estou usando. O que eu estou buscando e o que eu estou fazendo aqui no meu trabalho? Isso vai ter que ser de forma coletiva. De pensar com. (Eliane)

"Eu pensava que poderia mudar o mundo, mudar a escola..." (Sirley). "A gente julga muito a escola, mas nós reproduzimos o que a escola faz" (Rosi). Quais acontecimentos ocorrem neste lugar? Diríamos que não importa quais acontecimentos, mas se temos experimentado/experienciado com eles... Diríamos como Deleuze e Guattari:

> Vamos mais longe, não encontramos ainda nosso Corpo sem Órgãos, não desfizemos ainda suficientemente nosso eu. [...] Encontre seu corpo sem órgãos, saiba fazê-lo, é uma questão de vida ou de morte, de juventude e de velhice, de tristeza e de alegria. É aí que tudo se decide. (Deleuze; Guattari, v. 3, 2012, p. 13)

Vamos! Atendamos ao chamado! É uma experiência inevitável... Mas que só se pode vivê-la quando desejarmos, da forma como desejarmos... Pois você já está sobre ele, dormindo sobre ele... Porém, "ao Corpo sem Órgãos não se chega, não se pode chegar, nunca se acaba de chegar a ele, é um limite" (Deleuze; Guattari, v. 3, 2012, p. 12). Além do mais, não é um caminho seguro, você pode fracassar...

Perigo! Estás disposta(o) ao perigo? Ao perigo das experiências? Intensidades? "Um Corpo sem Órgãos é feito de tal maneira que ele só pode ser ocupado, povoado por intensidades" (Deleuze; Guattari, v. 3, 2012, p. 16). Fruto do desejo. Os acontecimentos que importam no Cefapro-MT, os acontecimentos que nos formam e transformam, que atingem a molaridade, são aqueles do desejo... Desejo do coletivo. Desejos das(os) professoras(es) formadoras(es).

> O Corpo sem Órgãos é o campo de imanência do desejo, o plano de consistência próprio do desejo (ali onde o desejo se define como processo de produção, sem referência a qualquer instância exterior, falta que viria torná-lo oco, prazer que viria preenchê-lo). (Deleuze; Guattari, v. 3, 2012, p. 18)

>> Cada vez que um desejo é aprisionado, morto, amaldiçoado... Caímos na vala da traição. Traição de nós mesmas/os. Produção de angústias. Tarefas mecânicas. Trabalho forçado. Subjugação.

> Os homens, reduzidos à condição de suporte de valor, assistem, atônitos, aos desmanchamentos de seus modos de vida. Passam então a se organizar segundo padrões universais, que os serializam e os individualizam. Esvazia-se o caráter processual (para não dizer vital) de suas existências: pouco a pouco eles vão se insensibilizando. A experiência deixa de funcionar como referencia para a criação de modos de organização do cotidiano: interrompem-se os processos de singularização. (Guattari; Rolnik, 1986, p. 38)

A castração dos processos de singularização constitui uma imensa fábrica de subjetividades, imbricada na culpabilização, que é mera função da sociedade capitalística. Neste sentido, os processos de singularização são vistos como vírus de um sistema operacional, que atrapalha, destrói, contamina as relações impostas. Por isso mesmo necessários. Sejamos vírus! Sabemos que nem sempre nossas tentativas de singularização têm sucesso, muitas são difíceis de serem enfrentadas, mas apesar de estarmos imersos nessa miséria, nessa loucura... Existem linhas de fuga!

"Existe um coletivo que é uma ajuda mútua entre nós" (Eliane).

> Aqui o coletivo se traduz em todo mundo acreditar em todo mundo, a gente bota fé um no outro, incentiva um ao outro e eu acho bem bacana isso. Tem problemas sim! Mas essa questão do coletivo aqui é o que mantém a gente... (Rosi)

"O que me fez ficar aqui foi esse coletivo, foi o acolhimento..." (Sirley). "O forte do Cefapro é esse coletivo, porque a gente não faz nosso trabalho sozinha, a gente acaba sempre envolvendo todos" (Luiza). "O coletivo está no trabalho que estamos tentando desenvolver..." (Osvaldo). Coletivamente somos fortes, podemos mais! Podemos enfrentar a *máquina de guerra*, podemos ser *máquina de guerra*, podemos iniciar uma revolução molecular, que nos permita criar/ recriar nosso cotidiano, transformando nossas ações. Podemos criar mutações. Podemos ser mutações. Somos mutantes!

> A ideia da revolução molecular diz respeito sincronicamente a todos os níveis: infrapessoais (o que está em jogo no sonho, na criação, etc.); pessoais (por exemplo, as relações de autodominação, aquilo que os psicanalistas chamam de Superego); e interpessoais (a invenção de novas formas de sociabilidade na vida doméstica, amorosa, profissional, na relação com a vizinhança, com a escola, etc.). (Guattari; Rolnik, 1986, p. 46)

É nos reinventando que criamos os processos de singularização, cada um(a) afirmando sua posição no Cefapro-MT, polo de Diamantino, se conectando aos processos das(os) outras(os) professoras(es) formadoras(es), produzindo movimentos de resistência. Produzindo Singularidades.

"Se vieram tristezas ou alegrias eu não sei, mas que eu mudei, eu mudei..." (Eliane). Nós também, querida Eliane, nós também... Estar no Cefapro-MT tem sido para nós uma experiência incrível... Muitas vezes nos aprisionaram, sim! Mas fugimos... Fugiremos quantas vezes for preciso. Fugiremos todas(os)! Fugiremos em bando, em matilha... Somos todas(os) nômades à procura de nosso Corpo sem Órgãos.

Finalizando os encontros?

Não queremos nos separar. Queremos permanecer nos encontros. O que nos acontece? Queremos acontecimentos... Desejos... Experiências... Descaminhar... Acabaram os encontros? Silêncio... Não queremos nos afastar... Queremos o direito de continuar... Direito de continuar a dançar... Improvisar... Cantar... Nos encontrar.

"Estamos em plena navegação sem ideias, no corpo a corpo da mistura com o que temos e o que nos tem" (Eugenio; Fiadeiro, 2014, p. 306). Confiar. Os encontros resgatam nossa confiança no mundo. No acontecimento. No fazer junto. O encontro é convocado por presença, por pertencimento. "A paisagem transforma-se, embora não seja possível dizer quando começou a transformação. Somos seres da/na impermanência" (Pozzana, 2014, p. 47). Confiança. Movimentos. Afetos. Abertura ao inesperado. Devir. Encontrar-se é entregar-se ao caos e experienciar/experimentar no/com ele. É ter a coragem da entrega. Nos entregamos.

Queremos de novo perguntar: como se torna o que se é? Como se torna professor(a) formador(a) no Cefapro-MT, polo de Diamantino? Como se aprende a dançar? Não sabemos! A pergunta nos rendeu... É mais forte do que nós. Intensidade pura! Nós sabíamos a resposta, mas agora não estamos tão seguras(os)... Podemos pensar?

Referências

AGAMBEN, Giorgio. **O que é o contemporâneo?** E outros ensaios. Tradução de Vinicius Nicastro Honesko. Chapecó: Argos, 2009.

BARROS, Manoel de. **Poesia Completa**. São Paulo: Leya, 2010.

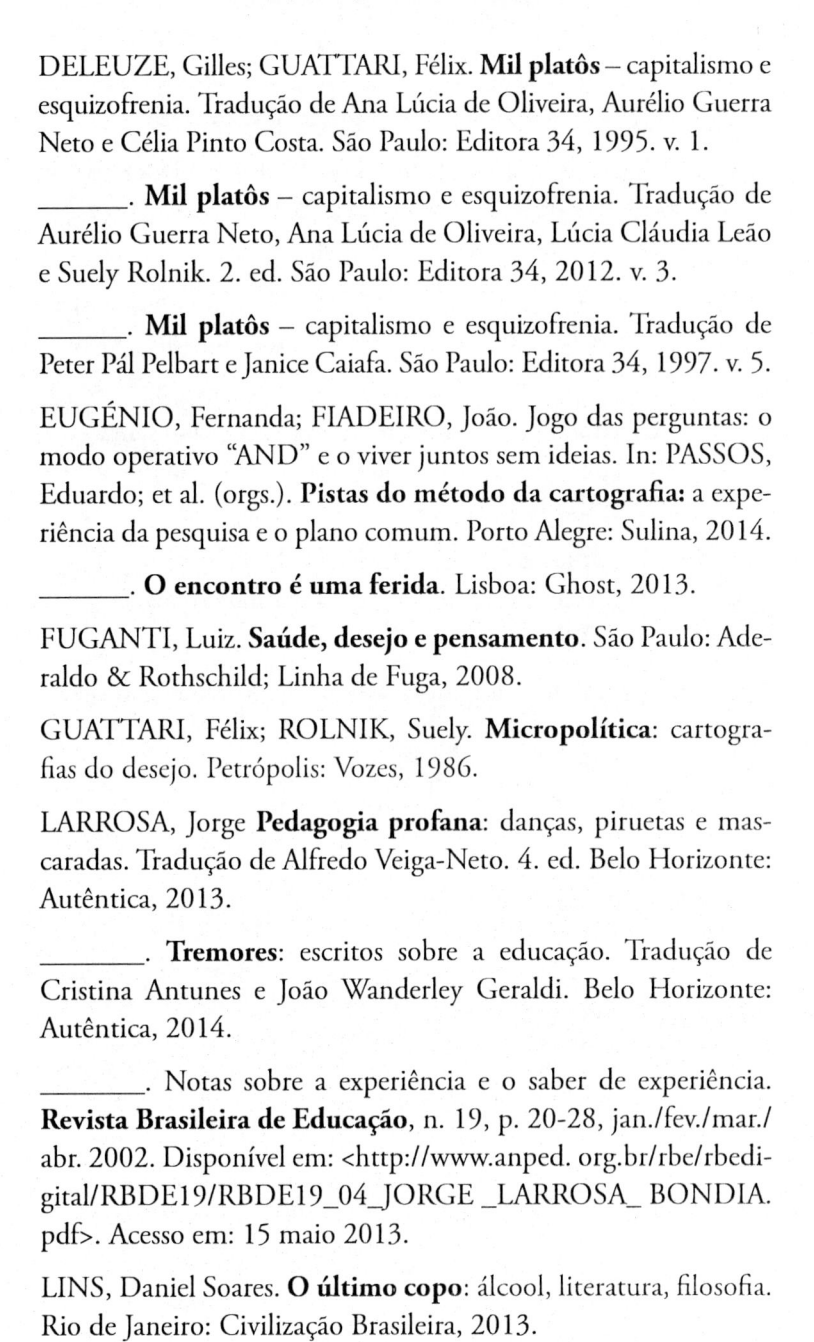

DELEUZE, Gilles; GUATTARI, Félix. **Mil platôs** – capitalismo e esquizofrenia. Tradução de Ana Lúcia de Oliveira, Aurélio Guerra Neto e Célia Pinto Costa. São Paulo: Editora 34, 1995. v. 1.

_____. **Mil platôs** – capitalismo e esquizofrenia. Tradução de Aurélio Guerra Neto, Ana Lúcia de Oliveira, Lúcia Cláudia Leão e Suely Rolnik. 2. ed. São Paulo: Editora 34, 2012. v. 3.

_____. **Mil platôs** – capitalismo e esquizofrenia. Tradução de Peter Pál Pelbart e Janice Caiafa. São Paulo: Editora 34, 1997. v. 5.

EUGÉNIO, Fernanda; FIADEIRO, João. Jogo das perguntas: o modo operativo "AND" e o viver juntos sem ideias. In: PASSOS, Eduardo; et al. (orgs.). **Pistas do método da cartografia:** a experiência da pesquisa e o plano comum. Porto Alegre: Sulina, 2014.

_____. **O encontro é uma ferida**. Lisboa: Ghost, 2013.

FUGANTI, Luiz. **Saúde, desejo e pensamento**. São Paulo: Aderaldo & Rothschild; Linha de Fuga, 2008.

GUATTARI, Félix; ROLNIK, Suely. **Micropolítica**: cartografias do desejo. Petrópolis: Vozes, 1986.

LARROSA, Jorge **Pedagogia profana**: danças, piruetas e mascaradas. Tradução de Alfredo Veiga-Neto. 4. ed. Belo Horizonte: Autêntica, 2013.

_____. **Tremores**: escritos sobre a educação. Tradução de Cristina Antunes e João Wanderley Geraldi. Belo Horizonte: Autêntica, 2014.

_____. Notas sobre a experiência e o saber de experiência. **Revista Brasileira de Educação**, n. 19, p. 20-28, jan./fev./mar./abr. 2002. Disponível em: <http://www.anped. org.br/rbe/rbedigital/RBDE19/RBDE19_04_JORGE _LARROSA_ BONDIA. pdf>. Acesso em: 15 maio 2013.

LINS, Daniel Soares. **O último copo**: álcool, literatura, filosofia. Rio de Janeiro: Civilização Brasileira, 2013.

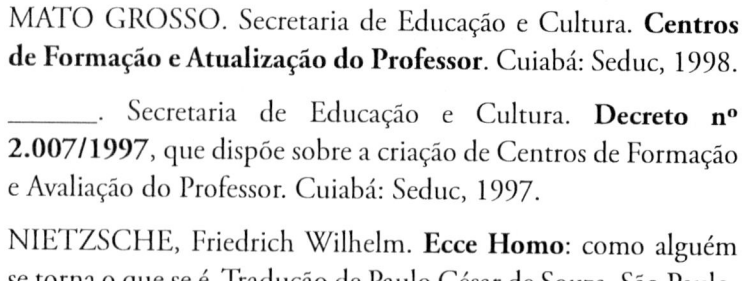

MATO GROSSO. Secretaria de Educação e Cultura. **Centros de Formação e Atualização do Professor**. Cuiabá: Seduc, 1998.

_____. Secretaria de Educação e Cultura. **Decreto nº 2.007/1997**, que dispõe sobre a criação de Centros de Formação e Avaliação do Professor. Cuiabá: Seduc, 1997.

NIETZSCHE, Friedrich Wilhelm. **Ecce Homo**: como alguém se torna o que se é. Tradução de Paulo César de Souza. São Paulo: Companhia das Letras, 2008.

_____. **Escritos sobre a educação**. Tradução, apresentação e notas de Noéli Correia de Melo Sobrinho. 6. ed. Rio de janeiro: PUC/Rio; São Paulo: Loyola, 2012.

PASSOS, Eduardo; et al. (orgs.). **Pistas do método da cartografia**: pesquisa-intervenção e produção de subjetividade. Porto Alegre: Sulina, 2012.

POZZANA, Laura. A formação do cartógrafo é o mundo: corporificação e afetabilidade. In: PASSOS, Eduardo et al. (orgs.). **Pistas do método da cartografia**: a experiência da pesquisa e o plano comum. Porto Alegre: Sulina, 2014.

SOBRE OS ORGANIZADORES

Kelly Katia Damasceno
Possui graduação em licenciatura plena em Pedagogia pela Universidade Federal de Mato Grosso (1997) e mestrado em Educação pela Universidade Federal de Mato Grosso (2006). Atualmente, é professora titular efetiva dos anos iniciais das redes (estadual e municipal) – Secretaria de Estado de Educação (Seduc) e Secretaria Municipal de Educação e Cultura de Várzea Grande (SMEC). Tem experiência na área de Educação, com ênfase em Educação Permanente, atuando principalmente nos seguintes temas: educação, formação de professores, alfabetização, aprendizagem da docência, formação continuada e prática pedagógica.

Kilwangy kya Kapitango-a-Samba
Pós-doutor em Educação pela Universidade Federal de Mato Grosso – UFMT (ex-bolsista Capes). Doutor em Educação (Ensino de Ciências e Matemática) pela Universidade de São Paulo – USP. Mestre em História da Ciência pela Pontifícia Universidade Católica de São Paulo – PUC-SP. Especialista em Didática e Metodologia do Ensino Superior pela Universidade de Santo Amaro – Unisa. Graduado em Filosofia, com habilitação em História e Psicologia, pelo Centro Universitário Assunção – Unifai. Professor de Metodologia de Pesquisa Científica e coordenador o Laboratório de Metodologia Científica – LMC da Universidade do Estado de Mato Grosso – Unemat. Líder do Grupo de Pesquisa: Educação, Políticas Públicas e Profissão Docente – GP3D/CNPq. Assessor de Política de Pós-Graduação e Pesquisa Educacional e Superintendente de Formação dos Profissionais da Educação Básica, da Secretaria de Estado de Educação de Mato Grosso – Seduc-MT. Professor de Metodologia de Pesquisa do

Mestrado em Ensino de Ciências Naturais (PPGECN), do Instituto de Física da Universidade Federal de Mato Grosso – UFMT. Tem experiência nas áreas de Filosofia, Educação e Metodologia de Investigação Científica. Atua nas áreas de Filosofia da Ciência e Educação Científica; Métodos de Investigação Científica; Estratégia, Planejamento e Políticas Públicas; Formação de Professores; Ensino e Aprendizagem Baseada em Investigação; Educação Especial e Tecnologia Assistiva.

Soely Aparecida Dias Paes

Docente efetiva das redes municipal e estadual, com formação inicial em pedagogia, especialização em psicopedagogia e mestrado em educação. As trajetórias formativa e profissional perpassam por experiências no âmbito da educação pública ao longo de mais de duas décadas. A sinuosidade forjada por essas experiências contribuem para que, tanto a atuação na docência, quanto a fomentada junto à formação de professores, tenham íntima consonância. Atuou na docência do ensino superior e na pós-graduação na modalidade a distância, foi coordenadora pedagógica e formadora no Centro de Formação e Atualização dos profissionais da Educação Básica/Cefapro do Estado de Mato Grosso. Atualmente, faz parte da equipe de trabalho da Educação Infantil da Secretaria Municipal de Várzea Grande, onde contribui junto às políticas públicas na (re)elaboração da formação docente e do currículo para a educação infantil.

Título	Pesquisas e experiências da profissão docente
Organizadores	Kilwangy kya Kapitango-a-Samba
	Kelly Katia Damasceno
	Soely Aparecida Dias Paes
Assistência Editorial	Érica Cintra
Capa e Projeto Gráfico	Matheus de Alexandro
Assistência Gráfica	Wendel de Almeida
Preparação	Thaíssa Titton
Revisão	Taine Fernanda Barriviera
Formato	14x21cm
Número de Páginas	320
Tipografia	Adobe Garamond Pro
Papel	Alta Alvura Alcalino 75g/m²
1ª Edição	Novembro de 2016

Caro Leitor,

Esperamos que esta obra tenha correspondido às suas expectativas.

Compartilhe conosco suas dúvidas e sugestões escrevendo para:

atendimento@editorialpaco.com.br

Compre outros títulos em

www.pacolivros.com.br

Publique Obra Acadêmica pela Paco Editorial

Teses e dissertações
Trabalhos relevantes que representam contribuições significativas para suas áreas temáticas.

Grupos de estudo
Resultados de estudos e discussões de grupos de pesquisas de todas as áreas temáticas. Livros resultantes de eventos acadêmicos e institucionais.

Capítulo de livro
Livros organizados pela editora dos quais o pesquisador participa com a publicação de capítulos.

Saiba mais em

www.editorialpaco.com.br/publique-pela-paco/

PACO EDITORIAL

Av. Carlos Salles Block, 658
Ed. Altos do Anhangabaú – 2° Andar, Sala 21
Anhangabaú - Jundiaí-SP - 13208-100
11 4521-6315 | 2449-0740
contato@editorialpaco.com.br